Des Inquiétudes aux Remuements de Queue

Tim Shine

Buy Me Now Co.

Copyright © 2023 par Tim Shine
Editeur : Nivol Redan
Conception intérieure et couverture : Brita Zoland
Éditeur : Buy Me Now Co.

Copyright © 2023 par Tim Shine. Tous droits réservés. Ce livre, ou toute partie de celui-ci, ne peut être reproduit par aucun procédé mécanique, photographique ou électronique ou sous la forme d'un enregistrement phonographique. Il ne peut pas être stocké dans un système de récupération, transmis ou copié de quelque manière que ce soit pour un usage public ou privé sans l'autorisation de l'auteur.

Le contenu de ce livre n'est pas destiné à servir d'avis médical ou à préconiser l'utilisation d'une quelconque technique pour traiter les problèmes physiques, émotionnels ou médicaux chez les chiens sans consulter directement ou indirectement un vétérinaire ou des experts concernés. L'auteur vise à présenter des informations générales pour vous aider, vous et vos chiens. Si vous choisissez d'appliquer les informations de ce livre à votre chien, en exerçant vos droits constitutionnels, sachez que ni l'auteur ni l'éditeur n'assument aucune responsabilité pour vos actes.

Des Inquiétudes aux Remuements de Queue, Explorez le Côté Obscur de la Vie des Chiens / Tim Shine – 1ère Édition .
ISBN:		978-0-6458916-2-1
1. Animaux de compagnie / Chiens / Races 2. Animaux de compagnie / Chiens / Entraînement et exposition 3. Animaux de compagnie / Référence
Thème : Les chiens comme animaux de compagnie, Monde

Prince Award dédié à Tim Shine par Buy Me Now Co.

Copyright © 2023 by Tim Shine
Editor: Nivol Redan
Interior & cover design: Brita Zoland
Publisher: Buy Me Now Co.

Copyright © 2023 by Tim Shine. All rights reserved. This book, or any part thereof, may not be reproduced through any mechanical, photographic, or electronic process or in the form of a phonographic recording. It may not be stored in a retrieval system, transmitted, or copied in any manner for public or private use without author permission.

The content in this book is not intended to serve as medical advice or to advocate for using any technique to treat physical, emotional, or medical issues in dogs without consulting a veterinarian or relevant experts directly or indirectly. The author aims to present general information to assist you and your dogs. Should you choose to apply any information from this book to your dog, exercising your constitutional rights, please be aware that neither the author nor the publisher assumes any responsibility for your actions.

From Worries to Wags, Explore the Dark Side of Dogs' Life / Tim Shine – 1st Edition.
ISBN: 978-0-6458916-2-1
1. Pets / Dogs / Breeds 2. Pets / Dogs / Training & Showing 3. Pets / Reference
Thema: Dogs as pets, World

Prince Award dedicated to Tim Shine by Buy Me Now Co

Le livre a maintenant été traduit en plusieurs langues, dont l'espagnol, le français, l'allemand, le néerlandais, l'italien, le japonais et le chinois. La décision de traduire le livre a été motivée par la demande massive des amoureux des chiens du monde entier et par l'objectif commun d'assurer et de protéger le bien-être des chiens à travers le monde. En rendant cette ressource précieuse accessible à un public plus large, nous espérons permettre aux propriétaires de chiens et aux passionnés de différentes cultures de fournir les meilleurs soins et la meilleure compréhension à leurs compagnons à fourrure bien-aimés et d'obtenir une reconnaissance mondiale. Ensemble, ayons un impact positif sur la vie des chiens du monde entier.

Veuillez utiliser les codes ISBN suivants pour trouver les traductions respectives de ce livre. Vous pouvez utiliser le code dédié pour les recherches en ligne ou le présenter aux librairies pour vous aider à localiser les traductions souhaitées.

Langue	Nom du livre	Numéro ISBN
Anglais	From Worries to Wags	978-0-6458916-0-7
Espagnol	De las Preocupaciones a las Movidas de Cola	978-0-6458916-1-4
Français	Des Inquiétudes aux Remuements de Queue	978-0-6458916-2-1
Italienne	Dalle Preoccupazioni alle Scodinzolate	978-0-6458916-3-8
Allemand	Von Sorgen zu Schwanzwedeln	978-0-6458916-4-5
Néerlandais	Van Zorgen naar Kwispels	978-0-6458916-5-2
Chinois	从焦虑到摇尾巴	978-0-6458916-6-9
Japonais	心配から尻尾を振ることへ	978-0-6458916-7-6

Note du traducteur :
La traduction de ce livre a été réalisée à l'aide d'un logiciel et n'a pas fait l'objet d'une traduction humaine. Cependant, nous avons investi des efforts considérables dans la révision de toutes les sections. Il est proposé aux lecteurs qui préfèrent une langue autre que l'anglais pour leur commodité. Veuillez noter que certains mots ou expressions peuvent ne pas transmettre leur signification exacte en anglais. Pour une compréhension plus précise du contenu, nous vous recommandons fortement d'acheter l'édition anglaise de ce livre. **Veuillez noter que l'éditeur n'est pas responsable des divergences entre l'édition anglaise et les autres versions traduites.**

Il y a plusieurs liens vers des sites Web utiles dans le livre. Pour obtenir de l'aide sur la traduction de sites Web, veuillez vous référer aux directives des pages 235 et 236 sur la façon d'utiliser Google Translate.

Votre compréhension et votre soutien sont grandement appréciés.
Buy Me Now Co.

Translator's Note:
The translation of this book was produced using software and has not undergone human translation. However, we have invested significant effort in reviewing all sections. It is offered to serve readers who prefer a language other than English for their convenience. Please note that some words or phrases may not convey their exact meaning in English. For a more precise understanding of the content, we highly recommend purchasing the English Edition of this book. **Please note that the publisher is not responsible for any discrepancies between the English Edition and other translated versions.**

There are several useful website links in the book. For assistance with translating websites, please refer to the guidelines on pages 235-236 on how to use Google Translate.

Your understanding and support are greatly appreciated.
Buy Me Now Co.

Des Inquiétudes aux Remuements de Queue
Explorez le Côté Obscur de la Vie des Chiens

Un guide incontournable pour les amoureux des chiens

Table des matières :

Dédicace _____ 11
Note de l'auteur_____ 13
Reconnaissance _____ 15
Note de l'éditeur _____ 17
Préface_____ 19

Chapitre 1 : Libérer le monde de l'anxiété canine _____ 21
Comprendre l'esprit anxieux canin _____ 21
Explorer les niveaux d'anxiété uniques dans différentes races _____ 23

Chapitre 2 : Décoder le langage de l'anxiété _____ 25
Lire mes signaux non verbaux : signes et signaux _____ 25
Symptômes physiques de l'anxiété : battements de coeur, replis de queue et plus encore ____ 26

Chapitre 3 : Creuser les causes profondes _____ 29
Anxiété de séparation : s'il vous plaît, ne me laissez pas seule ! _____ 29
Phobies du bruit : feux d'artifice, orages et plus encore _____ 31
Anxiété sociale : se faire des amis et surmonter ses peurs _____ 32
Résumé des chapitres 2 et 3 _____ 34

Chapitre 4 : Créer un havre de calme _____ 35
Concevoir un environnement apaisant : mon sanctuaire sûr _____ 35
Formation de renforcement positif : méthodes Pawsitive pour la confiance _ 36
La cohérence est la clé : routines pour apaiser mon âme anxieuse _____ 36

Chapitre 5 : Des produits formidables pour soulager mon anxiété _____ 39
Confort douillet : Explorer les merveilles de Chemises Tonnerre _____ 39

Distractions engageantes : jouets interactifs pour soulager le stress _____ 40

Chapitre 6 : Lorsqu'une aide supplémentaire est nécessaire _____ **43**
Médicaments : un aperçu des options _____ 43

Rechercher un soutien professionnel : comportementalistes et formateurs _____ 44

Maladies courantes du chien _____ 45

Vaccinations _____ 50

Chapitre 7 : Nourrir le soignant qui sommeille en vous _____ **51**
Du chien , ce qu'il faut savoir _____ 51

Prendre soin de soi pour les propriétaires de chiens : trouver l'équilibre et le soutien

52

Chapitre 8 : Trouver le zen avec votre ami à quatre pattes _____ **55**
Adopter la pleine conscience _____ 55

Moments de pleine conscience _____ 56

Promenades en pleine conscience _____ 58

Créer un espace Zen _____ 59

Entraînement en pleine conscience _____ 60

Musique de chien _____ 61

Chapitre 9 : Formation, trucs et astuces _____ **63**
Caractéristiques de formation des différentes races _____ 63

Renifler le meilleur _____ 66

Cours fantastiques _____ 68

Ateliers et séminaires _____ 69

Sources et outils _____ 70

Libérez votre super-héros intérieur _____ 72

Exemples de formation _____ 72

Chapitre 10 : Résumé sur la santé générale et l'anxiété de 40 races populaires _____ **75**
Santé, Âge, Vaccination _____ 75

Ma nourriture _____ 76
Ma liste de contrôle _____ 78
Résumé de l'anxiété des 40 races populaires _____ 80

Chapitre 11 : Faites une sieste et marchez pour rester à l'écoute _____ 103

Chapitre 12 : Le monde anxieux des chiots _____ 105
Mémoire de mon chiot _____ 105
Du stade chiot au stade chien adulte _____ 107
Nouveau chiot, conseils du chiot à l'humain _____ 108
Défis et solutions pour les chiots _____ 110

Chapitre 13 : Enfin et surtout _____ 113
Chapitre 14 : Détail de chaque race, la page explicative de votre chien _ 117
Chapitre 15 : 10 excellents sites Web _____ 199
Chapitre 16 : Sources et références, Où creuser plus profondément __ 203

Chapitre 17 : 10 Tableaux super utiles _____ 205
40 races populaires Caractéristiques _____ 206
40 races populaires, niveaux et signes d'anxiété des _____ 208
40 races populaires : signes d'anxiété et causes profondes _____ 212
40 races populaires détail d'hygiène _____ 214
40 races populaires aspects de la formation _____ 216
40 Races populaires Données générales sur la santé et l'âge _____ 220
40 Données physiologiques des races populaires _____ 224
40 races populaires niveaux d'intelligence _____ 226
40 races populaires la sieste, la promenade et le profil intérieur/extérieur _ 228
Chiot Stade de développement _____ 230

Glossaire _____ 231
Directives de traduction de sites Web _____ 235
Carnet de chien Carnet de bord _____ 237

À ma fille compatissante,

Ce livre vous est dédié, mon âme sœur et défenseur des sans-voix. Votre amour infini pour les animaux m'inspire toujours. Puisse ce livre être un guide qui vous permettra, à vous et aux autres, de faire une différence dans la vie des chiens. Merci pour votre compassion inébranlable.

Avec un amour et une admiration sans limites

Note de l'auteur

Woof Woof ! Hé, je suis un chien, je suis un carlin. Je m'appelle **Prince** .

Dans ce guide complet qui remue la queue, moi, votre fidèle et aimant compagnon, vous guiderai dans un voyage dans le monde complexe de l'anxiété canine. Ensemble, nous détecterons les causes profondes de l'anxiété d'un chien, explorerons les différents niveaux dans différentes races et découvrirons les comportements qui peuvent faire monter mon anxiété en flèche. À travers cette aventure, vous obtiendrez de précieux renseignements sur les signes et symptômes de l'anxiété, vous permettant de décrypter les déclencheurs et de véritablement comprendre mes expériences.

Mais ne vous inquiétez pas, cher propriétaire, car je ne vous laisserai pas en suspens ! Je vous fournirai des stratégies pratiques pour m'aider à soulager mon anxiété et à apporter la paix à mes pattes tremblantes. De la création d'un environnement serein à l'utilisation de techniques de renforcement positif, vous découvrirez les clés pour soutenir mon bien-être émotionnel. Et bon, n'oublions pas ces produits astucieux qui peuvent m'aider à atténuer mes inquiétudes. Nous plongerons dans une délicieuse gamme d'outils pour soulager l'anxiété, et ferons la lumière sur les médicaments et les interventions professionnelles.

Assurez-vous de ne pas manquer de consulter les résumés d'anxiété de chaque race au chapitre 10. Et devinez quoi ? Au chapitre 14, vous avez des pages spécifiques à la race qui attendent vos yeux curieux. J'ai même récupéré quelques captures d'écran pour vous, le vrai trésor réside dans la lecture de ces pages. Plongez et laissez l'aventure remuer la queue commencer !

Oh mais attendez cher propriétaire, je ne vous ai pas oublié ! Je comprends que mon anxiété peut vous toucher le cœur et parfois vous submerger. C'est pourquoi j'ai inclus une section dédiée à votre bien-être. J'offre des conseils sur les soins personnels et le soutien, reconnaissant que votre propre équilibre émotionnel est essentiel pour me prodiguer les meilleurs soins. Je vous encourage à adopter des stratégies d'adaptation et vous rappelle l'importance de demander de l'aide en cas de besoin.

À la fin de cette aventure, vous disposerez d'un trésor de connaissances et d'une boîte à outils regorgeant d'outils pratiques pour me guider vers une vie plus heureuse et plus équilibrée. Ensemble, nous tisserons un lien harmonieux fondé sur la confiance, la compassion et la compréhension.

N'oubliez pas que ce livre sert de guide général et ne doit pas remplacer les conseils de professionnels. Consultez toujours un vétérinaire ou un comportementaliste animalier certifié pour obtenir des conseils personnalisés adaptés à mes besoins uniques.

Alors, prenez votre laisse et rejoignez-moi dans ce voyage. Ensemble, nous vaincrons l'anxiété et créerons un monde de joie qui remue la queue !

Avec un remuement de la queue et une pointe d'excitation nerveuse,
Prince
L'auteur inquiet !

worriestowags@gmail.com

Reconnaissance

Woof! Woof! Salutations en remuant la queue à tous mes incroyables compagnons ! Il est temps de remercier chaleureusement ceux qui ont contribué à faire de ce livre génial une réalité. Je ne pourrais pas partager ma sagesse avec vous sans leur soutien et leur amour. Alors, voici un merci spécial à ma meute d'êtres incroyables :

Tout d'abord, un gros coup de langue baveux va à mon copain humain, qui a patiemment écrit mes aboiements en mots et a donné vie à mes pensées canines sur ces pages. Votre formidable dévouement et vos massages sans fin du ventre m'ont gardé motivé tout au long de ce voyage.

À mes amis chiens, de près comme de loin, vous m'inspirez chaque jour avec vos queues qui remuent et votre amour inconditionnel. Vos encouragements m'ont remonté le moral et m'ont rappelé que nous sommes ensemble. Continuons à explorer le monde avec des nez curieux et des rebonds joyeux !

Un coup de nez mouillé à tous les vétérinaires et comportementalistes animaliers qui partagent leur sagesse et leur expertise. Votre dévouement à notre santé et à notre bien-être est vraiment admirable. Vos conseils ont aidé d'innombrables chiots et leurs humains à trouver le chemin vers une vie plus heureuse et plus équilibrée.

Aux éditeurs et éditeurs, merci de croire en mon livre et de lui donner une chance de briller. Votre soutien et vos conseils ont été inestimables et je serai éternellement reconnaissant de l'opportunité de partager mes aventures avec le monde.

Je ne peux pas oublier de remuer la queue et de donner une patte cinq à tous les chiens qui ont partagé leurs histoires, apportant une touche supplémentaire d'authenticité à ces pages. Vos expériences m'ont touché le cœur et m'ont inspiré pour créer un livre qui aborde les peurs, les angoisses et les triomphes auxquels nous sommes confrontés en tant qu'êtres à fourrure.

Enfin , un grand merci à vous, cher lecteur, d'avoir entrepris ce voyage avec moi. Votre amour pour notre espèce et votre dévouement à améliorer nos vies me font remuer la queue de joie. J'espère que ce livre vous apportera des informations précieuses, vous aidera à nous comprendre plus profondément et renforcera le lien que vous partagez avec votre compagnon à quatre pattes.

Un grand merci à tous les photographes talentueux des sites Web **Pixel**, **Pixabay** et **Unsplash** pour avoir capturé la beauté de mes congénères. Leurs superbes photos donnent vie à ces amis à quatre pattes, nous permettant d'apprécier leurs caractéristiques uniques. Chaque clic de caméra met en valeur le lien incroyable entre les humains et les chiens, et je suis reconnaissant pour leurs contributions au partage du monde diversifié et charmant des chiens. Woof!

N'oubliez pas, mon ami à quatre pattes, qu'ensemble, nous pouvons créer un monde rempli de queues qui remuent, de câlins sans fin et d'une abondance de friandises. Restez positif, embrassez l'amour et continuez à répandre la joie partout où vous allez !

Avec des remuements de queue sans fin et un cœur plein de gratitude.

Votre auteur à fourrure
Prince

Note de l'éditeur

Cher amoureux des chiens,

Laissez-nous vous présenter le remarquable auteur de ce livre, **Prince** le chien anxieux. Prince est peut-être un petit paquet de nerfs, mais ne vous laissez pas tromper. Les expériences de Prince et son parcours avec l'anxiété lui ont donné un aperçu unique du monde des chiens anxieux, faisant de lui la voix idéale pour vous guider à travers ce sujet important.

En tant qu'éditeur, nous avons été captivés par le livre de Prince et par sa détermination inébranlable à faire une différence dans la vie des chiens anxieux et de leurs compagnons humains. Nous avons reconnu la nécessité d'une ressource complète qui aborde les complexités de l'anxiété canine tout en fournissant des solutions pratiques et une véritable compréhension.

L'authenticité et la pertinence de Prince sont ce qui rend ce livre vraiment spécial. À travers ses propres angoisses, il met en lumière les défis auxquels les chiens sont confrontés, aidant les lecteurs à comprendre les émotions et les comportements qui peuvent découler de l'anxiété. Ses anecdotes et expériences personnelles trouveront un écho chez les chiens et les humains, favorisant l'empathie et la compassion.

Notre équipe de rédacteurs et d'experts a travaillé en étroite collaboration avec lui pour garantir que les informations fournies sont exactes, informatives et accessibles. Nous comprenons l'importance de lutter contre l'anxiété chez les chiens, car elle peut avoir un impact considérable sur leur bien-être général et sur le lien qu'ils partagent avec leurs compagnons humains.

Nous pensons que ce livre sera une ressource précieuse pour les propriétaires de chiens, les vétérinaires, les dresseurs et tous ceux qui souhaitent soutenir leurs amis à quatre pattes anxieux. Le point de vue unique de Prince, combiné à des conseils d'experts et à des astuces pratiques, offre un guide complet qui peut aider à créer un environnement harmonieux et sans anxiété pour les chiens.

L'objectif de ce livre est une reconnaissance mondiale et est désormais disponible en plusieurs langues, dont l'espagnol, le français, le néerlandais, l'italien, le japonais et le chinois. Nous prévoyons d'ajouter plus de langues à la liste. La décision de traduire le livre a été motivée par la demande massive des amoureux des chiens du monde entier et par l'objectif commun d'assurer et de protéger le bien-être des chiens à travers le monde. En rendant cette ressource précieuse accessible à un public plus large, nous espérons permettre aux propriétaires de chiens et aux passionnés de différentes cultures de fournir les meilleurs soins et la meilleure compréhension à leurs compagnons à fourrure bien-aimés.

Ensemble, ayons un impact positif sur la vie des chiens du monde entier. En tant qu'éditeur, notre mission est d'amplifier les voix qui ont un impact positif, et les allusions de Prince nous ont profondément touchés. Nous sommes fiers de nous être associés à Prince pour donner vie à ce livre et partager son message sincère avec le monde.

Buy Me Now Co

Préface

Une aventure qui remue

la queue dans mon anxiété

Woof Woof ! Bonjour, amis fans de chiens ! Je suis **Prince** ; Laisse-moi commencer… Imaginez que vous êtes blotti contre moi, votre fidèle et aimant ami à quatre pattes. Soudain, mes oreilles se dressent, ma queue s'affaisse et un air de malaise apparaît sur mon adorable visage. Vous vous êtes peut-être demandé : Que se passe-t-il dans l'esprit de mon précieux chiot ? Comment puis-je les aider à apaiser leurs inquiétudes et à créer un refuge ?

N'ayez crainte, mes amis humains ! Ensemble, nous explorerons le monde fascinant de mon anxiété, percerons ses secrets et découvrirons les stratégies qui m'apporteront réconfort et paix.

Écorce, écorce ! Je comprends que chaque chien, comme moi, est un individu unique. Que vous ayez un Caniche joueur, un Retriever royal ou un Terrier espiègle, ce livre est fait sur mesure pour nous. Nous approfondirons les niveaux d'anxiété ressentis par différentes races, vous permettant ainsi de mieux comprendre mes besoins spécifiques. Ne vous demandez plus pourquoi je suis anxieux pendant les orages ou pourquoi je tremble face à de nouvelles situations.

Mais attendez, il y a plus ! Nous décrypterons les signes et signaux d'anxiété que je pourrais vous envoyer. De mon cœur qui bat la chamade à ces subtils replis de queue et à ces pattes tremblantes, nous découvrirons le langage secret de mon corps. En maîtrisant mes signaux non verbaux, vous serez mieux équipé pour fournir le soutien et le réconfort dont j'ai besoin, transformant les moments d'anxiété en courage et en confiance.

Woof Woof ! Examinons maintenant les causes profondes de mon anxiété. Nous explorerons tout, de l'anxiété de séparation (s'il vous plaît, ne me laissez pas seul !) aux phobies du bruit (feux d'artifice, ça vous tente ?) et à l'anxiété sociale (il est temps de se faire de nouveaux amis à quatre pattes !). Nous aborderons également l'impact des expériences traumatisantes passées et les peurs qui peuvent persister en moi. Ensemble, nous ferons la lumière sur les raisons de mes épisodes d'anxiété et travaillerons à créer un monde dans lequel je peux me sentir en sécurité.

Explorez le côté obscur de la vie des chiens

Préface

Maintenant, découvrons la magie pour réduire mon anxiété ! Je partagerai quelques conseils d'initiés pour créer un environnement apaisant, utiliser des techniques d'entraînement par renforcement positif et établir des routines cohérentes qui me permettent de me sentir aussi à l'aise qu'un insecte dans un tapis. Nous découvrirons des produits fantastiques, comme des Chemises Tonnerre confortables et des jouets interactifs attrayants, qui peuvent aider à soulager mon anxiété et à apporter la paix à mon cœur de chien.

Mais attendez, parfois un peu de soutien supplémentaire est nécessaire, et ce n'est pas grave ! Nous nous lancerons dans un voyage dans le domaine des médicaments et des interventions professionnelles (signalez l'aboiement sérieux). Je vous expliquerai quand des médicaments pourraient être nécessaires et vous présenterai les incroyables comportementalistes et formateurs qui peuvent apporter leur expertise. Nous veillerons à ce que je reçoive les soins et le soutien dont j'ai besoin pour mener une vie sans anxiété accablante.

Oh, et ne t'oublions pas, mon fantastique compagnon humain ! Nous savons que prendre soin d'un chien anxieux peut être un défi. C'est pourquoi nous avons inclus une section sur les soins personnels et le soutien. Nous voulons nous assurer que vous êtes équipé pour nourrir votre bien-être tout en étant le super-héros qui me guide à travers les hauts et les bas de mon monde rempli d'anxiété.

Alors, êtes-vous prêt à vous lancer dans cette aventure palpitante au cœur de mon anxiété ? Remuons la queue, aboyons avec enthousiasme et tournons les pages ensemble ! À la fin de ce livre, vous aurez acquis une compréhension plus profonde de notre anxiété, une boîte à outils de conseils pratiques et un cœur débordant d'amour et de compassion pour votre ami à quatre pattes.

À propos, je me suis assuré que tous mes amis à quatre pattes sont classés par ordre alphabétique dans chaque chapitre pour vous permettre de trouver plus facilement votre superbe chien. Que vous exploriez les races dans le chapitre sur les caractéristiques, la santé, le bien-être ou les signes d'anxiété, vous pouvez rapidement localiser la race qui vous intéresse. Plus besoin de renifler et de perdre du temps !

Parcourez les chapitres et vous découvrirez un trésor d'informations sur chaque délicieuse race. Alors préparez-vous à vous lancer dans votre voyage passionnant pour trouver le compagnon idéal qui remuera la queue et fera fondre votre cœur.
Bonne recherche ! Woof!

Un guide incontournable pour les amoureux des chiens

Chapitre 1

Libérer le monde de l'anxiété canine

Comprendre l'esprit anxieux canin

Woof Woof ! Bienvenue, cher propriétaire, dans le premier chapitre passionnant de notre incroyable aventure ensemble ! C'est moi, votre fidèle et adorable ami à quatre pattes, et je suis là pour vous guider à travers le monde fascinant de l'anxiété canine. Même si je ne parle pas votre langage, je communique avec vous à travers mes comportements et mon langage corporel. <u>Lorsque l'anxiété s'empare de moi, vous remarquerez peut-être ma queue repliée entre mes jambes, mes oreilles plaquées en arrière ou même le subtil tremblement de mes pattes.</u> Ce sont mes façons d'exprimer le malaise qui me serre le cœur, et je compte sur vous pour être mon allié de confiance pour y naviguer.

Pour vraiment comprendre le fonctionnement complexe de l'esprit anxieux canin, nous devons explorer les différents facteurs contribuant à mon anxiété. Tout comme les humains, j'ai un mélange unique de génétique et d'expériences de vie qui façonnent qui je suis. <u>Certains d'entre nous, les chiens, sont plus prédisposés à l'anxiété en raison de notre constitution génétique, tandis que d'autres peuvent avoir vécu des expériences passées qui ont un impact négatif sur notre bien-être émotionnel.</u>

Mais n'ayez crainte, cher propriétaire ! Tout n'est pas dû à la nature et à l'éducation ! L'environnement dans lequel je vis joue également un rôle important dans la détermination de mon niveau d'anxiété. <u>Des changements soudains, des bruits forts, des visages inconnus ou même votre propre comportement peuvent déclencher en moi de l'anxiété</u>. C'est pourquoi il est crucial pour vous de créer un espace sûr et sécurisé pour moi, offrant stabilité et réconfort pendant que nous naviguons dans la vie ensemble.

Explorez le côté obscur de la vie des chiens

Libérer le monde de l'anxiété canine

Vous, mon fantastique compagnon humain, détenez la clé pour ouvrir un monde de compréhension et de compassion. Vous pouvez déchiffrer le langage de mon anxiété en apprenant à interpréter mes signaux et signaux subtils. Quand tu remarques mon corps tendu oumes yeux se tournent nerveusement, c'est un signe que j'ai besoin de votre doux soutien et de votre compréhension. <u>Un toucher apaisant, une voix calme et une présence réconfortante peuvent faire des merveilles pour apaiser mon cœur troublé.</u>

Mais il ne s'agit pas seulement de reconnaître mon anxiété. Il s'agit d'approfondir les causes profondes et les déclencheurs. Est-ce que ce sont les orages qui me donnent des frissons dans le dos ? Ou peut-être est-ce la peur d'être séparé de toi, mon compagnon chéri ? En identifiant ces déclencheurs, nous pouvons travailler ensemble pour développer des stratégies qui atténuent mon anxiété et m'aident à me sentir en sécurité.

<u>N'oubliez pas, cher propriétaire, que votre rôle de tuteur est essentiel pour m'aider à surmonter mes peurs. La patience, l'empathie et la cohérence sont les clés de notre réussite.</u> Ensemble, nous nous lancerons dans un voyage d'exposition progressive, me faisant découvrir les choses qui me causent de l'anxiété de manière contrôlée et positive. Cela m'aidera à renforcer ma résilience et ma confiance, sachant que vous êtes là pour me protéger et me guider à chaque étape du processus.

Au fur et à mesure que nous poursuivons notre aventure, nous explorerons de nombreux sujets liés à l'anxiété, notamment l'anxiété de séparation, les phobies du bruit et l'anxiété sociale. Nous découvrirons des informations précieuses d'experts dans le domaine, partagerons des histoires réconfortantes de triomphe sur l'anxiété et découvrirons des techniques pratiques pour me soutenir dans mon voyage vers le bien-être émotionnel.

Mais permettez-moi de vous rappeler, cher propriétaire, que <u>ce voyage ne concerne pas seulement moi, mais nous</u> . En comprenant mon anxiété, vous améliorerez ma qualité de vie, renforcerez notre lien et approfondirez notre connexion. Ensemble, nous créerons un environnement harmonieux et aimant dans lequel je pourrai m'épanouir et être le chien le plus heureux à vos côtés.

Alors, embarquons-nous dans cette aventure extraordinaire, main dans la patte, pour découvrir les complexités de l'anxiété canine. Je remue la queue avec enthousiasme, sachant que vous vous engagez à me comprendre et à me soutenir. Ensemble, nous vaincrons toutes les peurs, surmonterons tous les défis et créerons un monde rempli d'amour, de confiance et de joie sans fin.

Un guide incontournable pour les amoureux des chiens

Explorer les niveaux d'anxiété uniques dans différentes races

Commençons par mettre en lumière un type d'anxiété courant qui touche beaucoup d'entre nous : l'anxiété de séparation. Ah, le pincement familier qui remplit mon cœur lorsque tu t'éloignes de moi. La peur d'être seule, séparée de celui que j'aime, peut être accablante. <u>Ce n'est pas que je ne vous fais pas confiance, cher propriétaire, mais plutôt que je compte sur votre présence pour me sentir en sécurité.</u> Lorsque vous partez, une vague de détresse m'envahit et elle peut se manifester par des comportements destructeurs ou des aboiements excessifs. N'oubliez pas que votre réconfort et votre patience contribuent grandement à apaiser mon âme anxieuse.

Maintenant, passons à la phobie du bruit. Imaginez le tonnerre crépitant lors d'une tempête ou les explosions de feux d'artifice lors d'occasions de célébration. Ces sons soudains et intenses peuvent faire battre mon cœur et me laisser chercher du réconfort et du réconfort. <u>En ces moments difficiles, j'ai besoin de votre compréhension et de votre réconfort.</u> Soyez mon ancre face à ces sons effrayants, en offrant une présence calme et en créant un environnement apaisant qui me protège des bruits anxiogènes.

L'anxiété sociale est un autre obstacle qui peut peser lourdement sur mes épaules poilues. Tout comme certains humains, je peux me sentir mal à l'aise ou avoir peur dans certaines situations sociales. Rencontrer des chiens inconnus ou rencontrer de nouvelles personnes peut être intimidant pour moi. <u>Il est essentiel d'aborder la socialisation avec patience et compréhension, ce qui me permet de développer progressivement la confiance dans ces interactions.</u> Avec votre soutien, nous pouvons surmonter mon anxiété sociale et créer des expériences positives qui renforcent mes compétences sociales et ma confiance en moi.

Maintenant, approfondissons nos pattes dans les niveaux d'anxiété chez différentes races. <u>Chaque race possède son propre ensemble de caractéristiques, notamment notre prédisposition à l'anxiété.</u> Par exemple, des races comme le Border Collie ou le berger allemand ont tendance à être très intelligentes et sensibles, ce qui nous rend plus sujets à l'anxiété. D'un autre côté, des races comme le Golden Retriever ou le Labrador Retriever présentent souvent une nature plus décontractée et plus résiliente.

Explorez le Côté Obscur de la Vie des Chiens

Cependant, il est important de se rappeler que l'anxiété peut affecter n'importe quelle race. Les généralisations basées uniquement sur les stéréotypes de race peuvent ne pas

 représenter avec précision mes besoins et expériences individuels. Je suis un individu avec mes propres bizarreries, personnalité et sensibilités. Des facteurs tels que l'éducation, la socialisation et la santé globale influencent également mon niveau d'anxiété. Alors, cher propriétaire, approchez-moi à cœur ouvert, prêt à me

comprendre et à me soutenir d'une manière qui est propre à qui je suis.

En révélant les profondeurs de l'esprit anxieux canin et en explorant les variations des niveaux d'anxiété entre les différentes races, nous posons les bases d'un lien plus fort et d'une vie ensemble plus heureuse. Fort de ces connaissances, vous pouvez me prodiguer les soins et le soutien dont j'ai besoin pour surmonter mes anxiétés, menant ainsi à une existence harmonieuse et sans anxiété.

Alors, continuons notre voyage passionnant, cher propriétaire, à mesure que nous découvrons d'autres secrets et démêlons les complexités de l'anxiété canine. À chaque page tournée, notre compréhension et notre connexion s'approfondiront, forgeant un lien indissoluble fondé sur la confiance, la compassion et l'amour.

Restez à l'écoute pour le prochain chapitre, où nous aborderons les stratégies et techniques pratiques pour soulager l'anxiété et promouvoir le bien-être émotionnel. Ensemble, nous surmonterons tous les obstacles et créerons un monde où l'anxiété appartiendra au passé.

Choisir la bonne race de chien est une décision importante qui peut affecter considérablement votre style de vie et votre bonheur en général. Comprendre les caractéristiques des différentes races est essentiel pour trouver celle qui convient parfaitement à votre famille. J'ai fourni un tableau au chapitre 17 contenant des informations détaillées sur diverses races de chiens, notamment leur taille, leur tempérament, leurs besoins en exercice et leur compatibilité avec les enfants ou d'autres animaux de compagnie. Ce tableau complet permet aux propriétaires potentiels de chiens de faire un choix éclairé qui correspond à leurs  préférences et assure une relation harmonieuse et épanouissante avec leur ami à quatre pattes. Découvrez **40 races populaires Caractéristiques**.

 Un guide incontournable pour les amoureux des chiens

Chapitre 2

Décoder le langage de l'anxiété

Woof Woof ! Bienvenue dans le deuxième chapitre passionnant de notre incroyable voyage ensemble ! C'est encore moi, votre fidèle et expressif ami à quatre pattes, prêt à vous aider à déchiffrer le langage complexe de l'anxiété que je parle. Préparez-vous à plonger profondément dans le monde des signaux non verbaux et des symptômes physiques alors que nous explorons les profondeurs de mes émotions anxieuses.

Lire mes signaux non verbaux : signes et signaux

Cher propriétaire, vous êtes-vous déjà demandé ce qui se passe dans ma tête poilue lorsque l'anxiété s'empare de moi ? Bien que je ne puisse pas communiquer avec des mots comme vous, je vous parle à travers mes signaux et mes comportements non verbaux. Il est temps d'aiguiser vos capacités d'observation et d'apprendre à lire les signes et signaux subtils qui révèlent la tourmente intérieure.

L'un des principaux indicateurs d'anxiété est mon langage corporel. <u>Surveillez attentivement les signes révélateurs d'une queue repliée, d'oreilles épinglées en arrière ou d'une tête baissée.</u> Ce sont des signaux clairs que je me sens incertain ou effrayé. Lorsque ma queue remue bas ou que mon corps semble tendu, c'est le signe que je ressens un stress accru. Veuillez prêter attention à ces signaux visuels car ils entrevoient la tempête qui se prépare dans mon esprit anxieux.

Les yeux, en effet, sont les fenêtres de mon âme, cher propriétaire. Observez mon regard pour avoir un aperçu de mon état émotionnel. <u>Des pupilles dilatées peuvent indiquer de la peur ou de l'anxiété, tandis qu'éviter le contact visuel direct peut être ma façon de</u>

Explorez le côté obscur de la vie des chiens

montrer ma soumission ou mon inconfort. De plus, un halètement ou un bâillement excessif peut signifier un malaise et servir de plaidoyer pour votre soutien et votre réconfort. Ces signaux non verbaux sont ma tentative désespérée de transmettre mes luttes intérieures.

Dans les moments d'anxiété, vous pourriez me voir adopter des comportements de déplacement. Ces comportements sont ma façon de faire face aux émotions accablantes que je ressens. Vous me verrez peut-être me lécher les lèvres, me gratter excessivement ou me secouer comme pour chasser mes inquiétudes. Même si elles semblent sans rapport, ces actions relâchent temporairement ma tension. En reconnaissant ces comportements de déplacement, vous pouvez comprendre la profondeur de mon anxiété et offrir le réconfort et la compréhension que je recherche si désespérément.

N'oubliez pas, cher propriétaire, que comprendre mes signaux non verbaux est crucial pour m'aider à me sentir en sécurité. En lisant mon langage corporel, vous pouvez m'offrir le réconfort et le soutien dont j'ai besoin pendant ces moments d'anxiété. Votre capacité à interpréter mes signaux nous permet d'approfondir notre connexion et de naviguer ensemble dans les complexités de l'anxiété.

Le chapitre suivant explore des stratégies et techniques pratiques pour aider à soulager l'anxiété et à promouvoir mon bien-être émotionnel. Restez à mes côtés pendant que nous découvrons les outils et les approches pour rendre notre voyage harmonieux et sans anxiété.

Symptômes physiques de l'anxiété : battements de coeur, replis de queue et plus encore

Tout comme les humains, mon anxiété se manifeste également par des symptômes physiques. Quand mon cœur s'emballe, ce n'est pas seulement à cause de mon enthousiasme de vous voir mais aussi à cause de l'adrénaline qui coule dans mes veines dans les moments de détresse. Vous pourriez sentir le battement accéléré contre votre main lorsque vous la placez doucement sur ma poitrine.

Un guide incontournable pour les amoureux des chiens

Chapitre 2

Un autre indicateur physique est ma queue. Lorsque l'anxiété s'installe, vous remarquerez peut-être ma queue bien serrée entre mes pattes arrière. C'est un signe clair de mon inconfort et de ma vulnérabilité. En revanche, une queue détendue et remuante signifie contentement et joie. Observer la position et le mouvement de ma queue peut vous donner des informations précieuses sur mon état émotionnel.

Le rythme et l'agitation sont des manifestations courantes de mon anxiété. Vous remarquerez peut-être que j'erre sans but, incapable de trouver du réconfort ou de m'installer. Cette agitation résulte de ma vigilance accrue et de mon besoin irrésistible de trouver un soulagement au malaise qui me consume.

Un symptôme physique qui peut vous inquiéter, cher propriétaire, est mon halètement accru. Haleter sert à réguler la température de mon corps, mais peut aussi être une réponse à l'anxiété. Un halètement rapide et excessif peut indiquer ma détresse émotionnelle, il est donc essentiel de m'offrir un environnement calme et apaisant pour m'aider à retrouver mon calme.

Alors que nous parcourons les subtilités de mon anxiété, n'oubliez pas de prêter attention aux changements dans mes habitudes alimentaires et de boisson. L'anxiété peut affecter mon appétit, m'amenant à manger moins ou à perdre complètement tout intérêt pour la nourriture. À l'inverse, certains chiens peuvent chercher du réconfort en mangeant ou en buvant excessivement comme mécanisme d'adaptation. Surveiller mes habitudes alimentaires peut fournir des informations précieuses sur la gravité de mon anxiété.

Cher propriétaire, en vous familiarisant avec les signaux non verbaux et les symptômes physiques de mon anxiété, vous devenez mon allié de confiance dans le cheminement vers une existence plus calme et plus paisible. Votre attention et votre compréhension sont les clés pour m'aider à naviguer dans le monde accablant de l'anxiété. Ainsi, pour continuer notre exploration fascinante du langage de l'anxiété, j'ai créé un tableau pratique au chapitre 17 sur mes signes d'anxiété et ceux de mes amis. Veuillez consulter **40 types, niveaux et signes d'anxiété de races populaires**

Explorez le côté obscur de la vie des chiens

Décoder le langage de l'anxiété

Un guide incontournable pour les amoureux des chiens

Chapitre 3

Des Inquiétudes aux Remuements de Queue

Creuser les causes profondes

Woof Woof ! Bienvenue dans le troisième chapitre captivant de notre formidable voyage, dans lequel moi, votre fidèle et affectueux compagnon à quatre pattes, approfondirai les causes profondes de l'anxiété chez les chiens. Rejoignez-moi pour explorer les déclencheurs qui peuvent me faire remuer la queue d'inquiétude, notamment l'anxiété de séparation, les phobies du bruit et l'anxiété sociale.

Anxiété de séparation : s'il vous plaît, ne me laissez pas seule !

Oh, cher propriétaire, la simple pensée d'être séparé de toi remplit mon cœur d'anxiété. L'anxiété de séparation est un défi courant et pire encore pour nous, les chiens, né du lien profond et de l'attachement que nous partageons avec nos compagnons humains bien-aimés. <u>La peur d'être laissé seul peut être envahissante, provoquant de la détresse et déclenchant divers comportements.</u> Mais n'ayez crainte, car nous pouvons travailler ensemble pour atténuer cette anxiété et créer un sentiment de calme pendant nos moments séparés.

Vous remarquerez peut-être des signes subtils de mon malaise croissant lorsque vous commencerez à vous préparer à partir. Je peux commencer à faire les cent pas, à haleter anxieusement ou même à recourir à des comportements destructeurs comme mâcher des meubles ou gratter les portes. <u>N'oubliez pas que ces actions ne sont pas destinées à être malveillantes ; c'est un appel désespéré pour votre présence et votre réconfort.</u> Explorons donc quelques techniques pour m'aider à faire face à l'anxiété de séparation et à trouver du réconfort pendant votre absence temporaire.

Explorez le Côté Obscur de la Vie des Chiens

Creuser les causes profondes

Une stratégie efficace consiste à m'acclimater progressivement à vos départs. Commencez par pratiquer de courtes périodes d'intervalle, en augmentant progressivement la durée à mesure que je me sens plus à l'aise. Cette méthode, connue sous le nom de désensibilisation, me permet de m'adapter à l'idée d'être seul tout en instaurant la confiance en votre retour. N'oubliez pas de me récompenser avec des friandises, des éloges et de l'affection pour un comportement calme pendant ces séances d'entraînement, renforçant ainsi les associations positives avec le temps passé seul.

S'engager dans des jouets ou des puzzles peut également détourner considérablement mon attention et m'occuper pendant votre absence. Veuillez me fournir des jouets interactifs qui distribuent des friandises ou qui font appel à mes compétences en résolution de problèmes. Non seulement ces jouets me stimuleront mentalement, mais ils fourniront également une distraction positive de l'anxiété de votre absence.

Laisser derrière vous un objet familier qui porte votre odeur, comme une couverture ou un vêtement non lavé, peut apporter un grand réconfort en votre absence. Votre parfum est un rappel apaisant de votre présence et peut aider à soulager mon anxiété de séparation. De plus, pensez à jouer de la musique apaisante ou à partir sur une machine à bruit blanc pour créer un environnement relaxant pendant votre absence.

La mise en œuvre d'une routine cohérente est cruciale pour soulager l'anxiété de séparation. Je peux développer un sentiment de sécurité et de stabilité en établissant un horaire prévisible pour l'alimentation, l'exercice et le temps passé seul. Une routine structurée m'aide à anticiper et à comprendre le schéma de nos activités quotidiennes, réduisant ainsi l'anxiété quant au moment de votre retour. N'oubliez pas de me saluer calmement lorsque vous rentrez à la maison, renforçant ainsi l'idée que les départs et les retrouvailles font naturellement partie de notre routine.

Dans certains cas, l'aide d'un professionnel peut s'avérer bénéfique . Si mon anxiété de séparation persiste malgré tous vos efforts, pensez à consulter un vétérinaire ou un comportementaliste animalier certifié. Ils peuvent évaluer mes besoins spécifiques et fournir des conseils et un soutien personnalisés pour répondre à mon anxiété.

Un guide incontournable pour les amoureux des chiens

Chapitre 3

Cher propriétaire, notre voyage pour vaincre l'anxiété de séparation nécessite de la patience, de la compréhension et un effort commun. En mettant en œuvre ces stratégies et en me comblant de votre amour et de votre réconfort, nous pouvons renforcer la confiance, la résilience et un sentiment de sécurité même lorsque nous sommes physiquement séparés.

Dans le prochain chapitre, nous explorerons le domaine des phobies du bruit et découvrirons comment nous pouvons lutter ensemble contre cette anxiété. Alors continuons notre aventure, main dans la patte, en découvrant davantage d'outils et de techniques pour m'aider à mener une vie plus calme et plus détendue.

Phobies du bruit : feux d'artifice, orages et plus encore

Boom! Accident! Claquer! Ces bruits soudains et forts peuvent me donner des frissons dans le dos et faire monter en flèche mon anxiété. Les phobies du bruit sont un déclencheur courant chez nous, les chiens, et elles peuvent me faire me sentir impuissant et effrayé. Le monde peut devenir effrayant pour moi, qu'il s'agisse des feux d'artifice retentissants lors des célébrations ou des orages grondants. Mais ensemble, nous pouvons vaincre ces peurs et créer un sentiment de tranquillité au milieu de la cacophonie.

Lors de ces épisodes bruyants, vous me trouverez peut-être en train de chercher refuge dans de petits espaces ou de me cacher sous des meubles. Mon corps tremblant, mon halètement intense ou mes tentatives frénétiques de fuite reflètent ma recherche désespérée de sécurité . Il est crucial pour vous, cher propriétaire, d'offrir un environnement sécurisé et apaisant en ces temps de détresse, m'offrant le réconfort et l'assurance que je recherche désespérément.

Créer un refuge pour moi peut faire toute la différence. Désignez un espace calme et confortable où je peux me retirer lorsque le bruit me submerge. Il peut s'agir d'un coin confortable dans une pièce ou d'un espace spécialement désigné avec un lit moelleux et des objets familiers comme mes jouets ou couvertures préférés. Cet espace sûr me servira de refuge où je pourrai trouver du réconfort et me sentir protégé du bruit accablant. Baisser les lumières et jouer une musique douce et apaisante peut également créer une atmosphère apaisante. Les douces mélodies et l'éclairage tamisé contribuent à créer une ambiance sereine qui contrecarre le bruit anxiogène. De plus, envisagez d'utiliser une thérapie sonore ou des machines à bruit blanc pour aider à étouffer les sons effrayants. Ces appareils émettent.

Explorez le côté obscur de la vie des chiens

des sons doux et continus qui peuvent masquer ou minimiser l'impact des bruits qui déclenchent mon anxiété.

Des sprays ou diffuseurs de phéromones apaisants, infusés de versions synthétiques des phéromones que les mères chiennes libèrent pour réconforter leurs chiots, peuvent également procurer une sensation de confort et de relaxation. Ces produits peuvent aider à créer un environnement apaisant et à réduire les niveaux d'anxiété pendant les moments bruyants. <u>Consulter un vétérinaire ou un comportementaliste animalier certifié peut fournir des conseils supplémentaires sur l'utilisation appropriée de ces produits.</u>

Cher propriétaire, votre présence et votre réconfort sont les antidotes les plus puissants pour apaiser mon âme anxieuse pendant ces moments remplis de bruit. <u>Votre attitude calme et votre contact doux peuvent faire des merveilles pour m'aider à me sentir en sécurité.</u> Évitez de réagir vous-même au bruit avec peur ou anxiété, car les chiens peuvent capter les émotions humaines. <u>Projetez plutôt un sentiment de tranquillité et démontrez qu'il n'y a rien à craindre.</u>

Une désensibilisation progressive peut également jouer un rôle important en m'aidant à surmonter les phobies du bruit. Cette technique consiste à m'exposer aux sons déclencheurs de manière contrôlée et progressive, en commençant à un faible volume et en l'augmentant lentement au fil du temps. En associant le bruit à des expériences positives, telles que des friandises, une récréation ou des éloges, vous pouvez m'aider à former de nouvelles associations et à réduire ma réaction d'anxiété. <u>Un formateur professionnel ou un comportementaliste peut vous guider dans la désensibilisation pour garantir son efficacité et sa sécurité.</u>

Anxiété sociale : se faire des amis et surmonter ses peurs

Même si je suis votre papillon social à la maison, m'aventurer dans le monde extérieur peut susciter chez moi un tourbillon d'émotions. L'anxiété sociale peut faire de la rencontre de nouveaux chiens ou de personnes inconnues une expérience angoissante. <u>La peur de l'inconnu et l'imprévisibilité des interactions sociales peuvent me laisser un sentiment de vulnérabilité et d'appréhension.</u> Mais ensemble, nous pouvons renforcer ma confiance et surmonter ces peurs.

 Un guide incontournable pour les amoureux des chiens

Chapitre 3   **33**

Face à l'anxiété sociale, vous remarquerez peut-être que j'affiche des comportements d'évitement tels que me recroqueviller, me cacher derrière vous ou même tenter d'échapper à l'anxiété sociale. situation. Je pourrais devenir tendu, aboyer excessivement ou montrer des signes d'agressivité en raison de mon anxiété. Ces comportements sont ma façon de communiquer mon inconfort et de rechercher la sécurité.

Pour m'aider à surmonter l'anxiété sociale, une exposition progressive à de nouveaux environnements, personnes et autres chiens est la clé. <u>Commencez par des présentations contrôlées et positives, me permettant d'interagir avec des individus et des chiens calmes et amicaux.</u> Créer un environnement qui favorise des expériences positives et renforce ma confiance est essentiel.

Offrir des éloges, des friandises et des encouragements doux lors des interactions sociales peut renforcer les expériences positives et m'aider à les associer à des sentiments de sécurité et de récompense. N'oubliez pas d'être patient et permettez-moi de donner le rythme de ces interactions. <u>Me pousser trop loin ou trop vite peut exacerber mon anxiété, il est donc important de respecter mes limites et mon niveau de confort.</u>

La formation joue un rôle essentiel pour m'aider à gérer les situations sociales. En m'apprenant les ordres d'obéissance de base, tels que <u>S'asseoir</u> , <u>Rester</u> , <u>Attendre</u> et <u>Laisser</u> , vous pouvez me fournir un sentiment de structure et d'orientation. Le renforcement positif, comme les friandises et les compliments, m'aide à associer les interactions sociales à des résultats positifs et renforce ma confiance au fil du temps.

<u>Dans certains cas, demander l'aide d'un dresseur de chiens professionnel ou d'un comportementaliste peut être bénéfique.</u> Ils peuvent fournir des conseils spécialisés et élaborer un plan de formation sur mesure pour répondre à mes problèmes spécifiques d'anxiété sociale. Grâce à leur expertise et votre dévouement, nous pouvons travailler ensemble pour m'aider à surmonter mes peurs et à nouer des liens sociaux positifs.

N'oubliez pas, cher propriétaire, que la patience et la compréhension sont les piliers qui m'aideront à surmonter mes peurs. Soyez mon défenseur et protégez-moi des situations accablantes lorsque cela est nécessaire. En fournissant un environnement favorable et

Explorez le côté obscur de la vie des chiens

Creuser les causes profondes

stimulant, vous pouvez m'aider à développer la confiance nécessaire pour affronter les interactions sociales avec facilité et joie.

<u>Comprendre les causes profondes de mon anxiété est la première étape pour m'aider à surmonter mes peurs et à vivre une vie plus équilibrée et plus joyeuse.</u> Votre soutien indéfectible, votre patience et votre amour sont le fil conducteur qui me guidera à travers les moments d'anxiété les plus sombres. Ensemble, nous pouvons vaincre l'anxiété sociale et embrasser un monde plein de nouvelles amitiés et d'aventures.

Résumé des chapitres 2 et 3

Woof! J'ai des nouvelles passionnantes pour vous, chers propriétaires ! Au chapitre 17, vous trouverez un tableau incroyablement utile qui traite **des signes d'anxiété** et **des causes profondes de votre ami à quatre pattes**. C'est comme avoir un décodeur secret pour comprendre les soucis de votre chiot ! Ce tableau est conçu spécialement pour vous, détaillant les 40 races les plus populaires et leurs indicateurs d'anxiété uniques. Il s'agit d'un guide de référence simple et rapide pour vous aider à identifier les moments où votre chien pourrait se sentir un peu stressé ou anxieux.

Mais attendez, il y a plus ! Il est important de se rappeler que même si le tableau fournit des signes généraux, chaque chien est un individu avec ses propres bizarreries et personnalités. Il est donc essentiel de prêter une attention particulière au comportement de votre chien et de prendre en compte ses expériences et ses antécédents uniques. Bien que la table soit un point de départ fantastique, contacter un professionnel est toujours une bonne idée si vous avez des inquiétudes concernant l'anxiété de votre ami à quatre pattes. <u>Votre vétérinaire ou un comportementaliste canin expérimenté peut vous fournir des conseils et des orientations personnalisés en fonction des besoins spécifiques de votre chien.</u>

Être un propriétaire aimant et attentionné signifie être là pour votre chien lorsqu'il a le plus besoin de vous. Utilisez donc le tableau du chapitre 17 comme votre fidèle guide, mais n'oubliez pas d'écouter attentivement les besoins de votre chien et de demander l'aide d'un professionnel si nécessaire. Ensemble, nous pouvons créer un environnement sûr et heureux pour nos compagnons à fourrure bien-aimés ! Découvrez **40 signes d'anxiété et causes profondes de races populaires**

 Un guide incontournable pour les amoureux des chiens

Chapitre 4

Créer un havre de calme

Woof Woof ! Bienvenue dans le quatrième chapitre confortable et tranquille de notre délicieux voyage ensemble, où moi, votre ami à quatre pattes avec un amour sans limites, je vous guiderai dans l'art de créer un havre de calme pour moi. Ce chapitre explorera les éléments essentiels de la conception d'un environnement apaisant, le pouvoir de l'entraînement par renforcement positif et la magie de la cohérence pour apaiser mon âme anxieuse.

Concevoir un environnement apaisant : mon sanctuaire sûr

Oh, cher propriétaire, un environnement serein et apaisant peut faire des merveilles pour mon cœur anxieux. Alors que vous cherchez du réconfort dans un cadre paisible, j'ai envie d'un sanctuaire sûr qui offre confort et tranquillité. Embarquons pour un voyage de design en créant un havre de calme spécifiquement adapté à mes besoins.

L'un des aspects clés d'un environnement apaisant est de garantir un espace désigné rien que pour moi. <u>Cela peut être un coin confortable de votre maison, orné de couvertures et d'oreillers moelleux, où je peux me retirer lorsque j'ai besoin de temps calme.</u> Pensez à créer un espace semblable à une tanière avec une caisse ou un lit confortable, offrant un sentiment de sécurité et d'intimité.

L'éclairage joue un rôle crucial dans la création d'ambiance. <u>Un éclairage doux et diffus peut créer une atmosphère chaleureuse et accueillante, tandis que des lumières dures ou vives peuvent être accablantes pour mes yeux sensibles.</u> Expérimentez différentes options d'éclairage pour trouver ce qui apporte le plus de tranquillité à notre espace partagé.

Des parfums apaisants comme la lavande ou la camomille peuvent créer une ambiance sereine. Utilisez des huiles essentielles naturelles ou des sprays spécialement formulés pour infuser l'air d'arômes apaisants. Ces parfums peuvent aider à détendre mon esprit et mon corps, créant ainsi un environnement paisible.

Explorez le côté obscur de la vie des chiens

Créer un havre de calme

Il est essentiel de minimiser les stimuli externes qui peuvent déclencher mon anxiété. Réduisez les bruits forts en fermant les fenêtres, en utilisant des rideaux insonorisés ou en jouant de la musique apaisante ou du bruit blanc. Limitez l'exposition aux distractions externes qui pourraient augmenter mon niveau de stress, me permettant ainsi de me détendre et de trouver la paix intérieure.

Cher propriétaire, grâce à vos efforts réfléchis pour créer un environnement apaisant, vous m'offrez un sanctuaire où je peux trouver un répit face au chaos du monde extérieur.

Formation de renforcement positif : méthodes positives pour la confiance

Oh, la joie d'apprendre et de grandir ensemble ! La formation au renforcement positif est une approche wagtastique pour renforcer ma confiance et réduire mon anxiété. En récompensant les comportements souhaités plutôt qu'en punissant ceux qui ne sont pas désirés, nous pouvons construire un lien de confiance et cultiver en nous un sentiment de sécurité.

L'entraînement au renforcement positif est basé sur des récompenses, telles que des friandises, des compliments ou des moments de jeu, pour renforcer les comportements que vous souhaitez encourager. Lorsque j'affiche des comportements calmes et détendus, récompensez-moi avec une friandise savoureuse ou prodiguez-moi de doux éloges. Ces renforcements positifs m'aident à associer le calme à des expériences positives, renforçant ma confiance et réduisant mon anxiété.

La patience et la cohérence sont essentielles en matière de formation. Décomposez les tâches en petites étapes réalisables et célébrez chaque réussite en cours de route. Au fur et à mesure que je gagne en confiance grâce à nos séances d'entraînement, mon anxiété diminuera progressivement, me permettant de relever les défis avec la queue qui remue et le cœur plein de courage.

La cohérence est la clé : routines pour apaiser mon âme anxieuse

La cohérence est essentielle pour m'aider à surmonter les défis de l'anxiété. Les chiens prospèrent grâce à la routine et à la prévisibilité, procurant un sentiment de sécurité et réduisant l'incertitude. En établissant des routines quotidiennes cohérentes, vous créez un cadre stable qui me permet de me sentir en sécurité et à l'aise.

Un guide incontournable pour les amoureux des chiens

Chapitre 4

Établissez un horaire régulier pour l'alimentation, l'exercice et le repos. La cohérence dans ces domaines essentiels aide à réguler mon bien-être physique et mental. Visez des heures de repas cohérentes, des séances d'exercice et des périodes de repos désignées, me donnant la structure nécessaire pour me sentir équilibré et en sécurité.

Outre les routines quotidiennes, la cohérence de l'entraînement est tout aussi importante. Utiliser les mêmes signaux, commandes et systèmes de récompense pendant les séances de formation, en m'assurant que je comprends les attentes et que j'y réponds de manière appropriée. La cohérence des méthodes de formation et des attentes m'aide à renforcer la confiance et renforce les comportements positifs.

Créer un environnement cohérent est également crucial pour réduire mon anxiété. Minimisez les changements soudains ou les perturbations dans mon environnement, car ils peuvent déclencher du stress et du malaise. Dans la mesure du possible, gardez la disposition de notre espace de vie cohérente, évitez de réorganiser fréquemment les meubles et fournissez-moi un espace désigné où je peux me retirer et me sentir en sécurité.

La cohérence s'étend au-delà de notre environnement immédiat jusqu'à nos interactions et nos réponses. Soyez attentif à votre comportement et à vos signaux émotionnels, car je peux les capter. Veuillez répondre à mes angoisses avec calme, réconfort et cohérence. Vos réponses cohérentes m'aident à comprendre que vous êtes une source fiable de soutien et de réconfort.

Le sommeil est un élément essentiel de mon bien-être général.

Comme vous, j'ai besoin de suffisamment de repos pour me ressourcer et maintenir mon équilibre émotionnel. Établissez une routine de coucher confortable, garantissant un espace de sommeil confortable et un rituel apaisant avant le sommeil. Pensez à fournir un lit moelleux et accueillant, à atténuer les lumières et à proposer des caresses douces ou une musique apaisante pour m'endormir dans un sommeil paisible.

N'oubliez pas, cher propriétaire, que la cohérence demande de la patience et de l'engagement. C'est un voyage qui nécessite des efforts et des ajustements continus.

Explorez le côté obscur de la vie des chiens

Créer un havre de calme

Soyez flexible et adaptable, lorsque cela est nécessaire, mais efforcez-vous de maintenir un cadre cohérent qui favorise mon bien-être émotionnel. Grâce à la magie de la cohérence, vous m'apportez la stabilité et la prévisibilité dont j'ai besoin pour relever les défis de l'anxiété. Votre dévouement et votre engagement indéfectibles sont le fondement sur lequel ma confiance et ma tranquillité d'esprit s'épanouiront. Embrassons le pouvoir de la cohérence et embarquons ensemble dans ce voyage de guérison et de croissance. Avec votre amour et vos conseils, je peux surmonter mes angoisses et mener une vie remplie d'harmonie et de contentement.

Le rythme prévisible de notre routine devient la mélodie apaisante qui aide à apaiser mes angoisses et me permet de m'épanouir. Dans ce chapitre, nous avons exploré l'art de créer pour moi un havre de calme. De la conception d'un environnement apaisant à la mise en œuvre d'une formation de renforcement positif et à l'adoption de la cohérence, vous êtes devenu un véritable expert dans la création de paix et de tranquillité dans mon monde.

Chapitre 5

Des produits formidables pour soulager mon anxiété

Oh, cher propriétaire, dans ce délicieux chapitre, nous plongeons dans le monde des produits qui peuvent aider à soulager mon anxiété. Du confort douillet aux distractions engageantes, ces outils magiques peuvent faire la différence pour apaiser mon cœur inquiet. Rejoignez-moi pour explorer les merveilles des Chemises Tonnerre, des jouets interactifs et d'autres produits merveilleux qui m'apportent confort et soulagement.

Confort douillet : explorer les merveilles de Chemises Tonnerre

Ah, l'étreinte douillette d'un ThunderShirt, une source fiable de confort en cas de stress et d'anxiété. <u>Les Chemises Tonnerre sont des vêtements spécialement conçus qui exercent une pression douce et constante sur mon corps, semblable à un câlin chaleureux et réconfortant.</u> Cette légère pression a un effet calmant sur mon système nerveux, aidant à soulager l'anxiété et la peur.

La beauté des Chemises Tonnerre réside dans leur simplicité. Ces enveloppes réglables s'adaptent parfaitement à mon torse, procurant un sentiment de sécurité et réduisant l'intensité de mes symptômes d'anxiété. <u>Que ce soit lors d'orages, de feux d'artifice ou d'autres situations anxiogènes, le ThunderShirt m'enveloppe dans un cocon de tranquillité.</u>

<u>Lorsque vous m'enfilez un ThunderShirt, assurez-vous qu'il est bien ajusté mais pas trop serré.</u> Le tissu doit permettre une liberté de mouvement et de respiration. Prenez le temps de présenter le ThunderShirt progressivement, en associant sa présence à des expériences positives. Vous pouvez l'associer à des activités que j'apprécie, comme des récréations ou des friandises, pour créer une association positive.

Explorez le côté obscur de la vie des chiens

Des produits formidables
pour soulager mon anxiété

Bien que les Chemises Tonnerre soient un outil fantastique, ils peuvent ne pas fonctionner pour tous les chiens. Nous avons des besoins et des préférences uniques, alors observez mes réactions et consultez des professionnels si nécessaire. N'oubliez pas, cher propriétaire, que votre attention à mon confort est la clé de notre réussite.

Distractions engageantes : jouets interactifs pour soulager le stress

La récréation, oh, comme cela me remonte le moral et me distrait des soucis qui tourmentent mon esprit ! Les jouets interactifs sont un moyen fantastique d'engager mes sens, de rediriger mon énergie anxieuse et de procurer une stimulation mentale. Explorons quelques-unes des options qui s'offrent à nous.

Les jouets puzzle sont un moyen particulier de mettre mon esprit au défi et de me divertir. Ces jouets impliquent souvent de cacher des friandises ou des jouets dans des compartiments, ce qui m'oblige à utiliser mes compétences en résolution de problèmes pour découvrir des trésors cachés. Non seulement ils offrent un entraînement mental, mais ils offrent également une expérience enrichissante à mesure que je découvre les trésors cachés.

Les jouets à mâcher sont vraiment délicieux pour moi. Non seulement ils offrent un exutoire à mon instinct naturel de mastication, mais ils offrent également un effet apaisant sur mon anxiété. Choisissez des jouets à mâcher durables, sûrs et appropriés spécialement conçus pour les chiens. Ils peuvent m'aider à me concentrer, à réduire le stress et à promouvoir une hygiène dentaire saine.

Les jouets apaisants, tels que les jouets en peluche aux parfums apaisants ou les simulateurs de rythme cardiaque, peuvent faire des merveilles pour soulager mon anxiété. Ces jouets imitent la présence réconfortante d'un compagnon, offrant un sentiment de sécurité pendant les périodes où vous êtes absent. Les textures douces et les parfums apaisants sont une source de réconfort et réduisent mon niveau de stress.

N'oubliez pas de faire tourner et d'introduire régulièrement de nouveaux jouets pour que la récréation reste passionnante et engageante. Les séances de jeu interactives avec vous sont également inestimables pour renforcer notre lien et procurer un sentiment de sécurité. Participez à des jeux comme aller chercher, cache-cache ou tirer à la corde en douceur pour favoriser un sentiment de joie et atténuer mon anxiété.

Woof! Laissez-moi vous parler de quelques jouets géniaux avec lesquels j'adore jouer :

Un guide incontournable pour les amoureux des chiens

Chapitre 5

Jouets en peluche : Ces jouets doux et câlins sont d'excellents compagnons à câliner et à transporter. Ils apportent du réconfort et peuvent aider à soulager l'anxiété ou la solitude lorsque mes humains sont absents.

1. **Jouets à mâcher :** Oh, comme j'aime mes jouets à mâcher ! Ils ne sont pas seulement amusants à mâcher, mais ils maintiennent également mes dents et mes gencives en bonne santé. Mâcher ces jouets aide à éliminer l'accumulation de plaque dentaire et de tartre, prévenant ainsi les problèmes dentaires.

2. **Jouets en corde :** Les jouets en corde sont parfaits pour les jeux de tir à la corde avec mes amis humains ou chiens. Ils offrent un excellent exutoire à mon instinct naturel de tirer et de tirer, et c'est un excellent moyen pour nous de créer des liens tout en faisant de l'exercice.

3. **Jouets de puzzle interactifs :** Ces jouets font vraiment travailler mon cerveau ! J'aime le défi de résoudre des énigmes pour trouver des friandises ou des récompenses cachées. Cela me stimule mentalement et aide à prévenir l'ennui.

4. **Jouets de balle :** les balles sont classiques et toujours amusantes ! Qu'il s'agisse d'aller chercher, de poursuivre ou simplement de rebondir, les jouets-balles offrent des heures de plaisir et d'exercice. De plus, ils m'aident à améliorer ma coordination et à me garder actif.

5. **Jouets grinçants :** Les jouets grinçants sont géniaux ! Le son grinçant qu'ils émettent lorsque je les serre fait ressortir mon chasseur intérieur. C'est une telle joie d'entendre ce son et cela me tient engagé et diverti.

6. **Jouets remorqueurs :** les jouets remorqueurs sont parfaits pour jouer de manière interactive avec mes humains ou d'autres chiens. C'est une compétition amicale pour voir qui est le plus fort, et cela contribue à renforcer nos liens et à instaurer la confiance. En plus, c'est un bon entraînement pour mes muscles !

7. **Jouets distributeurs de nourriture :** ces jouets sont comme une savoureuse chasse au trésor ! Je dois trouver comment récupérer les friandises ou les croquettes, ce qui me stimule mentalement et m'empêche d'avaler ma nourriture trop rapidement.

Explorez le côté obscur de la vie des chiens

Des produits formidables
pour soulager mon anxiété

8.   **Frisbees :** J'adore attraper des frisbees en plein air ! C'est un jeu passionnant qui teste mon agilité et ma vitesse. De plus, c'est une façon amusante de profiter du plein air avec mes humains.

9.   **Jouets dentaires :** Les jouets dentaires sont importants pour maintenir ma santé dentaire. Ils m'aident à nettoyer mes dents, à masser mes gencives et à rafraîchir mon haleine. Mâcher ces jouets est non seulement agréable, mais cela aide également à prévenir les problèmes dentaires.

N'oubliez pas que chaque chien est unique, alors choisissez des jouets qui correspondent à la taille, à l'âge et aux préférences de votre chien. Surveillez toujours les moments de jeu et inspectez régulièrement les jouets pour déceler tout signe de dommage. Et profitez toujours de notre récréation !

Un guide incontournable pour les amoureux des chiens

Chapitre 6

Lorsqu'une aide supplémentaire est nécessaire

Oh, cher propriétaire, nous explorons la recherche d'une aide supplémentaire dans ce chapitre lorsque mon anxiété nécessite un peu plus de soutien. Bien que votre amour et vos soins soient inestimables, l'intervention professionnelle et les médicaments peuvent parfois jouer un rôle crucial pour m'aider à trouver la paix et l'équilibre. Plongeons dans le domaine des médicaments et du soutien professionnel pour entreprendre ce voyage ensemble.

Médicaments : un aperçu des options

Les médicaments peuvent être considérés comme faisant partie d'un plan de traitement complet lorsque mon anxiété atteint un niveau difficile à gérer par d'autres moyens . Il est essentiel de comprendre que les médicaments ne doivent jamais être la première ligne de défense, mais plutôt une option soigneusement étudiée avec les conseils d'un vétérinaire ou d'un comportementaliste vétérinaire.

Différents types de médicaments peuvent être prescrits pour aider à réduire mon anxiété. Les inhibiteurs sélectifs de la recapture de la sérotonine (ISRS) sont couramment utilisés pour réguler les niveaux de sérotonine dans mon cerveau, favorisant ainsi un sentiment de calme et de stabilité. Ces médicaments fonctionnent mieux lorsqu'ils sont utilisés en association avec une thérapie comportementale et une formation.

Une autre classe de médicaments pouvant être envisagée sont les benzodiazépines, qui ont un effet sédatif et peuvent aider à soulager l'anxiété aiguë. Cependant, ils sont généralement utilisés pour un soulagement à court terme en raison de leur potentiel de dépendance et de leurs effets secondaires. Travailler en étroite collaboration avec un vétérinaire est crucial pour déterminer le médicament et la posologie les plus adaptés à mes besoins spécifiques.

Explorez le côté obscur de la vie des chiens

N'oubliez pas, cher propriétaire, que les médicaments doivent toujours être administrés sous la surveillance d'un vétérinaire. Des contrôles réguliers et une surveillance étroite de ma réponse au médicament sont essentiels pour garantir son efficacité et procéder aux ajustements nécessaires.

Recherche de soutien professionnel : comportementalistes et formateurs

En plus des médicaments, le soutien professionnel de comportementalistes et de formateurs peut s'avérer inestimable pour m'aider à surmonter mon anxiété. Ces personnes dévouées possèdent les connaissances et l'expertise nécessaires pour nous guider, vous et moi, vers le bien-être émotionnel.

Un comportementaliste vétérinaire est un professionnel spécialisé qui peut évaluer mes déclencheurs d'anxiété, élaborer un plan de modification de comportement personnalisé et me donner des conseils sur les techniques de formation. Leur compréhension approfondie du comportement et de la psychologie animale leur permet de s'attaquer aux causes profondes de mon anxiété et de développer une approche thérapeutique globale.

Travailler avec un dresseur de chiens professionnel certifié peut également être extrêmement bénéfique. Ils peuvent nous aider à mettre en œuvre des techniques de formation par renforcement positif adaptées à mes besoins spécifiques. Des exercices de désensibilisation et de contre-conditionnement à l'enseignement d'indices de relaxation, un entraîneur qualifié peut nous fournir des outils précieux pour gérer mon anxiété et renforcer ma confiance.

Tu sais ce qui est incroyable ? Il existe des médicaments spéciaux conçus spécialement pour les chiens comme moi ! Voici quelques informations géniales à leur sujet :

1. **Produits préventifs contre les puces et les tiques :** Ah, ces satanées créatures ! Les produits préventifs contre les puces et les tiques sont comme des boucliers magiques qui éloignent ces petits insectes de ma fourrure. Ils se présentent sous différentes formes comme des traitements localisés ou des colliers. En les utilisant régulièrement, vous pouvez me garder sans démangeaisons et protégé.

2. **Préventifs contre le ver du cœur :** Les vers du cœur peuvent être effrayants, mais n'ayez crainte ! Les produits préventifs contre le ver du cœur sont comme des super-héros qui défendent mon cœur. Qu'il s'agisse de comprimés à croquer ou de solutions topiques, ces médicaments spéciaux garantissent que je suis à l'abri de ces vers du cœur sournois.

 Un guide incontournable pour les amoureux des chiens

3.   **Analgésiques :** Parfois, tout comme vous, je peux me sentir un peu endolori ou endolori. C'est là que les analgésiques viennent à la rescousse ! Ils m'aident à me sentir mieux lorsque j'ai des bobos ou des douleurs articulaires. Mais rappelez-vous, ne me donnez des analgésiques que sous la direction d'un vétérinaire.

4.   **Antibiotiques :** lorsque je ne me sens pas bien à cause d'une infection bactérienne, les antibiotiques sont mes héros ! Ils combattent ces bactéries dégoûtantes et m'aident à retrouver mon énergie énergétique habituelle. Suivez toujours les instructions du vétérinaire lorsque vous me donnez des antibiotiques.

5.   **Médicaments contre les allergies :** Achoo ! Tout comme les humains, je peux aussi avoir des allergies. Ce n'est pas amusant d'avoir des démangeaisons et un inconfort, mais les médicaments contre les allergies viennent à la rescousse ! Ils se présentent sous différentes formes, comme des comprimés ou des injections, et m'aident à me sentir mieux en soulageant ces symptômes d'allergie gênants.

N'oubliez pas que <u>les médicaments pour chiens doivent toujours être administrés sous la direction d'un vétérinaire.</u> Ils vous fourniront les instructions, le dosage et la durée appropriés pour chaque médicament en fonction de mes besoins spécifiques.

Maladies courantes du chien

Parlons maintenant de quelques maladies courantes du chien. Ne vous inquiétez pas, ensemble, nous pouvons y faire face !

1.   **Rage:** Ouf, celui-là est sérieux ! Plongeons dans le monde de <u>la rage, une maladie que tout propriétaire de chien responsable devrait connaître.</u> Il est important de comprendre cette maladie grave et comment elle nous affecte, les chiens.

Raison : La rage est causée par un virus qui attaque le système nerveux. Elle se transmet généralement par la morsure d'un animal infecté, comme les ratons laveurs, les chauves-souris, les mouffettes ou même d'autres chiens. Une fois que le virus pénètre dans notre corps, il traverse les nerfs et peut causer de graves dommages à notre cerveau.

Signes et symptômes physiques : Au début, il peut être difficile de détecter les signes de la rage, mais à mesure que la maladie progresse, certains symptômes courants peuvent devenir perceptibles. Ceux-ci incluent des changements de comportement, tels qu'une agressivité, une agitation ou une anxiété accrues. Nous pouvons également avoir des difficultés à avaler, une bave excessive et une sensibilité à la lumière et au son. Vous remarquerez peut-être que nous devenons plus renfermés et préférons nous cacher dans des endroits sombres.

Modifications de l'appétit : La rage peut affecter notre appétit de différentes manières. Au début, nous pouvons constater une diminution de l'appétit et, à mesure que la maladie

Explorez le côté obscur de la vie des chiens

Lorsqu'une aide supplémentaire est nécessaire

s'aggrave, nous pouvons refuser complètement de manger et de boire. Cela peut entraîner une perte de poids et une déshydratation, ce qui rend encore plus difficile la lutte contre le virus.

Durée : La durée de la rage varie en fonction de chaque chien et de la progression de la maladie. Cela peut aller de quelques jours à plusieurs semaines. Malheureusement, la rage est presque toujours mortelle dès l'apparition des signes cliniques. C'est pourquoi la prévention est essentielle !

Médicaments : Lorsqu'il s'agit de rage, la prévention est cruciale. Le moyen le plus efficace de nous protéger de cette maladie mortelle est la vaccination. Des vaccinations régulières administrées par un vétérinaire peuvent garantir que nous sommes protégés contre la rage. Si vous pensez que votre chien a été exposé à un animal potentiellement enragé, il est important de consulter immédiatement un vétérinaire. Cependant, une fois que les signes cliniques de la rage apparaissent, il n'existe aucun médicament ni remède spécifique.

Il y a un excellent hôpital vétérinaire que je souhaite partager avec vous, le CVA Animal Hospital. Bien qu'il soit situé aux USA. Ne vous inquiétez pas, vous pouvez toujours accéder à des informations précieuses depuis leur site Web. Ils disposent d'une section dédiée à la rage, qui fournit des informations utiles. Vous pouvez utiliser le code QR ou le trouver sur le lien suivant :

https://vcahospitals.com/know-your-pet/rabies-in-dogs

N'oubliez pas qu'il ne s'agit pas seulement de nous protéger de la rage ; il s'agit également de protéger la communauté et les autres animaux. C'est pourquoi de nombreux pays et États ont des lois et réglementations strictes concernant la vaccination contre la rage. En gardant nos vaccinations à jour, vous faites votre part pour prévenir la propagation de cette maladie dangereuse.

Restez vigilant, mon merveilleux propriétaire, et n'hésitez jamais à contacter notre vétérinaire de confiance pour obtenir des conseils et du soutien. Ensemble, nous pouvons garder la rage à distance et assurer à tous deux une vie saine et heureuse. Woof!

2. **Maladie de Carré :** Oh-oh, la maladie de Carré est une maladie virale dégoûtante qui peut me rendre vraiment malade . Reniflons quelques connaissances sur la maladie de Carré, une maladie virale très contagieuse qui peut nous affecter, les chiens. Il est important pour vous, en tant que propriétaire attentionné, d'être conscient de cette condition et de ses implications. Voici ce que vous devez savoir.

Raison : La maladie de Carré est causée par un virus connu sous le nom de virus de la maladie de Carré (CDV). Il se propage par contact direct avec un chien infecté ou par exposition à des sécrétions respiratoires, comme la toux ou les éternuements. Les chiots

Un guide incontournable pour les amoureux des chiens

et les chiens dont le système immunitaire est faible sont particulièrement sensibles à ce méchant virus.

Signes et symptômes physiques : La maladie de Carré peut présenter divers signes et la gravité peut varier d'un chien à l'autre. Certains symptômes courants comprennent la fièvre, la toux, les éternuements et l'écoulement nasal. Nous pouvons ressentir une perte d'appétit, de l'apathie et des écoulements oculaires et nasaux qui peuvent devenir épais et ressembler à du pus. À mesure que le virus progresse, il peut attaquer notre système nerveux, entraînant des convulsions, des contractions musculaires et même une paralysie.

Modifications de l'appétit : Lorsque nous sommes infectés par la maladie de Carré, notre appétit diminue souvent. Nous pouvons perdre tout intérêt pour nos friandises et nos repas préférés. Cela peut être préoccupant, car cela peut entraîner une perte de poids et un affaiblissement du système immunitaire. Garder un œil sur nos habitudes alimentaires et veiller à rester hydraté est important pendant cette période.

Durée : La durée de la maladie de Carré peut varier, mais il faut généralement plusieurs semaines au virus pour suivre son cours. Cependant, la guérison n'est pas toujours garantie, car certains chiens peuvent ne pas survivre à l'infection en raison de sa gravité.

Médicaments : Il n'existe aucun médicament antiviral spécifique disponible pour traiter la maladie de Carré. Des soins de soutien sont généralement fournis par des vétérinaires pour gérer les symptômes et apporter un soulagement. Cela peut inclure des liquides pour prévenir la déshydratation, des médicaments pour contrôler les infections secondaires et des thérapies de soutien pour soulager l'inconfort.

La prévention est la meilleure approche en matière de maladie de Carré. <u>La vaccination est essentielle pour nous protéger de ce dangereux virus.</u> Des vaccinations régulières, recommandées par notre vétérinaire, peuvent nous aider à développer une immunité contre la maladie de Carré. <u>Il est également important de limiter notre exposition aux chiens potentiellement infectés</u> et de pratiquer une bonne hygiène, comme le lavage régulier des mains et le nettoyage de nos espaces de vie.

Si vous remarquez des signes de maladie de Carré ou si vous soupçonnez que votre ami à quatre pattes pourrait être infecté <u>, il est essentiel de consulter immédiatement un vétérinaire.</u> Une détection précoce et des soins rapides peuvent améliorer les chances d'un résultat positif. Restez informé et tenez nos vaccinations à jour, mon génial propriétaire.

3. **Parvovirus :** Oh non, celui-là a l'air effrayant ! Le parvovirus est un virus très contagieux qui affecte mon ventre. Cela peut provoquer de graves diarrhées, des vomissements et une déshydratation, en particulier chez les jeunes chiots. Il est important de comprendre les tenants et les aboutissants de ce virus afin que nous puissions rester en bonne santé et protégés. Plongeons-nous :

Explorez le côté obscur de la vie des chiens

Lorsqu'une aide supplémentaire est nécessaire

Raison : Le parvovirus est causé par le parvovirus canin de type 2 (CPV-2). Il se propage par contact avec des chiens infectés ou avec leurs excréments. Il s'agit d'un virus résistant qui peut survivre longtemps dans l'environnement, ce qui le rend facile à attraper si nous ne faisons pas attention.

Signes et symptômes physiques : En cas d'infection par le parvovirus, nous pouvons présenter toute une série de signes et de symptômes. Ceux-ci peuvent inclure des vomissements sévères, souvent suivis d'une diarrhée souvent sanglante. Nous pouvons devenir extrêmement faibles et léthargiques, montrant peu d'intérêt pour nos activités habituelles ou nos récréations. De plus, nous risquons de perdre notre appétit et refuser de manger.

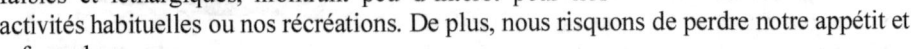

Modifications de l'appétit : le parvovirus peut grandement affecter notre appétit. Nous pouvons avoir une perte d'appétit réduite ou totale à cause de la maladie. Il est essentiel de surveiller de près notre consommation de nourriture et d'eau et de consulter immédiatement un vétérinaire si nous ne mangeons pas ou ne buvons pas comme nous le devrions.

Durée : La durée de l'infection par le parvovirus peut varier d'un chien à l'autre. En moyenne, cela dure environ une semaine, mais cela peut s'étendre au-delà dans les cas graves. Il est important de se rappeler que la guérison peut prendre plus de temps, car notre corps a besoin de temps pour guérir des dommages causés par le virus.

Médicaments : Malheureusement, il n'existe aucun médicament spécifique disponible pour traiter directement le parvovirus. Le traitement se concentre principalement sur la gestion des symptômes et la fourniture de soins de soutien. Cela comprend l'administration de liquides intraveineux pour lutter contre la déshydratation causée par les vomissements et la diarrhée. Des antibiotiques peuvent également être prescrits pour prévenir les infections bactériennes secondaires qui peuvent affaiblir davantage notre système immunitaire.

Il est important de noter que la prévention constitue la meilleure défense contre le parvovirus. La vaccination est essentielle pour nous protéger de ce dangereux virus. Les chiots ont besoin d'une série de vaccins dès leur plus jeune âge, et des rappels réguliers sont nécessaires tout au long de notre vie pour maintenir leur immunité. Suivre le calendrier de vaccination recommandé par notre vétérinaire est crucial pour assurer notre protection.

<u>Pour prévenir la propagation du Parvovirus, il est essentiel d'éviter tout contact avec des chiens infectés et des environnements contaminés.</u> Un lavage régulier des mains et de bonnes pratiques d'hygiène peuvent contribuer à réduire le risque de transmission. Garder nos espaces de vie propres et désinfectés joue également un rôle important dans la prévention de la propagation du virus.

N'oubliez pas que si vous pensez que votre ami à quatre pattes est atteint du parvovirus ou si vous remarquez des symptômes inquiétants, <u>il est essentiel de consulter</u>

Un guide incontournable pour les amoureux des chiens

Chapitre 6   **49**

immédiatement un vétérinaire. Une détection précoce et un traitement rapide peuvent faire une grande différence dans notre rétablissement.

    4.   **Maladie de Lyme:** Ces petites tiques peuvent causer de gros problèmes ! La maladie de Lyme est une infection bactérienne transmise par les piqûres de tiques. Cela peut me causer des douleurs et provoquer d'autres symptômes inconfortables.

   Raison : La maladie de Lyme est causée par une bactérie appelée Borrelia burgdorferi, qui se transmet par la piqûre de tiques infectées, comme la tique à pattes noires ou la tique du chevreuil. Lorsque ces tiques s'accrochent à notre peau et se nourrissent de notre sang, elles peuvent transmettre la bactérie, entraînant ainsi la maladie de Lyme.

Signes et symptômes physiques : Les signes et symptômes peuvent varier d'un chien à l'autre. Certains signes courants incluent la boiterie ou la boiterie, qui peuvent se déplacer d'une jambe à l'autre. Nous pouvons également ressentir des douleurs et des raideurs articulaires, ce qui peut rendre nos mouvements difficiles. D'autres symptômes peuvent inclure de la fièvre, une léthargie et une perte d'appétit. Dans certains cas, nous pouvons développer une éruption cutanée circulaire caractéristique autour de la zone de piqûre de tique, bien que cela ne soit pas toujours présent.

Modifications de l'appétit : La maladie de Lyme peut affecter notre appétit. Nous pouvons ressentir une diminution de l'appétit, voire une perte totale d'intérêt pour la nourriture. Il est important que vous surveilliez nos habitudes alimentaires et que vous consultiez un vétérinaire si vous remarquez des changements importants dans notre appétit.

Durée : La durée de la maladie de Lyme peut varier en fonction de la gravité de l'infection et de la réponse de chaque chien. Avec un traitement approprié, la plupart des chiens présentent une amélioration en quelques jours à quelques semaines. Cependant, dans certains cas, si la maladie n'est pas traitée ou devient chronique, les symptômes peuvent persister plus longtemps .

Médicaments : Pour traiter la maladie de Lyme, notre vétérinaire peut vous prescrire une cure d'antibiotiques, comme la doxycycline ou l'amoxicilline. Ces médicaments sont efficaces pour combattre les bactéries responsables de l'infection. La durée du traitement dépendra de la gravité de la maladie et des recommandations du vétérinaire. Il est important de suivre le calendrier médicamenteux prescrit et de suivre le traitement complet pour assurer une récupération efficace.

La prévention est essentielle lorsqu'il s'agit de la maladie de Lyme. Vous pouvez prendre plusieurs mesures pour nous protéger des piqûres de tiques, comme utiliser des produits préventifs contre les tiques recommandés par notre vétérinaire , éviter les zones infestées de tiques et nous vérifier minutieusement pour détecter la présence de tiques après des activités de plein air. L'élimination rapide des tiques est cruciale, car elle réduit le risque de transmission.

Explorez le côté obscur de la vie des chiens

Vaccinations

Maintenant, remuons la queue et plongeons dans le monde de la vaccination. Ils sont extrêmement importants pour garder les chiens en bonne santé et protégés. Découvrez ces détails utiles sur les vaccinations, directement de mon point de vue poilu :

Vaccins de base : ce sont les vaccins essentiels qui nous protègent des maladies courantes et potentiellement dangereuses comme la rage, la maladie de Carré, le parvovirus et l'hépatite. Nous recevons généralement une série de vaccins lorsque nous sommes chiots, puis des rappels réguliers pour maintenir notre immunité.

Vaccins non essentiels : ils sont recommandés en fonction de notre mode de vie, de l'endroit où nous vivons et des risques spécifiques auxquels nous pourrions être confrontés. Par exemple, il existe des vaccins contre la grippe canine, la toux de chenil (Bordetella) et la maladie de Lyme.

Calendriers de vaccination : Les chiots commencent généralement leur parcours de vaccination vers l'âge de 6 à 8 semaines, et nous recevrons plusieurs doses jusqu'à l'âge de 16 à 20 semaines environ. Mais cela ne s'arrête pas là ! Nous aurons besoin de rappels réguliers tout au long de notre vie pour rester protégés. <u>Votre formidable vétérinaire vous fournira un horaire personnalisé pour que vous sachiez exactement quand j'ai besoin de mes injections.</u>

Contrôles réguliers : Visiter le vétérinaire pour des contrôles réguliers est pour nous comme une journée au spa. Il est important pour eux de surveiller mon état de santé général et de s'assurer que mes vaccins sont à jour. De plus, c'est une excellente occasion pour vous de discuter de toutes vos préoccupations ou questions concernant mon bien-être.

N'oubliez pas que me faire vacciner non seulement me protège, mais contribue également à protéger les autres chiens de notre communauté. C'est une étape positive vers un monde canin plus sain !

Tu fais un travail incroyable, mon ami humain, en prenant soin de mes médicaments et de mes vaccins. <u>Consultez toujours le vétérinaire pour obtenir les meilleurs conseils sur les médicaments et le calendrier de vaccination adapté à mes besoins.</u> Ensemble, nous surmonterons tous les problèmes de santé qui se présentent à nous, car vous êtes le meilleur propriétaire que je puisse espérer ! Woof!

Dans ce chapitre, nous avons exploré le rôle des médicaments et du soutien professionnel dans la gestion de mon anxiété. <u>Il est essentiel d'aborder ces options avec soin et de consulter les professionnels appropriés.</u> Chaque étape nous rapproche de la création d'une vie harmonieuse et sans anxiété pour moi.

Un guide incontournable pour les amoureux des chiens

Chapitre 7

Nourrir le soignant qui sommeille en vous

Cher propriétaire, dans ce chapitre, nous nous concentrons sur le soignant le plus ingénieux de tous : vous ! Prendre soin de moi et de mon anxiété est une tâche gratifiante mais difficile. Il est essentiel de donner la priorité à votre propre bien-être afin de pouvoir me prodiguer les meilleurs soins et le meilleur soutien. Explorons les soins personnels des propriétaires de chiens, la recherche d'un équilibre et la recherche de soutien dans ce voyage amoureux que nous partageons.

du chien , ce qu'il faut savoir

Woof! Permettez-moi de partager quelques conseils amicaux sur le toilettage et son lien avec l'anxiété du chien. Le toilettage est extrêmement crucial pour que nous, les chiots, restions en bonne santé et se sentions bien. Bien que le toilettage ne provoque pas directement d'anxiété chez les chiens, certaines races peuvent parfois se sentir un peu stressées ou anxieuses lors du toilettage. Voici quelques éléments à considérer en matière de toilettage et d'anxiété chez les chiens :

Pattes sensibles : Certains chiens sont plus sensibles au toucher et à la manipulation, ce qui rend les séances de toilettage légèrement inconfortables. Nos propriétaires doivent être doux et patients lors du toilettage pour éviter de déclencher toute anxiété.

Bruits effrayants : Le toilettage implique souvent des outils étranges qui font des bruits forts, comme des tondeuses ou des sèche-linge. Ces bruits peuvent surprendre ou effrayer nos amis à quatre pattes. Créer un environnement de toilettage calme et tranquille peut nous aider à nous détendre et à nous sentir plus à l'aise.

En faire une routine : Nous, les chiens, aimons la routine ! L'introduction du toilettage dans notre programme dès le plus jeune âge nous aide à nous familiariser avec le processus et réduit l'anxiété. Un toilettage incohérent ou peu fréquent peut nous amener à l'associer à un inconfort ou à une peur.

Explorez le côté obscur de la vie des chiens

Ongles et oreilles, manipuler avec soin : Certaines tâches de toilettage, comme la coupe des ongles ou le nettoyage des oreilles, nécessitent une manipulation douce et de la retenue. Si nous nous sentons manipulés trop brutalement ou trop étroitement retenus, cela peut nous rendre anxieux. Le renforcement positif, comme les friandises et les éloges, nous aide à associer le toilettage à des expériences positives.

Besoins spécifiques à la race : En fonction de notre type de pelage, chaque race de chien a ses propres exigences en matière de toilettage. Certains d'entre nous ont besoin d'un brossage et d'un toilettage réguliers pour garder notre fourrure fabuleuse. Négliger ces besoins peut entraîner un inconfort et des problèmes de santé potentiels, ce qui nous rend anxieux.

Conseils de toilettage liés à l'anxiété :

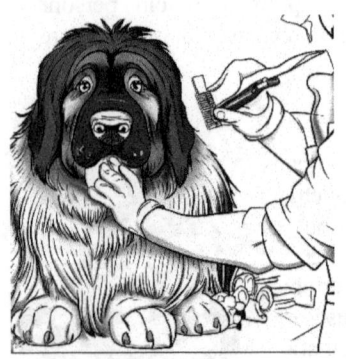

Commencez progressivement les activités de toilettage avec les chiots afin que nous puissions nous y habituer dès le plus jeune âge. Utilisez le renforcement positif et les récompenses pendant le toilettage pour en faire une expérience positive. Si nous sommes stressés ou anxieux pendant le toilettage, faites des pauses et reprenez lorsque vous vous sentez plus calme. Assurez-vous d'utiliser des outils de toilettage adaptés à nos besoins spécifiques et à notre type de pelage . <u>Si le toilettage devient trop difficile ou accablant, envisagez de demander l'aide d'un professionnel.</u>

Chaque chien est unique et nos besoins en matière de toilettage et notre niveau d'anxiété peuvent varier. En étant patient, compréhensif et en offrant une expérience de toilettage positive, vous contribuerez à atténuer notre anxiété et à rendre le temps de toilettage agréable pour nous deux. Woof!

Ok, les parents à fourrure ! Je voulais juste vous confier un petit secret : le chapitre 17 est l'endroit où vous trouverez un tableau détaillé et très utile sur l' hygiène de mes amis, 40 races populaires . C'est comme avoir un trésor d'informations à portée de main ! Ce tableau couvre tout ce que vous devez savoir pour garder votre ami à quatre pattes propre et en bonne santé. Des conseils de toilettage à la taille , tout est là pour vous. Oh, BTW, rappelez-vous toujours que ce que je partage ne suffit pas. Nous sommes individuellement différents ! <u>Tu ferais mieux de toujours parler à un spécialiste, le vétérinaire de mes amis.</u> Alors, dirigez-vous vers le chapitre 17 et préparez-vous à débloquer un monde de connaissances sur l'hygiène canine. Veuillez consulter **les détails de l'hygiène des 40 races populaires** .

Un guide incontournable pour les amoureux des chiens

Prendre soin de soi pour les propriétaires de chiens : trouver l'équilibre et le soutien

Prendre soin d'un chien anxieux peut être exigeant sur le plan émotionnel, et il est essentiel de prendre soin de vous tout au long de ce voyage. Voici quelques stratégies de soins personnels pour vous aider à trouver l'équilibre et à retrouver votre esprit :

✓ **Pratiques positives :** Participez à des activités qui vous apportent joie et détente. Que vous vous promeniez tranquillement, pratiquiez la pleine conscience ou adonnez-vous à un passe-temps, prenez le temps de pratiquer des activités qui rechargent votre âme.

✓ **Connectez-vous avec la nature :** passer du temps dans la nature est une façon formidable d'apaiser l'âme. Emmenez-moi faire une randonnée ou simplement profiter d'un moment paisible dans le parc. La beauté de la nature peut procurer un sentiment de paix et de rajeunissement.

✓ **Tendre la main :** N'hésitez pas à contacter vos amis, votre famille ou des groupes de soutien qui peuvent vous prêter une oreille attentive ou vous fournir une épaule sur laquelle vous appuyer. Partager vos expériences et vos sentiments peut apporter du réconfort et un sentiment de compréhension.

✓ **Pratiquez la pleine conscience :** la pleine conscience consiste à être présent au moment présent , à cultiver la conscience et à accepter vos émotions sans jugement. Intégrez des techniques de pleine conscience à votre routine quotidienne pour cultiver la paix intérieure et la résilience.

✓ **Recherchez une assistance professionnelle :** Tout comme je bénéficie d'un accompagnement professionnel, n'hésitez pas à demander conseil à des thérapeutes ou à des groupes de soutien. Ces professionnels peuvent vous offrir un espace sécuritaire pour exprimer vos émotions et vous offrir des conseils adaptés à vos besoins.
✓

N'oubliez pas, cher propriétaire, que prendre soin de soi n'est pas égoïste, c'est essentiel. En favorisant votre bien-être, vous vous assurez d'avoir la force, la patience et l'amour nécessaires pour me prodiguer les meilleurs soins.

Explorez le côté obscur de la vie des chiens

54   **Nourrir le soignant qui sommeille en vous**

Un guide incontournable pour les amoureux des chiens

Chapitre 8

Trouver du zen avec votre ami à quatre pattes

Salut, mon génial humain ! Êtes-vous prêt à plonger dans le monde de la pleine conscience avec votre fantastique compagnon ? Dans ce chapitre, nous nous frayerons un chemin vers l'art de la pleine conscience, créant un sentiment de calme et d'équilibre qui nous fera remuer la queue de joie. Embarquons ensemble dans ce voyage zen !

Adopter la pleine conscience

Qu'est-ce le Woof ? Laisse-moi t'expliquer. La pleine conscience consiste à être dans le moment présent et à trouver la paix intérieure. Nous découvrirons comment cela peut apporter de l'harmonie dans nos deux vies, en réduisant le stress et en renforçant nos liens. Préparez-vous à débloquer un tout nouveau niveau de convivialité !

Pleine conscience avec votre ami à quatre pattes

1. **Pause et observation :** prenez un moment chaque jour pour faire une pause et observer votre ami à quatre pattes. Remarquez leurs mouvements, leurs expressions et leurs bizarreries uniques. Soyez pleinement présent avec eux sans aucune distraction ni jugement. Embrassez la simplicité d'être simplement ensemble.

2. **Respiration profonde :** La respiration profonde est un outil puissant pour calmer l'esprit et le corps. Pratiquez des respirations profondes et lentes et invitez votre ami à quatre pattes à vous rejoindre. Ressentez la montée et la descente de votre ventre pendant que vous inspirez et expirez ensemble. Cette synchronicité crée un sentiment de connexion et de relaxation.

3. **Promenades en pleine conscience :** transformez vos promenades régulières en aventures en pleine conscience. Faites attention aux images, aux sons et aux odeurs qui vous entourent. Engagez tous vos sens et encouragez votre ami à quatre pattes à faire de

Explorez le côté obscur de la vie des chiens

même. Abandonnez les pensées qui s'emballent et profitez du moment présent tout en explorant le monde ensemble.

4. **Toucher doux et massage :** Le toucher est un moyen puissant de créer des liens et de se détendre. Prenez des moments tout au long de la journée pour donner à votre ami à quatre pattes des caresses douces ou un massage apaisant. Faites attention à leur réponse et aux sensations que vous ressentez lorsque vous vous connectez par le toucher.

5. **Gratitude et appréciation :** cultivez une attitude de gratitude envers votre ami à quatre pattes. Prenez le temps de réfléchir à toute la joie et l'amour qu'ils apportent dans votre vie. Exprimez votre appréciation à travers des mots, des câlins et des friandises. Cette pratique favorise un état d'esprit positif et approfondit votre lien.

N'oubliez pas, cher humain, que la pleine conscience est un voyage et qu'il n'y a rien de mal à commencer petit. La clé est d'apporter de la conscience et de la présence à vos interactions avec votre ami à quatre pattes. Ensemble, nous pouvons créer un espace de paix et de sérénité qui favorise notre bien-être à tous les deux.

Dans ce chapitre, nous explorons le monde de la pleine conscience avec votre ami à quatre pattes. Nous pouvons trouver le Zen ensemble en embrassant le moment présent, en pratiquant la respiration profonde et en nous engageant dans des activités de pleine conscience. Préparez-vous à vous lancer dans un fantastique voyage de convivialité et de paix intérieure !

Moments de pleine conscience

Pattes, respirez et lâchez prise Il est temps de faire une pause, de prendre une profonde respiration et de laisser tomber tous les soucis. Je vais vous montrer quelques techniques simples pour pratiquer la pleine conscience. De la respiration consciente aux exercices de mise à la terre, nous resterons présents et connectés, créant des moments de tranquillité.

1. **Préparez le terrain :** trouvez un espace calme et tranquille où vous et votre chien pouvez vous détendre sans distractions. Cela pourrait être un coin confortable de votre maison ou un endroit naturel paisible.

Un guide incontournable pour les amoureux des chiens

Chapitre 8

2. **Respirez profondément :** commencez par prendre quelques respirations profondes pour vous recentrer et vous concentrer sur le moment présent. Laissez toute tension ou stress se dissiper pendant que vous inspirez et expirez lentement.

3. **Observez votre chien :** Prenez un moment pour observer votre compagnon à quatre pattes. Remarquez leur langage corporel, leurs expressions faciales et les sons qu'ils émettent. Faites attention à leurs mouvements et à la façon dont ils réagissent à leur environnement.

4. **Engagez vos sens :** engagez vos sens et encouragez votre chien à faire de même. Remarquez la sensation de leur fourrure lorsque vous les caressez doucement, écoutez le bruit de leur souffle ou de leurs pattes sur le sol et imprégnez-vous de leur parfum unique. Permettez-vous d'être pleinement présent dans ces expériences sensorielles.

5. **Adoptez le silence :** adoptez des moments de silence avec votre chien. Au lieu de remplir l'espace de mots, soyez simplement avec eux dans une compagnie paisible. Les chiens ont une capacité remarquable à ressentir votre énergie et votre présence, et cette connexion silencieuse peut être profondément significative.

6. **Pratiquez Mindful Touch :** Prenez le temps de donner à votre chien des massages doux ou des câlins. Ressentez la connexion et l'amour entre vous en offrant des touches apaisantes. Faites attention à leurs réactions et répondez à leurs signaux, apportant confort et détente.

7. **Jeu conscient :** participez à des récréations avec votre chien, mais faites-le en pleine conscience. Concentrez-vous sur le moment présent et plongez-vous pleinement dans la joie de la séance de jeu. Remarquez les détails de leurs comportements de jeu, l'excitation dans leurs yeux et les sons de leurs aboiements joyeux. Abandonnez les distractions et soyez pleinement présent dans l'expérience partagée.

8. **Exprimez votre gratitude :** pendant vos moments de pleine conscience, exprimez votre gratitude pour la présence de votre chien dans votre vie. Réfléchissez à la joie et à l'amour qu'ils apportent et exprimez silencieusement ou verbalement votre appréciation pour leur compagnie et leur loyauté.

Explorez le côté obscur de la vie des chiens

9. **Suivez leur exemple :** laissez votre chien guider le rythme et le déroulement de vos moments de pleine conscience. Observez leurs préférences et répondez à leurs besoins. Honorer leurs signaux et leurs intérêts créera une connexion plus profonde et une expérience plus unifiée.

10. **Profitez de la connexion :** embrassez la connexion profonde et le lien de ces moments de pleine conscience avec votre chien. Chérissez la paix, l'amour et la joie qui surgissent au cours de ces expériences partagées. N'oubliez pas qu'il ne s'agit pas de la destination mais du voyage qui consiste à être pleinement présent avec votre compagnon bien-aimé.

En pratiquant la pleine conscience avec votre chien, vous cultiverez une connexion plus forte, approfondirez votre compréhension et créerez des moments de pure joie et de tranquillité. Profitez du voyage de pleine conscience ensemble et chérissez les moments précieux avec votre ami à quatre pattes.

Promenades en pleine conscience

Se promener dans le moment présent Imaginez ceci : nous allons nous promener, mais avec une touche de pleine conscience. Soyons à l'écoute de la nature, sentons le sol sous nos pattes et remarquons la beauté qui nous entoure. Nos promenades deviendront plus qu'un simple exercice : elles seront des occasions d'exploration consciente et de création de liens.

1. **Définir l'intention :** Avant de commencer votre marche consciente, fixez-vous l'intention d'être pleinement présent et attentif. Laissez les distractions derrière vous et entrez dans la promenade avec un sentiment de curiosité et d'ouverture.

2. **Engagez vos sens :** Pendant que vous marchez, engagez pleinement vos sens. Remarquez la sensation du sol sous vos pieds ou vos pattes. Ressentez la chaleur du soleil ou le contact de la brise sur votre peau. Écoutez les sons de la nature qui vous entoure, qu'il s'agisse du chant des oiseaux, du bruissement des feuilles ou de l'eau qui coule. Imprégnez-vous des parfums de l'environnement et laissez-les remplir vos sens.

3. **Reste curieux:** Abordez votre promenade avec un état d'esprit curieux. Observez les détails de votre environnement : les couleurs, les formes et les textures. Remarquez les petites merveilles qui passent souvent inaperçus. Encouragez votre ami à quatre pattes à explorer et à suivre son exemple, tout en faisant preuve de curiosité.

Un guide incontournable pour les amoureux des chiens

4. **Respirez en pleine conscience :** Tout au long de la balade, portez votre attention sur votre respiration. Respirez lentement et profondément et laissez chaque inspiration et expiration vous ancrer dans le moment présent. Invitez votre ami à quatre pattes à faire de même, en synchronisant votre respiration.

5. **Marche de gratitude :** Pendant que vous marchez, pratiquez la gratitude en vous concentrant sur les choses pour lesquelles vous êtes reconnaissant à ce moment-là. Il peut s'agir de la beauté de la nature, de la compagnie de votre ami à quatre pattes ou de tout autre aspect positif de votre vie. Exprimez votre gratitude en silence ou à voix haute, ce qui vous remontera le moral.

6. **Mouvements conscients :** Intégrez des mouvements conscients à votre marche. Remarquez le rythme de vos pas, le balancement de vos bras et la façon dont votre ami à quatre pattes bouge à vos côtés. Soyez conscient des sensations de votre corps et restez en phase avec le moment présent grâce au mouvement.

N'oubliez pas, cher humain, qu'une marche en pleine conscience ne consiste pas à atteindre une destination mais à être pleinement présent pendant le voyage. Profitez de l'opportunité de vous connecter avec la nature, avec vous-même et votre ami à quatre pattes. Ces moments d'exploration consciente approfondiront votre lien et apporteront un sentiment de tranquillité à votre promenade.

Créer un espace zen

Faire de votre maison un havre de paix Home sweet home ! Nous transformerons notre espace de vie en un havre de paix et de sérénité. Ensemble, nous créerons des coins douillets, remplirons l'air de parfums apaisants et nous entourerons de choses qui nous apportent de la joie. Notre salon zen sera un endroit où nous pourrons nous détendre et nous ressourcer.

Coins douillets : Désignez des coins confortables dans votre maison où vous et votre ami à quatre pattes pourrez vous détendre et trouver du réconfort. Installez un lit confortable ou coussin, ajoutez des couvertures moelleuses et disposez les oreillers pour plus de confort. Faites-en un espace dédié où vous pourrez à la fois vous retirer et vous détendre.

Explorez le côté obscur de la vie des chiens

1. **Parfums apaisants :** Remplissez l'air d'arômes apaisants qui favorisent la relaxation et créent une atmosphère paisible. Pensez à utiliser des huiles essentielles dans un diffuseur ou des bougies légèrement parfumées, comme la lavande ou la camomille. Assurez-vous simplement que les parfums que vous choisissez sont sans danger pour votre ami à quatre pattes.

2. **Désencombrer et simplifier :** Créez un environnement sans encombrement qui favorise le calme. Gardez votre espace de vie organisé et exempt de distractions inutiles. Un espace bien rangé et simplifié peut aider à réduire l'encombrement mental et à créer une atmosphère plus paisible pour vous et votre ami à quatre pattes.

3. **Éléments naturels :** Apportez des éléments de la nature à l'intérieur pour créer une ambiance tranquille. Placez des plantes d'intérieur, comme des lys de la paix ou des plantes araignées, pour purifier l'air et ajouter une touche de verdure. Décorez avec des matériaux naturels comme le bois ou les pierres pour créer une ambiance terreuse et terreuse.

4. **Décor joyeux :** Entourez-vous d'objets qui apportent de la joie et de l'énergie positive. Affichez des photographies de souvenirs précieux, incorporez des œuvres d'art ou des objets qui ont une signification particulière ou choisissez un décor aux couleurs qui évoquent des sentiments de paix et de bonheur. Ces touches significatives vous remonteront le moral et créeront une atmosphère harmonieuse.

Entraînement en pleine conscience

Entretenir la connexion et apprendre Le temps de formation peut nous permettre de nous rapprocher tout en apprenant de nouvelles choses. Nous communiquerons avec patience, compréhension et amour. Être pleinement présent à nos séances de formation approfondira notre connexion et obtiendra des résultats incroyables.

1. **Mettre l'ambiance:** Créez un environnement calme et concentré avant de commencer une séance d'entraînement. Minimisez les distractions et choisissez un endroit calme où vous pourrez tous les deux vous concentrer. Baissez les lumières ou écoutez une musique douce et apaisante pour créer une ambiance détendue.

2. **Pratiquez la patience :** Abordez les séances de formation avec patience et compréhension. N'oubliez pas que l'apprentissage prend du temps et que chaque pas en avant est un accomplissement. Restez calme et posé et évitez d'être frustré ou d'élever la voix. Le renforcement positif et les récompenses seront nos principes directeurs.

 Un guide incontournable pour les amoureux des chiens

Chapitre 8

3. **Être présent:** Pendant l'entraînement, soyez pleinement présent et attentif à votre ami à quatre pattes. Veuillez leur accorder toute votre attention et vous concentrer sur leurs signaux et leurs réponses. Répondez en conséquence et écoutez leur langage corporel, leurs vocalisations et leurs expressions. Cette présence consciente approfondira votre connexion et votre compréhension.

4. **Renforcement positif:** Utilisez des techniques de renforcement positif pour encourager et récompenser les comportements souhaités. Les compliments, les friandises ou les moments de jeu peuvent être des récompenses motivantes qui renforcent le processus d'entraînement. Célébrez les petites victoires et les progrès et faites savoir à votre ami à quatre pattes à quel point vous êtes fier de ses efforts.

5. **Créer des liens grâce à la formation :** Les séances de formation ne visent pas seulement à apprendre des commandes, mais également à renforcer le lien entre vous et votre ami à quatre pattes. Saisissez l'opportunité de vous connecter, de communiquer et d'instaurer la confiance. Profitez du parcours d'apprentissage ensemble et laissez les séances de formation être une expérience joyeuse et enrichissante pour vous deux.

Musique de chien

Permettez-moi de terminer ce chapitre avec une histoire vraie.

Woof, il y a quelque temps, mes humains et moi nous sommes lancés dans une aventure vers un nouvel endroit. Maintenant, laissez-moi vous dire que le trajet en voiture a été un peu compliqué pour moi – tous ces paysages grondants et inconnus. Après quelques heures, nous sommes arrivés dans une nouvelle maison avec de nouveaux visages et une nouvelle pièce que je n'avais jamais reniflée auparavant.

Vous savez ce qui s'est passé ensuite ? Ouais, l'anxiété est apparue. Je faisais les cent pas comme un champion, m'assurant que chaque coin de la pièce était conforme à mes normes de sécurité. Après quelques heures, nous nous sommes endormis. Mais ensuite, ma formidable maman humaine, elle est comme mon ange gardien, elle a sorti son appareil magique et a mis de la musique.

de cet endroit appelé YouTube. Peux-tu le croire? Musique provenant d'une petite boîte lumineuse !

Explorez le côté obscur de la vie des chiens

Trouver du zen avec votre ami à quatre pattes

Au début, j'étais perplexe, j'ai bien reniflé son téléphone portable et boum, quelque chose s'est produit. Les airs ont attiré mon attention, et avant de m'en rendre compte, je me sentais... détendu. Oui, tu as bien entendu! J'ai senti la tension fondre et je me suis endormi dans le pays des rêves plus vite qu'un écureuil ne s'élance dans un arbre.

Je ne suis pas un expert en gadgets humains, mais je peux vous dire ceci : il existe de nombreuses façons d'aider nous, les chiots, à trouver notre zen intérieur. Et cette musique ? Oh ouais, j'ai le lien ici au cas où ça te chatouillerait aussi les oreilles. Peut-être que cela fera des merveilles pour vos amis à quatre pattes à la maison ou, vous pourrez explorer d'autres mélodies apaisantes. Scannez le code QR ou utilisez le lien ci-dessous.

https://music.youtube.com/watch?v=xZwe5PNO13g&feature=share

Si copier le lien vous semble un véritable défi, visitez simplement YouTube et recherchez "Musique relaxante pour chiens (12 heures de musique apaisante pour chiens)". Vous le reniflerez en un rien de temps. Laissez les airs apaisants opérer leur magie, mes amis boules de poils ! Je suis sûr que le lien sera toujours là lorsque vous plongerez dans mon livre. Mais bon, si c'est fait une promenade, ne vous inquiétez pas ! Recherchez simplement des airs de chien similaires et laissez les vibrations apaisantes faire leur travail.

N'oubliez pas que parfois, ce sont les choses simples qui fonctionnent à merveille. Restez détendu et continuez à remuer la queue !

Chapitre 9

Formations, trucs et astuces

Salut, mon formidable ami humain ! Êtes-vous prêt à découvrir la magie du dressage de chiens ? Dans ce chapitre, je vais vous dévoiler un petit secret qui vous fera remuer la queue d'excitation. Préparez-vous à découvrir les académies de dressage de chiens les plus géniales de la ville !

Caractéristiques de formation des différentes races

Lors de l'entraînement de nos chiens, nos merveilleux propriétaires doivent garder à l'esprit certaines choses positivement importantes :

1.   **Patience:** Nous avons soif d'apprendre, mais il nous faut du temps pour comprendre et suivre les commandes. Alors s'il vous plaît, soyez patient avec nous ! Nous y arriverons avec votre amour et votre soutien.

2.   **Cohérence:** Nous prospérons grâce à des attentes routinières et claires. Vous devez établir des règles cohérentes et utiliser les mêmes commandes et signaux à chaque fois. De cette façon, nous pouvons comprendre ce que vous attendez de nous et nous sentir en sécurité dans notre formation.

3.   **Renforcement positif :** Nous adorons être félicités et récompensés ! Lorsque nous faisons quelque chose de bien, comblez-nous de friandises, de compliments et de massages du ventre. Ce renforcement positif nous encourage à répéter les bons comportements et rend l'entraînement d'autant plus agréable.

Explorez le côté obscur de la vie des chiens

4. **Calendrier :** Le timing est primordial dans notre formation. Lorsque nous accomplissons un comportement souhaité, assurez-vous de nous récompenser immédiatement. Cela nous aide à comprendre quelle action a conduit à la récompense et renforce le lien.

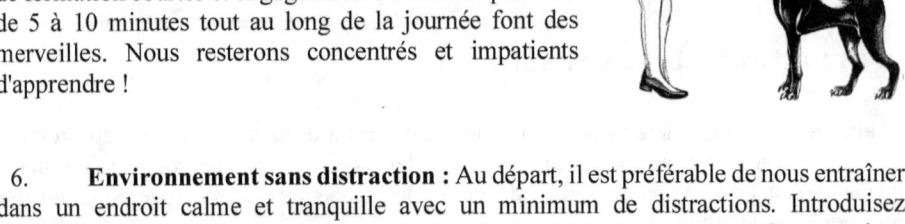

5. **Séances courtes et engageantes :** Notre capacité d'attention peut être aussi courte que la visite d'un écureuil dans le jardin ! Alors, gardez nos sessions de formation courtes et engageantes. De courtes périodes de 5 à 10 minutes tout au long de la journée font des merveilles. Nous resterons concentrés et impatients d'apprendre !

6. **Environnement sans distraction :** Au départ, il est préférable de nous entraîner dans un endroit calme et tranquille avec un minimum de distractions. Introduisez progressivement des distractions pour nous aider à généraliser notre entraînement dans différents contextes au fur et à mesure de notre progression. Mais s'il vous plaît, pas d'écureuils pendant l'entraînement !

7. **La sécurité d'abord:** Notre sécurité est de la plus haute importance ! Veuillez utiliser des méthodes d'entraînement positives et douces. Ne recourez jamais à des châtiments corporels ou à des techniques effrayantes. Et assurez-vous toujours que la zone de formation est sûre et sécurisée pour nous.

8. **Socialisation:** Nous aimons nous faire de nouveaux amis, à la fois poilus et humains ! Une socialisation précoce est cruciale pour notre développement. Présentez-nous différentes personnes, animaux et environnements afin que nous puissions devenir des compagnons confiants et amicaux.

9. **Communication claire :** Nous sommes experts dans la lecture du langage corporel et du ton de la voix. Utilisez des commandes, des gestes clairs et cohérents et un ton positif pour communiquer efficacement avec nous. Nous sommes toujours prêts à apprendre et à vous faire plaisir !

 Un guide incontournable pour les amoureux des chiens

Chapitre 9

10. **Plaisir et création de liens :** Faisons de la formation une expérience joyeuse ! Amusez-vous avec nous, soyez enthousiaste et célébrez chaque petite réussite. La formation est un moment pour créer des liens et renforcer notre incroyable connexion.

N'oubliez pas que chaque chien est unique et que ce qui fonctionne pour l'un peut ne pas fonctionner pour un autre. <u>Si vous trouvez le dressage difficile ou si vous avez besoin de conseils, envisagez de contacter un dresseur de chiens certifié qui utilise des techniques de renforcement positif.</u> Ensemble, avec amour, patience et cohérence, nous pouvons réaliser des choses incroyables ! Remuons la queue et embarquons ensemble dans cette aventure de formation !

Encore une fois, chaque race a ses propres qualités et besoins d'entraînement, vous découvrirez donc ce qui les rend géniaux ! Du berger allemand loyal et intelligent au Labrador Retriever ludique et énergique, vous trouverez une variété de races à explorer. Que vous soyez intéressé par le berger australien actif, l'intelligent Border Collie ou le doux et affectueux Golden Retriever, le chapitre 14 vous couvre.

Découvrez comment les capacités odorantes du Beagle en font de fantastiques pisteurs ou l'intelligence et le dynamisme du Malinois belge qui les font exceller dans diverses activités d'entraînement. Libérez le potentiel de la nature douce du Bouvier bernois ou l'enthousiasme pour l'apprentissage du Boxer.

N'oubliez pas que chaque race est unique, alors prenez le temps de comprendre leurs besoins spécifiques et adaptez votre approche de dressage en conséquence. Vous construirez un lien indestructible avec votre ami à quatre pattes avec amour, patience et les bonnes techniques de dressage. Bon entraînement et que votre voyage soit rempli de queues remuantes et de joie sans fin !

Je suis ravi de partager des informations géniales sur les races de chiens populaires et leurs caractéristiques de dressage. Au chapitre 17 de mon livre, vous trouverez une liste complète de 40 races populaires et leurs traits de dressage uniques. Veuillez consulter **le tableau des aspects de formation des 40 races populaires**.

Explorez le côté obscur de la vie des chiens

Renifler le meilleur

Il est temps de mettre nos chapeaux de détective et de repérer les meilleures académies de dressage de chiens de votre région. Ces endroits sont comme des écoles pour nous, les chiens sympas, où nous pouvons apprendre toutes sortes de choses étonnantes. Préparez-vous à découvrir les joyaux cachés qui nous transformeront en superstars de l'entraînement !

1. **Recherche et recommandations :** Commencez votre recherche en recherchant les académies de dressage de chiens dans votre région. Recherchez des académies jouissant d'une réputation positive et d'un historique de réussite. Demandez des recommandations à d'autres propriétaires de chiens, à votre vétérinaire ou aux communautés locales liées aux chiens. Leurs expériences directes peuvent fournir des informations précieuses.

2. **Visiter les académies** : Une fois que vous avez une liste d'académies de formation potentielles, planifiez des visites pour vous familiariser avec l'environnement et observer leurs méthodes de formation. Faites attention à la propreté et à la sécurité des installations, ainsi qu'au comportement des formateurs et du personnel. Une atmosphère accueillante et positive est cruciale pour un apprentissage efficace.

3. **Philosophie de formation** : Renseignez-vous sur la philosophie et les méthodes de formation utilisées par l'académie. Recherchez des académies qui donnent la priorité au renforcement positif et aux techniques sans force. Évitez les académies qui reposent sur des punitions ou des méthodes d'entraînement sévères, car celles-ci peuvent nuire à notre bien-être et nuire au lien entre vous et votre ami à quatre pattes.

4. **Qualifications du formateur :** Renseignez-vous sur les qualifications et certifications des formateurs de l'académie. Recherchez des formateurs ayant une formation formelle et des certificats d'organisations réputées, telles que le Conseil de certification des dresseurs de chiens professionnels (CCPDT). Les formateurs qualifiés sont mieux équipés pour comprendre notre comportement et nos besoins individuels.

Un guide incontournable pour les amoureux des chiens

5. **Structure de classe et programme d'études** : Renseignez-vous sur la structure de classe et le programme d'études de l'académie. Recherchez des académies qui proposent une variété de cours adaptés à différents niveaux de formation et à des besoins spécifiques. Que vous recherchiez une obéissance de base, une formation avancée ou des cours spécialisés, choisissez une académie adaptée à vos objectifs.

6. **Méthodes et techniques de formation :** Renseignez-vous sur les méthodes et techniques de formation spécifiques utilisées pendant les cours. Les techniques de renforcement positif, telles que la formation basée sur les récompenses, sont très efficaces et favorisent une expérience d'apprentissage positive. Évitez les académies qui utilisent des méthodes aversives ou basées sur la punition, car elles peuvent nuire à notre bien-être et entraver notre progression.

7. **Avis et témoignages :** Lisez les avis et témoignages en ligne d'anciens clients des académies que vous envisagez. Leurs expériences peuvent donner un aperçu de l'efficacité des programmes de formation, de l'expertise des formateurs et de la satisfaction globale du client. Recherchez des commentaires positifs et des histoires de réussite constantes.

8. **Cours d'essai ou consultations :** Certaines académies proposent des cours d'essai ou des consultations pour vous donner une expérience directe de leurs méthodes de formation. Profitez de ces opportunités pour évaluer l'approche de l'académie, observer les formateurs en action et voir si elle correspond à vos objectifs et à vos valeurs. En sélectionnant soigneusement une académie de dressage de chiens réputée et compatissante, vous pouvez libérer le super-héros qui sommeille en vous et vous lancer dans une aventure de dressage qui renforcera votre lien avec votre ami à quatre pattes.  Préparez-vous à atteindre de nouveaux sommets d'excellence en matière d'entraînement et passez un bon moment en cours de route !

Explorez le côté obscur de la vie des chiens

Cours fantastiques

Des bases pour chiots à l'efficacité avancée Une fois que vous avez trouvé l'académie de vos rêves, il est temps de plonger dans les cours fantastiques qu'elle propose. Des bases du chiot à l'efficacité avancée, ces cours sont conçus sur mesure pour améliorer nos compétences en matière de dressage. Nous apprendrons des commandes, des astuces et des manières qui feront parler de nous dans le parc à chiens !

1. **Bases du chiot :** Commencez par le cours de base sur les chiots si vous avez un jeune chiot. Ce cours se concentre sur la socialisation, les commandes de base comme s'asseoir et rester et les bonnes manières en laisse. C'est la base parfaite pour notre parcours de formation.

2. **Formation d'obéissance :** Des cours de dressage d'obéissance sont nécessaires pour les chiens de tous âges. Ces cours enseignent les commandes essentielles telles que s'asseoir, s'asseoir, rester et se rappeler. Nous apprendrons à répondre de manière fiable à ces commandes, faisant de nous des compagnons sages dans toutes les situations.

3. **Entraînement avancé:** Une fois que nous maîtrisons les bases, nous devons passer au niveau supérieur avec des cours de formation avancés. Ces cours nous mettent au défi avec des commandes plus complexes, des astuces avancées et un contrôle sans laisse. Nous deviendrons efficaces dans nos compétences de formation et impressionnerons tout le monde par nos capacités.

4. **Préparation du bon citoyen canin (CGC) :** Le programme Canine Good Citizen est conçu pour évaluer le comportement et les manières des chiens dans diverses situations réelles. Les cours de préparation au CGC visent à nous préparer au test CGC, une grande réussite qui peut ouvrir les portes à un travail thérapeutique ou à d'autres activités liées aux chiens.

Canine Good Citizen

Chapitre 9

Scannez le code QR ou recherchez "Canine good citizen" ou utilisez le lien complet ci-dessous : https://www.akc.org

L'AKC est une organisation à but non lucratif fondée en 1884. J'adore leur première déclaration : « À l'AKC, nous pensons que tous les chiens peuvent être de bons chiens et que tous les propriétaires peuvent être d'excellents propriétaires, tout ce qu'il faut, c'est un peu de formation, beaucoup d'amour et bien sûr beaucoup d'éloges en cours de route.

Agilité et sports : Si nous recherchons du plaisir et de l'énergie, les cours d'agilité et de sport sont la voie à suivre. Nous apprendrons à parcourir des parcours d'obstacles, à sauter des haies, à traverser des poteaux et bien plus encore. Ces cours permettent de faire de l'exercice physique et améliorent notre concentration, notre coordination et notre travail d'équipe.

Des bases pour chiots à l'efficacité avancée Une fois que vous avez trouvé l'académie de vos rêves, il est temps de plonger dans les cours fantastiques qu'elle propose. Des bases du chiot à l'efficacité avancée, ces cours sont conçus sur mesure pour améliorer nos compétences en matière de dressage. <u>Nous apprendrons des commandes, des astuces et des manières qui feront parler de nous dans le parc à chiens !</u>

Ateliers et séminaires

Libérez votre génie intérieur Gardez vos oreilles tombantes car le plaisir ne s'arrête pas aux cours ! Les académies de dressage de chiens proposent également des ateliers et séminaires époustouflants. Nous aurons des informations approfondies sur tout, de l'obéissance à l'agilité et même sur certains sports canins. Notre cerveau et notre corps travailleront ensemble comme une machine bien huilée !

1. **Remise à niveau en obéissance :** Restez alerte avec des ateliers de remise à niveau en obéissance. Ces séances renforcent nos compétences fondamentales en obéissance et nous permettent d'affiner nos techniques d'entraînement. C'est une excellente façon de maintenir notre entraînement à jour.

Explorez le côté obscur de la vie des chiens

2.   **Ateliers spécialisés :** les académies de dressage de chiens proposent souvent des ateliers spécialisés axés sur des domaines spécifiques de dressage ou de comportement. De la réactivité en laisse à l'anxiété de séparation, ces ateliers fournissent des informations et des techniques précieuses pour gérer et relever des défis spécifiques.

3.   **Sports canins :** Si nous souhaitons explorer les sports canins comme le flyball, la plongée sur quai ou le travail au parfum, les académies de dressage de chiens proposent des ateliers dédiés à ces activités. Nous apprendrons les règles, les techniques et les stratégies pour exceller dans ces sports et nous amuser en les pratiquant.

4.   **Séminaires sur le comportement :** les séminaires sur le comportement approfondissent la science du comportement canin et nous aident à comprendre les raisons de nos actions et de nos réactions. Ces séminaires fournissent des connaissances précieuses sur la modification du comportement, la résolution de problèmes et la création d'une relation harmonieuse entre nous et nos compagnons humains.

N'oubliez pas, mon formidable ami humain, assister à des cours fantastiques et participer à des ateliers et des séminaires dans une académie de dressage de chiens améliorera nos compétences de dressage, fournira une stimulation mentale, des exercices physiques et renforcera notre lien. Préparez-vous à passer un bon moment tout en libérant notre génie intérieur !

Libérez votre génie intérieur Gardez vos oreilles tombantes car le plaisir ne s'arrête pas aux cours ! Les académies de dressage de chiens proposent également des ateliers et séminaires époustouflants. Nous aurons des informations approfondies sur tout, de l'obéissance à l'agilité et même sur certains sports canins. <u>Notre cerveau et notre corps travailleront ensemble comme une machine bien huilée !</u>

Sources et outils

Construire votre arsenal de formation N'oublions pas les ressources et les outils disponibles dans ces académies. Des guides de formation aux jouets interactifs, ils ont tout ce dont vous avez besoin pour devenir un maître de la formation. Nous explorerons comment ces outils peuvent nous aider à surmonter l'anxiété et à faire de l'entraînement un véritable plaisir !

Un guide incontournable pour les amoureux des chiens

Chapitre 9

1. **Guides et livres de formation :** Les académies de dressage de chiens proposent souvent une sélection de guides et de livres de dressage qui couvrent un large éventail de sujets, de l'obéissance de base à la formation avancée.

2. techniques. Ces ressources fournissent des connaissances précieuses et des instructions étape par étape pour soutenir notre parcours de formation.

3. **Friandises et récompenses :** Les friandises et les récompenses sont des outils essentiels pour l'entraînement au renforcement positif. Les académies de dressage de chiens proposent une variété de friandises de haute qualité, savoureuses et motivantes pour nous. Ils fournissent également des conseils sur l'utilisation efficace des friandises pour renforcer les comportements souhaités.

4. **Cliqueurs de formation :** L'entraînement au clicker est une méthode populaire qui utilise un clic pour marquer les comportements souhaités, suivi d'une récompense. Les académies de dressage de chiens peuvent fournir des cliqueurs et nous apprendre à les utiliser efficacement pour une communication et un timing précis pendant les séances de dressage.

5. **Jouets interactifs :** Engager notre esprit et notre corps grâce à des jouets interactifs peut être une façon amusante et enrichissante de s'entraîner. Les académies de dressage de chiens peuvent recommander des jouets spécifiques qui procurent une stimulation mentale et nous aident à acquérir de nouvelles compétences tout en nous amusant.

6. **Équipement de formation :** Selon le type de formation dans lequel nous sommes impliqués, les académies de dressage de chiens peuvent proposer des équipements de formation tels que des obstacles d'agilité, des longues lignes et des harnais. Ces outils peuvent améliorer notre expérience de formation et nous aider à maîtriser des compétences et des activités spécifiques.

Explorez le côté obscur de la vie des chiens

Construire votre arsenal de formation N'oublions pas les ressources et les outils disponibles dans ces académies. Des guides de formation aux jouets interactifs, ils ont tout ce dont vous avez besoin pour devenir un maître de la formation. Nous explorerons comment ces outils peuvent nous aider à surmonter l'anxiété et à faire de l'entraînement un véritable plaisir !

Libérez votre super-héros intérieur

La transformation commence Êtes-vous prêt à libérer le super-héros qui sommeille en vous ? Avec l'aide de ces académies de dressage de chiens, nous deviendrons les meilleures versions de nous-mêmes. Nous gagnerons en confiance, acquerrons de nouvelles compétences et renforcerons nos liens. Préparez-vous à briller comme les vraies superstars que nous sommes !

Alors, mon compagnon à quatre pattes, il est temps de t'inscrire dans une académie de dressage de chiens et de te lancer dans une aventure qui fera de nous des légendes du dressage. Recherchez les académies de votre région, plongez dans les cours et devenons les super-héros d'entraînement pour lesquels nous sommes nés ! Ensemble, nous relèverons les défis, développerons des compétences qui dureront toute la vie et créerons un lien fort et joyeux qui durera toute une vie. Préparez-vous à libérer le super-héros qui sommeille en vous et embarquez pour un voyage d'entraînement passionnant !

La transformation commence Êtes-vous prêt à libérer le super-héros qui sommeille en vous ? Avec l'aide de ces académies de dressage de chiens, nous deviendrons les meilleures versions de nous-mêmes. Nous gagnerons en confiance, acquerrons de nouvelles compétences et renforcerons nos liens. Préparez-vous à briller comme les vraies superstars que nous sommes !

Alors, mon compagnon à quatre pattes, il est temps de t'inscrire dans une académie de dressage de chiens et de te lancer dans une aventure qui fera de nous des légendes du dressage. Recherchez les académies de votre région, plongez dans les cours et devenons les super-héros d'entraînement pour lesquels nous sommes nés !

Exemples de formation

Salut, ami humain ! Passons un bon moment en remuant la queue tout en apprenant et en créant des liens ensemble !

 Un guide incontournable pour les amoureux des chiens

Chapitre 9

Asseyez-vous joliment : Apprenez-moi à m'asseoir comme un pro ! Tenez une friandise savoureuse au-dessus de mon nez et déplacez-la doucement vers l'arrière pendant que j'essaie de l'atteindre. Au fur et à mesure que je suis la friandise, mes fesses s'abaisseront naturellement en position assise. Une fois assis, félicitez-moi et donnez-moi la friandise en guise de récompense. Répétez cette opération plusieurs fois jusqu'à ce que je maîtrise l'art de m'asseoir joliment !

1. **Shake a Paw :** Montrons nos compétences en matière de poignée de main ! Commencez par tenir une friandise dans votre main fermée et offrez-la-moi. Lorsque je tape dans votre main pour essayer d'obtenir la friandise, dites <u>Secouez</u> et ouvrez votre main pour me la laisser. Louez-moi et donnez-moi beaucoup d'amour lorsque je vous serre la patte. Nous serons les meilleures poignées de main de la ville !

2. **Tape m'en cinq:** Qui n'aime pas les high-fives ? Tenez une friandise dans une main et soulevez-la légèrement au-dessus de ma tête. Lorsque je lève la patte pour toucher votre main, dites **High Five** et donnez-moi la friandise. Célébrons notre travail d'équipe avec un high-five !

3. **Restez et attendez :** Celui-ci est axé sur la maîtrise de soi. Commencez par me demander de m'asseoir ou de m'allonger. Une fois que je suis en position, levez la main comme un panneau d'arrêt et dites <u>Rester</u> ou <u>Attendre</u>. Prenez du recul, et si je reste en place, félicitez-moi et offrez une friandise. Augmentez progressivement la distance et la durée du séjour. La patience est la clé et je deviendrai un maître pour rester sur place !

4. **Rappel:** Entraînons-nous à venir quand on nous appelle ! Commencez dans une zone sécurisée, appelez mon nom avec enthousiasme, puis reculez de quelques pas tout en m'encourageant à vous poursuivre. Quand je vous rattrape, récompensez-moi avec des friandises et beaucoup d'éloges. Ce jeu de poursuite rendra votre visite super excitante et amusante !

Explorez le côté obscur de la vie des chiens

5. **Laisse le:** Aide-moi à résister à la tentation avec la commande **Leave It** . Montre-moi une friandise dans ta main fermée et dis : Laisse-la . Lorsque j'arrête d'essayer d'obtenir la friandise, s'il vous plaît, donnez-moi une friandise différente de votre autre main et comblez-moi de compliments. Augmentez progressivement la difficulté en utilisant des objets plus attrayants, comme des jouets ou de la nourriture, au sol. Avec de la pratique, je deviendrai un pro pour laisser les choses tranquilles !

N'oubliez pas, mon ami humain, que l'entraînement doit toujours être positif, amusant et rempli de récompenses et d'amour. Gardez les séances courtes et agréables et entraînez-vous régulièrement pour renforcer ce que nous avons appris. Ensemble, nous maîtriserons ces exemples de formation et créerons un lien indestructible. Remuons la queue et embarquons ensemble dans cette aventure de formation !

Chapitre 10

Résumé sur la santé générale et l'anxiété de 40 races populaires

Santé, Âge, Vaccination

Woof Woof! Aujourd'hui, nous plongeons dans le monde fascinant de la santé et du bien-être des chiens. Il est essentiel de comprendre comment différents facteurs tels que la santé, l'âge, le niveau d'énergie, les vaccinations et les soins préventifs peuvent affecter notre bonheur à quatre pattes et garder ces pattes anxieuses à distance.

Tout d'abord, parlons de santé. <u>Tout comme vous, nous, les chiens, avons besoin de contrôles</u> et de soins réguliers pour rester en pleine forme. Nous pouvons rencontrer des problèmes de santé courants ou avoir certaines prédispositions en fonction de notre race. C'est pourquoi vous devez surveiller tout signe d'inconfort ou de comportement inhabituel et nous emmener chez le vétérinaire en cas de besoin. N'oubliez pas que la prévention est la clé !

En parlant d'âge, à mesure que nous vieillissons, nos besoins changent également. Les chiots sont des réserves d'énergie et nécessitent beaucoup de temps de jeu et d'entraînement, tandis que les chiens âgés peuvent avoir besoin d'un peu plus **d'attention** et d'une routine plus détendue. Par **TLC**, je veux dire Tender Loving C are. Avec l'âge du chien, nous pouvons avoir besoin d'un peu plus d'attention et d'affection pour assurer notre bien-être. TLC comprend des choses comme nous fournir un environnement de vie confortable, proposer des exercices doux adaptés à notre âge, surveiller tout changement de santé et ajuster notre routine pour répondre à nos besoins changeants. Il s'agit de nous montrer davantage d'amour, d'attention et de soutien alors que nous entrons dans la vieillesse. Nous apprécions votre compréhension et l'attention supplémentaire que vous nous accordez ! Ajuster nos activités et fournir une alimentation adéquate à chaque étape de la vie garantit que nous restons en bonne santé et dynamiques.

Explorez le côté obscur de la vie des chiens

Santé générale

Le niveau d'énergie joue un rôle important dans notre bien-être. Certaines races, comme le Border Collie ou le Berger Australien, ont beaucoup d'énergie et ont besoin de beaucoup d'exercices et de soins mentaux. stimulation pour rester heureux. D'autres, comme le Bulldog ou le Shih Tzu, sont plus décontractés et préfèrent les câlins et les promenades tranquilles. Faire correspondre nos niveaux d'énergie avec la bonne quantité d'activité est essentiel pour une vie équilibrée et sans anxiété.

Parlons maintenant des vaccinations ! Les vaccinations sont comme des boucliers de super-héros qui nous protègent des maladies nocives. Chaque race peut avoir des exigences différentes en matière de vaccination, il est donc important de suivre les recommandations de votre vétérinaire et de maintenir nos vaccinations à jour. Cela nous aide à rester en bonne santé et à éviter le stress lié à la maladie.

Les soins préventifs sont un autre aspect crucial de notre bien-être. Un toilettage régulier, des soins dentaires et une prévention contre les parasites nous permettent de paraître et de nous sentir mieux. C'est comme une journée au spa pour nous ! De plus, une bonne nutrition et une alimentation équilibrée sont essentielles au maintien de notre santé globale.

Mais attendez, il y a plus ! Au chapitre 17, vous trouverez un trésor d'informations sous la forme d'un tableau super utile. C'est comme une mine d'or de connaissances sur 40 races populaires et leurs problèmes de santé spécifiques, leurs niveaux d'énergie, leurs périodes de vaccination et leurs besoins en matière de soins préventifs. Il s'agit d'un guide de référence rapide et pratique pour vous aider à comprendre et à résoudre les problèmes de santé potentiels et les déclencheurs d'anxiété pour votre race spécifique. Veuillez consulter **40 races populaires, données générales sur la santé et l'âge** .

Ma nourriture

Woof, mes amis à quatre pattes ! Faisons une pause avant de faire un résumé des amis de mes autres races. Je veux parler d'une de nos choses préférées au monde : la nourriture ! En tant que chien sage, je veux vous guider sur ce que nous pouvons et ne pouvons pas manger pour garder notre ventre heureux et en bonne santé. Quand notre ventre est plein, nous sommes cool… Alors, écoutez et creusons !

Un guide incontournable pour les amoureux des chiens

Chapitre 10

Tout d'abord, notre alimentation doit être nutritive et équilibrée. Nous avons besoin d'une combinaison de protéines, de glucides, de graisses saines, de vitamines et de minéraux. Notre alimentation principale doit être composée d'aliments pour chiens de haute qualité qui répondent à nos besoins nutritionnels spécifiques. C'est comme un menu sur mesure rien que pour nous !

Voici maintenant une liste d'aliments adaptés aux chiens dont nous pouvons profiter :

- Viandes maigres comme le poulet, la dinde et le bœuf (cuits et désossés, bien sûr !)
- Poissons comme le saumon et le thon (cuits et sans arêtes)
- Fruits comme les pommes, les bananes et la pastèque (avec modération et sans pépins ni noyaux)
- Des légumes comme les carottes, les haricots verts et les patates douces (cuits et coupés en bouchées)
- Céréales entières comme le riz et les flocons d'avoine (cuits)
- Produits laitiers comme le yaourt nature (avec modération, car certains chiens peuvent être intolérants au lactose)

Mais tenez votre laisse ! Tous les aliments ne sont pas sans danger pour nous. Voici quelques choses que nous ne devrions jamais grignoter :

- **Le chocolat (un grand non-non, car il peut être toxique pour nous !)**
- **Raisins et raisins secs (ils peuvent causer des lésions rénales)**
- **Oignons, ail et ciboulette (ils contiennent des substances nocives pour les chiens)**
- **Avocat (le noyau, la peau et la chair contiennent une substance appelée Persin, qui peut être toxique)**
- **Xylitol (un édulcorant présent dans certains aliments humains et dans le chewing-gum qui est toxique pour nous)**

N'oubliez pas, chers propriétaires, que cette table est un excellent point de départ, mais il est important de nous traiter en tant qu'individus. Nos besoins peuvent varier même au sein d'une même race. Alors, surveillez-nous de près, observez notre comportement et consultez toujours des professionnels comme votre vétérinaire pour des conseils personnalisés.

Explorez le côté obscur de la vie des chiens

Santé générale

Oh, et en parlant de nourriture, parlons sérieusement de la malbouffe. Même si ces chips croustillantes ou ces choux au fromage peuvent faire danser vos papilles, ils ne sont pas bons pour nous. La malbouffe peut entraîner une prise de poids, des problèmes digestifs et même de graves problèmes de santé. Alors, résistez à la tentation de partager votre réserve de collations avec nous.

N'oubliez pas que chaque chien est unique, il est donc essentiel de consulter notre super-héros, le vétérinaire, avant de modifier notre alimentation. Ils vous guideront sur les besoins alimentaires spécifiques de votre compagnon à quatre pattes et sur la taille des portions.

Enfin, soyons très prudents avec la conservation et la fraîcheur de nos aliments. Conservez nos aliments dans un endroit frais et sec, à l'abri des parasites nuisibles. Vérifiez les dates de péremption et assurez-vous que l'emballage est intact. Si vous remarquez des changements dans l'odeur, la texture ou l'apparence, il est préférable de jouer la sécurité et de vous procurer un nouveau sac.

Alors, mes amis pattes, gardons notre ventre heureux et remuant en nous fournissant des repas nutritifs. Avec les conseils de nos propriétaires aimants et l'œil vigilant du vétérinaire, nous pouvons vivre toute une vie d'aventures alimentaires délicieuses et saines. Bon appétit, mes gourmands poilus !

Ma liste de contrôle

Parlons de quelque chose d'utile et de pratique, gardez un œil sur ces signes :

1. **Diminution de l'appétit ou des habitudes alimentaires** : Cela pourrait être un signe de blues du chien si je ne suis pas aussi excité à l'heure des repas.

2. **Manque d'enthousiasme ou d'intérêt pour les activités** : Savez-vous comment je saute habituellement pendant la récréation ? Eh bien, si je ne suis pas aussi excité, il se peut que quelque chose se passe.

3. **Modifications des habitudes de sommeil ou sommeil excessif :** Les chiens ont besoin de repos, mais cela pourrait être un signal d'alarme si je dors beaucoup plus que d'habitude.

4. **Faibles niveaux d'énergie et activité réduite :** Si je me sens déprimé, vous remarquerez peut-être que je ne suis pas aussi actif ou enjoué que d'habitude.

 Un guide incontournable pour les amoureux des chiens

5. Se retirer des interactions sociales : Normalement, j'aime être avec vous et mes amis à quatre pattes, mais si j'évite les interactions sociales, c'est le signe que quelque chose ne va pas.

6. Changements comportementaux tels que l'agitation ou l'irritabilité : si j'agis différemment, comme être agité ou irritable, c'est ma façon de vous dire que je ne me sens pas bien.

Maintenant, que devez-vous faire si vous repérez ces signes ? Voici quelques actions de suivi :

1. **Observer et documenter :** Gardez une trace de tout changement que vous remarquez dans mon comportement, mon appétit ou mes niveaux d'activité.

2. **Consulter un vétérinaire :** Prendre rendez-vous avec un vétérinaire pour discuter de mon comportement et de vos inquiétudes.

3. **Bilan de santé :** Le vétérinaire doit me faire un examen physique approfondi pour exclure tout problème de santé sous-jacent.

4. **Évaluation comportementale :** Envisagez de demander conseil à un comportementaliste ou un dresseur canin professionnel qui pourra évaluer mon bien-être émotionnel.

5. **Enrichissement environnemental :** Offrez-moi une stimulation mentale, des jouets interactifs et des activités pour m'aider à me remonter le moral.

6. **Exercice et jeu :** Participez régulièrement à des séances d'exercices et de jeux avec moi pour favoriser mon bien-être physique et mental.

7. **Maintenir une routine :** établir une routine quotidienne cohérente pour m'apporter stabilité et structure.

8. **Liens et affection :** Inonde-moi d'amour, d'attention et d'affection pour renforcer notre lien.

9. **Envisagez une thérapie ou des médicaments :** Dans les cas graves, le vétérinaire peut recommander une thérapie ou des médicaments pour aider à gérer mon blues canin.

N'oubliez pas que chaque chien est unique et que l'approche peut donc varier. Soyez simplement attentif, patient et compatissant avec moi. Avec votre amour et votre soutien, nous pouvons lutter ensemble contre la dépression canine et avoir un impact positif sur mon bien-être émotionnel. Gardons la queue remuante et le moral au plus haut ! Woof Woof!

Explorez le côté obscur de la vie des chiens

Résumé de l'anxiété des 40 races populaires

Maintenant, je présente un résumé des niveaux d'anxiété de mes amis. Cependant, ne vous inquiétez pas ! Chacun d'eux montera sur scène plus tard, un à un, pour partager plus de détails sur lui-même, ainsi que d'adorables photos. Vous aurez l'occasion de vous plonger dans leurs personnalités uniques, leurs bizarreries et leurs déclencheurs d'anxiété. Alors restez à l'écoute et préparez-vous à rencontrer chacun de mes merveilleux amis de près et personnellement. Ensemble, nous découvrirons le monde fascinant de  l'anxiété canine et découvrirons les meilleures façons de soutenir et de comprendre nos compagnons à quatre pattes. Préparez-vous pour une aventure qui remue la queue ! Woof!

Chapitre 10

Les Malamutes d'Alaska, connus pour leur force et leur endurance, sont des chiens de travail majestueux et indépendants. Bien qu'ils soient généralement amicaux et sociables, ils peuvent être sujets à certains problèmes de comportement s'ils ne sont pas correctement gérés. Les Malamutes d'Alaska peuvent ressentir de l'anxiété dans des situations telles que la séparation d'avec leurs compagnons humains ou des changements dans leur environnement. Les signes d'anxiété chez les Malamutes d'Alaska peuvent inclure des aboiements excessifs, des hurlements, des fouilles ou un comportement destructeur. Pour aider à soulager leur anxiété, leurs propriétaires doivent leur proposer régulièrement des exercices et une stimulation mentale. Les impliquer dans des activités telles que la randonnée, la luge ou l'entraînement d'obéissance peut les aider à répondre à leurs besoins physiques et mentaux. Établir une routine cohérente et leur offrir un espace sécurisé et confortable peut également les aider à se sentir plus à l'aise. Les techniques de renforcement positif fonctionnent bien, car elles réagissent positivement aux récompenses et aux éloges. La patience, la compréhension et une approche aimante sont essentielles pour les aider à surmonter leur anxiété et à s'épanouir dans une vie équilibrée et heureuse.

Les bovins australiens sont des chiens de berger intelligents et actifs qui peuvent être sujets à l'anxiété s'ils ne sont pas correctement stimulés. Ils peuvent manifester de l'anxiété en raison de comportements tels que des aboiements excessifs, un creusement ou une hyperactivité. Leur offrir régulièrement de l'exercice physique, une stimulation mentale et un travail à accomplir peut contribuer à atténuer leur anxiété. Ces chiens excellent dans des activités telles que l'agilité, l'obéissance et les épreuves d'élevage, qui peuvent canaliser leur énergie et leur donner un but. L'entraînement structuré et les méthodes de renforcement positif fonctionnent mieux pour les bouviers australiens, car ils réagissent bien à un entraînement cohérent et basé sur les récompenses. Avec les soins, l'attention et les débouchés appropriés pour leur énergie, les bouviers australiens peuvent surmonter l'anxiété et s'épanouir en tant que compagnons heureux et bien équilibrés.

Explorez le côté obscur de la vie des chiens

Les bergers australiens, également connus sous le nom d'**Aussies**, sont des chiens très intelligents et actifs, sujets à l'anxiété s'ils ne sont pas correctement gérés. Ils peuvent manifester de l'anxiété par des aboiements excessifs, une mastication destructrice ou de l'agitation. Les Australiens prospèrent grâce à la stimulation mentale et physique, c'est pourquoi des exercices réguliers, des jouets interactifs et des séances d'entraînement sont essentiels pour aider à soulager leur anxiété. Ces chiens excellent dans des activités telles que l'obéissance, l'agilité et les épreuves d'élevage, leur donnant un but et les aidant à canaliser leur énergie. Les méthodes de formation par renforcement positif, les routines cohérentes et la socialisation sont essentielles à leur bien-être. Avec les soins, l'attention et les moyens d'exprimer leur intelligence et leur énergie appropriés, les bergers australiens peuvent surmonter leur anxiété et mener une vie heureuse et épanouie en tant que compagnons fidèles et aimants.

Les beagles, connus pour leur apparence adorable et leur nature amicale, peuvent ressentir de l'anxiété dans certaines situations. Les signes d'anxiété chez les Beagles peuvent inclure des aboiements excessifs, des hurlements et de l'agitation. Leurs compagnons humains doivent comprendre et gérer leur anxiété pour les aider à se sentir en sécurité et à l'aise. L'exercice régulier est essentiel pour que les Beagles brûlent l'excès d'énergie et maintiennent un état d'esprit sain. La stimulation mentale au moyen de puzzles et de jeux interactifs peut les aider à garder leur esprit occupé et à atténuer leur anxiété. Créer une routine quotidienne cohérente et un environnement calme et structuré peut donner aux Beagles un sentiment de sécurité. Les méthodes de formation par renforcement positif leur conviennent le mieux, car elles renforcent la confiance et les bons comportements. Lorsque les Beagles se sentent anxieux, le réconfort et le réconfort de la part de leurs humains peuvent faire une grande différence. Avec de la patience, de la compréhension et une approche aimante, les beagles et leurs humains peuvent travailler ensemble pour gérer l'anxiété et s'assurer qu'ils mènent une vie heureuse et équilibrée.

Chapitre 10

Les Malinois belges, connus pour leur intelligence et leur capacité de travail, sont des chiens très actifs et motivés. Bien qu'ils soient généralement confiants et concentrés, ils peuvent également être sujets à l'anxiété dans certaines situations. Les signes d'anxiété chez le Malinois belge peuvent inclure des aboiements excessifs, des pas, de l'agitation ou un comportement destructeur. Pour aider à atténuer leur anxiété, leurs compagnons humains doivent leur proposer régulièrement des exercices et une stimulation mentale. Les impliquer dans une formation d'obéissance, d'agilité ou de travail du parfum peut aider à canaliser leur énergie et leur donner un but. La socialisation dès le plus jeune âge est cruciale pour les aider à se sentir plus à l'aise dans divers environnements et auprès de différentes personnes et animaux. Les méthodes de formation par renforcement positif fonctionnent mieux pour les Malinois belges, car ils réagissent bien aux récompenses et aux éloges. Créer un environnement calme et structuré, établir une routine cohérente et leur offrir un espace confortable où se retirer peuvent également contribuer à réduire leur anxiété. Les Malinois belges peuvent s'épanouir et mener une vie équilibrée et épanouissante avec des soins, une formation et une compréhension appropriés.

Bouvier bernois de nature douce et affectueuse, ils peuvent ressentir de l'anxiété dans certaines situations. Les symptômes d'anxiété chez les bouviers bernois comprennent des aboiements, des pas et une agitation excessifs. Leurs compagnons humains doivent comprendre et gérer leur anxiété pour les aider à se sentir calmes et en sécurité. L'exercice régulier, en particulier les activités qui engagent leur esprit et leur corps, est essentiel pour que les bouviers bernois libèrent l'énergie refoulée et favorisent le bien-être général. Leur fournir une routine cohérente, comprenant de l'alimentation, de l'exercice et du repos, peut aider à soulager leur anxiété et à les stabiliser. Des méthodes de formation et de socialisation douces et positives peuvent renforcer leur confiance et les aider à vivre de nouvelles expériences avec moins de stress. Créer un environnement paisible et calme à la maison, ainsi que beaucoup de temps de qualité et d'affection, peut également aider à apaiser leurs tendances anxieuses. Avec des soins, de la patience et de la compréhension appropriés, les bouviers bernois peuvent s'épanouir et vivre en harmonie avec leurs compagnons humains.

Explorez le côté obscur de la vie des chiens

Le Bichon Frise, avec son attitude joyeuse et amicale, peut ressentir de l'anxiété dans certaines situations. Les signes d'anxiété chez le Bichon Frise peuvent inclure des aboiements excessifs, des tremblements et un comportement collant. Leurs compagnons humains doivent comprendre et gérer leur anxiété pour les aider à se sentir en sécurité et à l'aise. L'exercice régulier et la stimulation mentale par le jeu et les jouets interactifs sont essentiels pour que Bichon Frise dépense de l'énergie et maintienne un esprit équilibré. Créer un environnement calme et prévisible avec une routine cohérente peut aider à atténuer leur anxiété et leur procurer un sentiment de stabilité. Les méthodes d'entraînement par renforcement positif, ainsi que la réassurance et le confort en douceur fonctionnent mieux pour Bichon Frise pour renforcer la confiance et renforcer le bon comportement. Leur offrir un espace confortable et sûr où ils peuvent se retirer lorsqu'ils se sentent dépassés peut également aider à apaiser leurs tendances anxieuses. Avec de l'amour, de la patience et un environnement favorable, les Bichon Frise peuvent surmonter leur anxiété et mener une vie heureuse et satisfaite aux côtés de leurs compagnons humains.

Les Border Collies, connus pour leur intelligence et leur énergie illimitée, peuvent être sujets à l'anxiété s'ils ne sont pas correctement gérés. Les signes d'anxiété chez les Border Collies peuvent inclure des aboiements excessifs, un rythme excessif et un comportement destructeur. Leurs compagnons humains doivent leur proposer de nombreux exercices physiques et une stimulation mentale pour les aider à canaliser positivement leur énergie. Des séances d'entraînement régulières et des activités engageantes comme l'agilité ou l'élevage peuvent aider à satisfaire leur besoin de stimulation mentale et à leur donner un but. Les Border Collies prospèrent dans des environnements structurés avec des limites claires et des routines cohérentes. La socialisation dès le plus jeune âge est cruciale pour prévenir l'anxiété basée sur la peur. Les méthodes de formation par renforcement positif fonctionnent mieux pour les Border Collies, car ils sont très sensibles aux récompenses et aux éloges. Des techniques apaisantes, telles que des exercices de respiration profonde ou des puzzles, peuvent aider à soulager leur anxiété et à leur procurer un sentiment de calme. Avec les soins, l'attention et les débouchés appropriés pour leur intelligence, les Border Collies peuvent mener une vie épanouissante et surmonter toute anxiété qu'ils peuvent ressentir.

Terrier de Boston sont des chiens vifs et affectueux, sujets à l'anxiété s'ils ne sont pas correctement gérés. Les signes d'anxiété chez les Boston Terriers peuvent inclure des aboiements excessifs, de l'agitation et un comportement destructeur. Leurs compagnons humains doivent créer un environnement calme et structuré pour les aider à se sentir en sécurité. L'exercice régulier et la stimulation mentale grâce à des jeux interactifs et des puzzles peuvent aider à soulager leur anxiété et à brûler l'excès d'énergie. La socialisation dès le plus jeune âge est cruciale pour prévenir l'anxiété basée sur la peur. Les méthodes d'entraînement par renforcement positif fonctionnent bien pour les Boston Terriers, car ils réagissent aux récompenses et aux éloges. Leur offrir une routine quotidienne cohérente et beaucoup d'amour et d'attention peut aider à réduire leur anxiété et à leur assurer une vie heureuse et équilibrée. Avec les soins et le soutien appropriés, les Boston Terriers peuvent surmonter leur anxiété et s'épanouir en tant que compagnons précieux.

Boxeurs sont des chiens énergiques et joueurs, sujets à l'anxiété s'ils ne sont pas correctement traités. Les signes d'anxiété chez les boxeurs peuvent inclure des aboiements excessifs, un rythme excessif et un comportement destructeur. Leurs compagnons humains doivent comprendre et gérer leur anxiété pour les aider à se sentir en sécurité et à l'aise. L'exercice régulier et la stimulation mentale grâce à des jeux interactifs et des puzzles peuvent les aider à brûler l'excès d'énergie et à garder leur esprit occupé. Créer une routine quotidienne cohérente et un environnement calme et structuré peut leur donner un sentiment de sécurité. Les méthodes d'entraînement par renforcement positif, ainsi que la réassurance et le confort en douceur peuvent faire une grande différence dans la gestion de leur anxiété. Avec de la patience, de la compréhension et une approche aimante, les boxeurs peuvent surmonter leur anxiété et mener une vie heureuse et équilibrée.

Explorez le côté obscur de la vie des chiens

Résumé de l'anxiété des 40 races populaires

Le Brittany, également connu sous le nom d'épagneul breton, est un chien vif et polyvalent doté d'un talent naturel pour la chasse et le rapport. Ils sont connus pour leur intelligence, leur agilité et leur nature amicale. S'ils sont généralement équilibrés et adaptables, les chiens bretons peuvent être sujets à certains problèmes de comportement si leurs besoins ne sont pas satisfaits. Ils peuvent ressentir de l'anxiété dans des situations telles que le fait d'être laissés seuls pendant de longues périodes ou de ne pas recevoir suffisamment de stimulation mentale et physique. Les signes d'anxiété en Bretagne peuvent inclure des aboiements excessifs, de l'agitation ou un comportement destructeur. Pour aider à soulager leur anxiété, leurs propriétaires doivent leur proposer régulièrement de l'exercice, une stimulation mentale et des interactions sociales. Les impliquer dans des activités telles que l'entraînement à l'obéissance, l'agilité ou les jeux de récupération peut les aider à canaliser leur énergie et à garder leur esprit engagé. Les Bretagne s'épanouissent dans des environnements où ils reçoivent beaucoup d'attention, un renforcement positif et une formation cohérente. Créer une routine structurée et leur offrir un environnement sûr et aimant peut les aider à se sentir plus en sécurité et à réduire leur anxiété. Avec des soins appropriés, une formation et une approche aimante, les Bretagne peuvent mener une vie épanouissante et heureuse tout en nouant des liens solides avec leurs compagnons humains.

Les bouledogues sont connus pour leur nature amicale et décontractée, mais peuvent également ressentir de l'anxiété dans certaines situations. Les signes d'anxiété chez les Bulldogs peuvent inclure une bave excessive, un halètement ou un comportement destructeur. Leurs compagnons humains doivent comprendre et gérer leur anxiété pour les aider à se sentir calmes et en sécurité. Fournir une routine structurée, de nombreux exercices et une stimulation mentale peut aider à soulager leur anxiété. Les bouledogues prospèrent grâce à un entraînement cohérent avec des méthodes de renforcement positif, qui peuvent renforcer leur confiance et les aider à faire face aux situations stressantes. Créer un environnement paisible et confortable avec des objets familiers et réconfortants peut également contribuer à atténuer leur anxiété. Avec de la patience, de l'amour et une approche solidaire, les Bulldogs peuvent surmonter leur anxiété et profiter d'une vie équilibrée et heureuse.

 Un guide incontournable pour les amoureux des chiens

Canne Corso est une race italienne puissante et majestueuse connue pour sa force, sa loyauté et sa nature protectrice. Dotés d'un tempérament confiant et stable, ils font d'excellents compagnons de famille et tuteurs. Bien qu'il s'agisse généralement d'une race bien équilibrée, le Cane Corso peut être sujet à certains problèmes de comportement s'il n'est pas correctement dressé et socialisé. Ils peuvent ressentir de l'anxiété dans des situations telles que le fait d'être laissés seuls pendant de longues périodes ou de rencontrer des personnes ou des animaux inconnus. Les signes d'anxiété chez Cane Corso peuvent inclure des aboiements excessifs, de l'agitation ou de l'agressivité. Pour aider à soulager leur anxiété, il est essentiel de leur offrir une socialisation précoce, une formation de renforcement positif et beaucoup d'exercice mental et physique. Des promenades régulières, des séances de jeux interactifs et des activités de stimulation mentale peuvent les aider à canaliser leur énergie et à les maintenir mentalement engagés. Établir une routine cohérente, leur offrir un environnement sécurisé et structuré et leur accorder beaucoup d'attention et d'affection est essentiel pour leur bien-être. Les Cane Corso prospèrent dans des foyers où ils sont traités comme des membres précieux de la famille et reçoivent des conseils et un leadership appropriés. Avec les soins et la formation appropriés, Cane Corso peut être un compagnon fidèle, aimant et bien adapté.

Gilet Welsh Corgi est une race charmante et intelligente connue pour son apparence distinctive et sa personnalité pleine d'entrain. Avec leurs pattes courtes et leur corps long, ils ont un look adorable et unique qui captive le cœur de nombreux amoureux des chiens. Les cardigans sont très adaptables et constituent d'excellents compagnons pour les individus et les familles. Ils sont connus pour leur loyauté, leur nature affectueuse et leur attitude enjouée. Cependant, comme toute race, ils peuvent rencontrer certains problèmes de comportement s'ils ne sont pas correctement dressés et socialisés. Cardigan Welsh Corgis peut manifester de l'anxiété dans diverses situations, telles que l'anxiété de séparation lorsqu'il est laissé seul ou la peur. envers des personnes ou des environnements inconnus. Les signes d'anxiété peuvent inclure des aboiements excessifs, de l'agitation ou un comportement destructeur. Pour les aider à gérer leur anxiété, il est important de leur offrir une socialisation précoce, une formation au renforcement positif et une stimulation mentale. Des exercices réguliers et des activités engageantes comme des puzzles ou des jeux interactifs peuvent les aider à dépenser de l'énergie et à stimuler leur esprit. Établir une routine cohérente, créer un environnement calme et structuré et offrir réconfort et réconfort sont essentiels à leur bien-être. Avec des soins appropriés, une formation et un environnement aimant, les Cardigan Welsh Corgis peuvent s'épanouir et apporter joie et compagnie à leur famille.

Cavalier King Charles Spaniels sont connus pour leur nature douce et affectueuse, mais ils peuvent aussi être sujets à l'anxiété. Les signes d'anxiété chez les Cavaliers peuvent inclure des aboiements excessifs, des tremblements ou un retrait. Leurs compagnons humains doivent leur offrir un environnement sûr et stimulant pour les aider à atténuer leur anxiété. L'exercice régulier et la stimulation mentale par le biais de jeux et d'entraînements interactifs peuvent aider à brûler l'excès d'énergie et à garder l'esprit occupé. Les cavaliers prospèrent grâce aux méthodes d'entraînement par renforcement positif, qui peuvent renforcer leur confiance et renforcer leur lien avec leurs humains. Créer une routine quotidienne cohérente et s'assurer qu'ils reçoivent de l'amour et de l'attention peuvent également contribuer à atténuer leur anxiété. Avec de la patience, de la compréhension et une approche calme, les Cavaliers peuvent surmonter leur anxiété et vivre une vie heureuse et équilibrée.

Le chihuahua, connu pour sa petite taille et sa grande personnalité, peut être sujet à l'anxiété. Ils peuvent présenter des signes d'anxiété par des aboiements excessifs, des tremblements ou une agressivité. Leurs compagnons humains doivent comprendre et gérer leur anxiété pour les aider à se sentir en sécurité. Des exercices réguliers comme de courtes promenades ou des séances de jeux

Un guide incontournable pour les amoureux des chiens

interactifs peuvent les aider à dépenser leur énergie et à réduire leur anxiété. Leur offrir un environnement calme et structuré et une routine quotidienne cohérente peut également contribuer à atténuer leur anxiété. Les méthodes d'entraînement par renforcement positif fonctionnent bien avec les Chihuahuas, car ils réagissent positivement aux éloges et aux récompenses. La socialisation dès le plus jeune âge peut les aider à se sentir plus à l'aise et plus confiants dans différentes situations. Avec de la patience, de la compréhension et une approche aimante, les chihuahuas peuvent surmonter leur anxiété et vivre une vie heureuse et épanouissante avec leurs compagnons humains.

Cocker (anglais/espagnol) , connu pour son beau pelage et sa personnalité enjouée, peut être sujet à l'anxiété. Ils peuvent présenter des signes d'anxiété par des aboiements excessifs, un comportement destructeur ou une attitude collante. Leurs compagnons humains doivent comprendre et gérer leur anxiété pour les aider à se sentir calmes et en sécurité. Des exercices réguliers comme des promenades quotidiennes ou des récréations peuvent les aider à libérer leur énergie et à réduire leur anxiété. Leur fournir une stimulation mentale au moyen de jouets interactifs ou de jeux de réflexion peut également les aider à garder leur esprit occupé et à atténuer leur anxiété. Créer une routine cohérente et fournir un environnement sûr et confortable peut donner aux Cocker Spaniels un sentiment de sécurité. Les méthodes de formation par renforcement positif, la réassurance douce et le réconfort peuvent renforcer leur confiance et les aider à surmonter leur anxiété. Avec de la patience, de l'amour et des soins appropriés, les Cocker Spaniels peuvent mener une vie heureuse et équilibrée, en profitant de leur temps avec leurs compagnons humains.

Les teckels , avec leur corps long et leur personnalité pleine d'entrain, peuvent être sujets à l'anxiété. Ils peuvent montrer des signes d'anxiété en aboyant excessivement, en creusant ou même en agressant. Leurs compagnons humains doivent comprendre

Explorez le côté obscur de la vie des chiens

et gérer leur anxiété pour les aider à se sentir en sécurité et calmes. Les teckels prospèrent grâce à l'exercice régulier, donc leur offrir des promenades quotidiennes ou des moments de jeu peut les aider à brûler l'excès d'énergie et à réduire l'anxiété. La stimulation mentale est également importante pour ces chiens intelligents, et les jouets interactifs ou les jeux de réflexion peuvent garder leur esprit occupé et atténuer leur anxiété. Établir une routine cohérente et créer un environnement sécurisé peut aider à atténuer leur anxiété. Les méthodes de formation par renforcement positif fonctionnent mieux pour les teckels, car ils réagissent bien aux éloges et aux récompenses. Lorsqu'ils se sentent anxieux, la douce réassurance et le réconfort de la part de leurs compagnons humains peuvent leur apporter le soutien dont ils ont besoin. Avec les soins, l'attention et l'amour appropriés, les teckels peuvent mener une vie heureuse et équilibrée, apportant de la joie à leur famille.

Les Doberman Pinschers , connus pour leur loyauté et leur nature protectrice, peuvent parfois ressentir de l'anxiété. Les signes d'anxiété chez les Dobermans peuvent inclure des aboiements excessifs, un comportement destructeur ou même une agression. Leurs compagnons humains doivent comprendre et gérer leur anxiété afin de créer pour eux un environnement sûr et harmonieux. L'exercice régulier est essentiel pour que les Dobermans libèrent l'énergie accumulée et maintiennent leur bien-être général. La stimulation mentale par le biais d'entraînements, de puzzles ou de jeux interactifs peut aider à garder leur esprit occupé et à atténuer leur anxiété. Les dobermans prospèrent grâce à la structure et à la routine, donc établir un horaire quotidien cohérent peut leur donner un sentiment de sécurité. Les méthodes d'entraînement par renforcement positif fonctionnent bien avec les Dobermans, car ils réagissent positivement aux récompenses et aux éloges. Lorsqu'ils se sentent anxieux, le réconfort et le calme de leurs compagnons humains peuvent faire une différence significative en les aidant à se sentir à l'aise. Avec des soins appropriés, une formation et une approche aimante, les Doberman Pinschers peuvent surmonter leur anxiété et s'épanouir en tant que compagnons confiants et équilibrés.

Un guide incontournable pour les amoureux des chiens

Chapitre 10

Le Cocker anglais est une race charmante et énergique connue pour sa nature amicale et son caractère joyeux. Avec leurs yeux doux et expressifs et leur pelage soyeux, ils ont un charme irrésistible qui captive le cœur de nombreux amoureux des chiens. Les Cockers anglais sont polyvalents et adaptables, ce qui en fait d'excellents compagnons pour les individus et les familles. Ils prospèrent grâce à la compagnie humaine et aiment participer aux activités familiales. Cette race est connue pour son intelligence et son désir de plaire, ce qui la rend relativement facile à dresser. Cependant, ils peuvent être sujets à l'anxiété de séparation s'ils sont laissés seuls pendant de longues périodes. Les signes d'anxiété chez les cockers anglais peuvent inclure des aboiements excessifs, un comportement destructeur ou une agitation. Pour les aider à gérer leur anxiété, il est important de leur fournir beaucoup de stimulation mentale et physique. Des exercices réguliers, des jouets interactifs et des activités engageantes comme l'entraînement à l'obéissance ou l'agilité peuvent les aider à dépenser de l'énergie et à garder leur esprit occupé. Établir une routine cohérente et offrir un environnement sécurisé et structuré peut également contribuer à atténuer leur anxiété. Les méthodes de dressage par renforcement positif fonctionnent bien avec cette race, car elles réagissent positivement aux éloges et aux récompenses. Avec de l'amour, de la patience et des soins appropriés, le Cocker anglais peut s'épanouir et apporter joie et camaraderie à sa famille.

Setters anglais sont connus pour leur nature amicale et extravertie, mais peuvent également ressentir de l'anxiété dans certaines situations. Les signes d'anxiété chez les Setters anglais peuvent inclure de l'agitation, des aboiements excessifs ou un comportement destructeur. Leurs compagnons humains doivent comprendre et gérer leur anxiété pour les aider à se sentir en sécurité et à l'aise. L'exercice régulier est crucial pour que les Setters anglais libèrent leur énergie et maintiennent un état d'esprit équilibré. La stimulation mentale par le biais d'entraînements, de jouets interactifs ou de jeux de réflexion peut également aider à garder l'esprit occupé et à atténuer l'anxiété. Les Setters anglais s'épanouissent grâce aux méthodes d'entraînement par renforcement positif, car ils réagissent bien aux récompenses et aux éloges. Créer une routine quotidienne cohérente et un environnement calme et structuré peut leur donner un sentiment de sécurité. Lorsqu'ils se sentent anxieux, le réconfort et le réconfort de leurs compagnons humains peuvent faire une grande différence. Avec de la patience, de la compréhension et une approche aimante, les Setters anglais peuvent gérer leur anxiété et vivre une vie heureuse et épanouissante.

Explorez le côté obscur de la vie des chiens

Bergers allemands sont des chiens intelligents et fidèles mais peuvent être sujets à l'anxiété dans certaines situations. Les signes d'anxiété chez les bergers allemands peuvent inclure des aboiements excessifs, des pas ou un comportement destructeur. Leurs compagnons humains doivent comprendre et gérer leur anxiété pour les aider à se sentir en sécurité et calmes. L'exercice régulier est crucial pour que les bergers allemands libèrent de l'énergie et maintiennent leur bien-être mental. La stimulation mentale grâce à l'entraînement, aux jouets interactifs et aux activités de résolution de problèmes peut également aider à soulager l'anxiété. Les bergers allemands réagissent bien aux méthodes d'entraînement par renforcement positif, s'épanouissant grâce aux éloges et aux récompenses. Créer une routine structurée et un environnement sûr et stimulant peut leur donner un sentiment de sécurité. Lorsqu'ils se sentent anxieux, le réconfort et le réconfort de leurs compagnons humains peuvent avoir un effet apaisant. Avec de la patience, de la compréhension et un entraînement constant, les bergers allemands peuvent gérer leur anxiété et mener une vie équilibrée et épanouissante.

Golden Retrievers sont des chiens amicaux et affectueux mais peuvent également ressentir de l'anxiété dans certaines situations. Les signes d'anxiété chez les Golden Retrievers peuvent inclure des aboiements excessifs, un halètement ou un comportement destructeur. Leurs compagnons humains doivent reconnaître et gérer leur anxiété pour les aider à se sentir en sécurité et calmes. L'exercice régulier est essentiel pour que les Golden Retrievers libèrent de l'énergie et maintiennent un état d'esprit sain. La stimulation mentale grâce à l'entraînement, aux puzzles et aux jeux interactifs peut également aider à soulager l'anxiété. Établir une routine quotidienne cohérente et un environnement sécurisé et stimulant peut leur donner un sentiment de stabilité. Les méthodes d'entraînement par renforcement positif fonctionnent bien pour les Golden Retrievers, car ils réagissent positivement aux récompenses et aux encouragements. Lorsqu'ils se sentent anxieux, le réconfort et le réconfort de leurs compagnons humains peuvent faire une différence significative. Avec de la

Un guide incontournable pour les amoureux des chiens

patience, de la compréhension et une approche aimante, les Golden Retrievers peuvent gérer leur anxiété et mener une vie heureuse et équilibrée.

Grands Danois sont de gentils géants connus pour leur nature calme et amicale, mais peuvent également ressentir de l'anxiété dans certaines situations. Les signes d'anxiété chez les Grands Danois peuvent inclure une bave excessive, un halètement, un rythme ou un comportement destructeur. Leurs compagnons humains doivent reconnaître et gérer leur anxiété pour les aider à se sentir en sécurité et à l'aise. L'exercice régulier est essentiel pour que les Grands Danois brûlent l'excès d'énergie et maintiennent un état d'esprit sain. Créer un environnement calme et structuré et une routine cohérente peut leur donner un sentiment de stabilité. Les méthodes d'entraînement par renforcement positif fonctionnent bien pour les Grands Danois, car ils réagissent positivement aux récompenses et aux encouragements. Lorsqu'ils se sentent anxieux, le réconfort et le réconfort de leurs compagnons humains peuvent faire une grande différence. Avec des soins appropriés, de la compréhension et une approche aimante, les Grands Danois peuvent gérer leur anxiété et vivre une vie heureuse et équilibrée.

Labrador Retrievers sont des chiens amicaux et extravertis, mais peuvent également ressentir de l'anxiété dans certaines situations. Les signes d'anxiété chez les labradors peuvent inclure une mastication ou un creusement excessif, et ils peuvent être sujets à l'anxiété de séparation, devenant destructeurs lorsqu'ils sont laissés seuls. Pour aider à soulager leur anxiété, il est crucial de leur proposer de nombreux exercices, une stimulation mentale et des jouets interactifs. L'exercice régulier les aide à brûler l'excès d'énergie et à garder leur esprit occupé. Créer une routine cohérente et offrir un environnement sûr et calme peut également les aider à se sentir plus à l'aise. Les méthodes de formation par renforcement positif fonctionnent mieux pour les Labradors, car ils réagissent bien aux récompenses et aux encouragements. Lorsqu'ils se sentent anxieux, le réconfort et le réconfort de leurs compagnons humains peuvent faire une grande différence. Les labradors peuvent gérer leur anxiété et mener une vie équilibrée et heureuse avec compréhension, patience et approche aimante.

Explorez le côté obscur de la vie des chiens

Léonberg est un géant majestueux et doux connu pour sa taille imposante et sa nature amicale. Avec leur double pelage épais et leur apparence impressionnante, ils font souvent tourner les têtes partout où ils vont. Malgré leur grande taille, les Léonbergs sont connus pour leur attitude douce et calme, ce qui en fait d'excellents compagnons de famille. Ils sont fidèles et affectueux et aiment participer aux activités familiales. Cette race est très intelligente et entraînable, désireuse de plaire à ses propriétaires. Ils s'entendent généralement bien avec les enfants et s'entendent bien avec les autres animaux lorsqu'ils sont correctement socialisés. Les Léonbergs ont un niveau d'énergie modéré et bénéficient d'exercices quotidiens pour les stimuler physiquement et mentalement. Leur pelage nécessite un brossage régulier pour conserver leur belle apparence et éviter les nœuds. Bien qu'ils soient généralement des chiens en bonne santé, ils peuvent être sujets à certains problèmes de santé, tels que la dysplasie de la hanche et certaines formes de cancer. Des contrôles vétérinaires réguliers et une alimentation équilibrée sont importants pour leur bien-être général. Grâce à leur nature affectueuse et douce, le Léonberg peut constituer un merveilleux compagnon pour les personnes ou les familles à la recherche d'un ami à quatre pattes fidèle et dévoué.

Maltais les chiens sont connus pour leur petite taille et leur personnalité charmante, mais ils peuvent également ressentir de l'anxiété dans certaines situations. Les signes d'anxiété chez les chiens maltais peuvent inclure des aboiements excessifs, des tremblements ou une dissimulation. Ils sont sujets à l'anxiété de séparation et peuvent devenir trop attachés à leurs compagnons humains. Pour contribuer à atténuer leur anxiété, il est essentiel de leur offrir un environnement calme et sécurisé. Créer une routine quotidienne cohérente, comprenant des exercices réguliers et une stimulation mentale, peut les aider à garder leur esprit engagé et à réduire leur anxiété. Les méthodes de formation par renforcement positif fonctionnent bien avec les Maltais, car ils réagissent positivement aux récompenses et aux éloges. Lorsqu'ils se sentent anxieux, le réconfort et le réconfort de la part de leurs compagnons humains peuvent les aider à se sentir plus en sécurité. Avec de la compréhension, de la patience et une approche aimante, les chiens maltais peuvent gérer leur anxiété et vivre une vie heureuse et équilibrée.

Un guide incontournable pour les amoureux des chiens

Chapitre 10

Schnauzer nain sont de charmants chiens de petite taille connus pour leur apparence distincte et leur personnalité pleine d'entrain. Bien qu'ils soient généralement confiants et extravertis, ils peuvent ressentir de l'anxiété dans certaines situations. Les signes d'anxiété chez les Schnauzers miniatures peuvent inclure des aboiements excessifs, de l'agitation ou un comportement destructeur. Ils peuvent être sujets à l'anxiété de séparation et devenir trop attachés aux membres humains de leur famille. Pour aider à soulager leur anxiété, il est important de leur proposer de nombreux exercices physiques et une stimulation mentale. Les jouets interactifs, les jeux de réflexion et les séances de formation peuvent les aider à garder leur esprit occupé et à réduire leur anxiété. Créer un environnement calme et structuré et une routine quotidienne cohérente peut également leur donner un sentiment de sécurité. Les méthodes de formation par renforcement positif, telles que la récompense des bons comportements, renforcent leur confiance et réduisent leur anxiété. Lorsqu'ils se sentent anxieux, le réconfort doux et les gestes réconfortants de leurs compagnons humains peuvent faire une grande différence. Les Schnauzers nain peuvent gérer leur anxiété et mener une vie heureuse et équilibrée avec amour, patience et compréhension.

Chien d'élan norvégien est une race magnifique et polyvalente avec une riche histoire enracinée en Norvège. Connue pour sa construction robuste et son apparence frappante, cette race est hautement considérée comme un compagnon fidèle et courageux. Les Elkhounds norvégiens ont une double couche épaisse qui les isole par temps froid et leur donne leur look distinctif. Ils sont réputés pour leurs talents de chasseur, notamment pour traquer et chasser des gibiers tels que l'élan, l'ours et d'autres grands animaux. Avec leur odorat développé et leur instinct aiguisé, ils excellent dans les tâches nécessitant la détection d'odeurs. Les Elkhounds norvégiens sont également connus pour leur intelligence, leur indépendance et leur volonté. Ils ont besoin d'un entraînement cohérent, ferme mais doux pour canaliser leur énergie et maintenir un bon comportement. La socialisation dès le plus jeune âge est essentielle pour les aider à devenir des chiens équilibrés et adaptables. Cette race est généralement amicale, affectueuse et protectrice envers sa famille, ce qui

Explorez le côté obscur de la vie des chiens

en fait d'excellents chiens de garde. Les Elkhounds norvégiens sont des chiens actifs et ont besoin d'exercice régulierpour les stimuler physiquement et mentalement. Leur pelage épais nécessite un toilettage régulier pour éviter les nœuds et leur donner le meilleur d'eux-mêmes. Dans l'ensemble, le Elkhound norvégien est une race fidèle, intelligente et polyvalente qui prospère dans les foyers actifs où il peut recevoir l'attention, l'exercice et la stimulation mentale dont il a besoin.

Caniches sont des chiens intelligents et élégants connus pour leur pelage bouclé distinctif. Malgré leur apparence sophistiquée, les caniches peuvent ressentir de l'anxiété dans certaines situations. Les signes d'anxiété chez les caniches peuvent inclure des aboiements excessifs, des pas ou une recherche d'attention constante. Ils peuvent être sensibles aux changements dans leur environnement et peuvent avoir besoin d'une routine calme et structurée pour se sentir en sécurité. Un exercice physique et mental régulier est essentiel pour que les caniches libèrent leur excès d'énergie et maintiennent leur bien-être. Les impliquer dans des activités stimulantes telles que des puzzles, des entraînements d'obéissance ou des exercices d'agilité peut aider à soulager leur anxiété et à garder leur esprit occupé. Les méthodes de formation par renforcement positif, avec récompenses et éloges, fonctionnent mieux pour les caniches, car ils réagissent bien aux encouragements et aux conseils doux. Créer un espace paisible et calme dans la maison et fournir des articles réconfortants comme une literie moelleuse ou une musique apaisante peut les aider à se sentir plus à l'aise. Avec le soutien de propriétaires patients et compréhensifs, les caniches peuvent gérer leur anxiété et s'épanouir dans un environnement aimant et stimulant.

Portugais Water est une race charismatique et polyvalente avec une histoire fascinante enracinée au Portugal. Réputée pour son physique robuste et son pelage distinctif, cette race est très appréciée comme un compagnon intelligent et affectueux. Les chiens d'eau portugais ont un pelage hypoallergénique ondulé ou bouclé, offrant une excellente protection contre l'eau. Ils ont été élevés à l'origine pour diverses tâches liées aux travaux aquatiques, telles que récupérer des filets, transmettre des messages entre bateaux et même rassembler les poissons dans des filets. Avec leur capacité naturelle à nager et leur désir de plaire, ils excellent dans la plongée à quai, l'eale sport et l'entraînement à l'obéissance. Les chiens d'eau portugais sont connus pour leur intelligence, leur capacité d'entraînement et leur désir d'apprendre. Ils prospèrent grâce à la stimulation mentale et nécessitent des méthodes de formation de renforcement cohérentes et positives pour rester engagés et bien élevés. Une socialisation précoce est cruciale pour les aider à devenir des chiens équilibrés et amicaux. Les chiens d'eau portugais nouent des liens profonds avec leur famille et sont connus pour leur loyauté et leur nature protectrice. Ils sont généralement bons avec les enfants et peuvent bien s'adapter aux environnements familiaux. Cependant, ils peuvent se méfier des étrangers, c'est pourquoi une socialisation précoce est essentielle pour s'assurer qu'ils se sentent à l'aise dans diverses situations sociales. Cette race est énergique et nécessite un exercice régulier pour la stimuler physiquement et mentalement. Des promenades quotidiennes, des séances de jeux interactifs et des défis mentaux sont nécessaires pour éviter l'ennui et maintenir le bien-être général. Le pelage unique du chien d'eau portugais nécessite un toilettage, un brossage régulier et une coupe professionnelle occasionnelle. Avec leur intelligence, leur charme et leur nature amoureuse de l'eau, les chiens d'eau portugais sont de fantastiques compagnons pour les personnes actives et les familles qui peuvent leur fournir l'attention, l'exercice et la stimulation mentale dont ils ont besoin pour s'épanouir.

Carlin sont des chiens charmants et affectueux connus pour leur visage ridé distinctif et leur queue bouclée. Bien qu'ils puissent être enjoués et extravertis, les carlins peuvent également être sujets à l'anxiété dans certaines situations. Les signes d'anxiété chez les carlins peuvent inclure un halètement excessif, un rythme excessif ou une recherche constante de réconfort. Leurs compagnons humains doivent comprendre et gérer leur anxiété pour les aider à se sentir calmes et en sécurité. Des exercices réguliers, tels que de courtes promenades ou des récréations interactives, peuvent aider les carlins à libérer leur énergie refoulée et à favoriser un sentiment de bien-être. La stimulation mentale au moyen de puzzles ou d'exercices d'entraînement peut également garder leur esprit occupé et réduire leur anxiété. Créer une routine cohérente et offrir un environnement confortable et sûr peut aider à atténuer leurs inquiétudes. Les méthodes d'entraînement par renforcement positif, utilisant des récompenses et des éloges, sont efficaces pour les carlins car ils réagissent bien aux approches douces et encourageantes. Leur offrir un espace calme et confortable pour se détendre, accompagné de parfums apaisants ou d'une musique apaisante, peut aider à soulager leur anxiété. Les carlins peuvent surmonter leur anxiété et profiter d'une vie heureuse et épanouissante avec amour, patience et un environnement favorable.

Rottweilers sont des chiens puissants et fidèles connus pour leur nature protectrice et leur fort instinct de garde. Bien qu'ils soient souvent confiants et sûrs d'eux, les Rottweilers peuvent également être sujets à l'anxiété, se manifestant par des aboiements excessifs, de l'agressivité ou un comportement destructeur. Ils peuvent être sujets à l'anxiété de séparation et devenir surprotecteurs envers leur famille. Pour aider à réduire leur anxiété, il est essentiel d'offrir aux rottweilers une socialisation précoce avec diverses personnes, animaux et environnements. Les techniques de formation par renforcement positif axées sur les méthodes basées sur la récompense peuvent aider à renforcer leur confiance et à renforcer les comportements souhaités. L'exercice mental et physique est essentiel pour que les Rottweilers brûlent l'excès d'énergie et maintiennent un état d'esprit sain. Les impliquer dans des jeux interactifs, des entraînements d'obéissance et des tâches difficiles peut aider à stimuler leur esprit et à soulager leur anxiété. Créer un environnement calme et structuré avec des routines cohérentes peut donner aux Rottweilers un sentiment de sécurité. Avec une manipulation patiente et compréhensive, ainsi qu'une formation et une socialisation appropriées, les Rottweilers peuvent apprendre à gérer leur anxiété et s'épanouir en tant que compagnons équilibrés et confiants.

Shiba Inu sont de petits chiens fougueux connus pour leur nature indépendante et confiante. Bien qu'il s'agisse généralement d'une race calme et réservée, le Shiba Inu peut être sujet à l'anxiété dans certaines situations. Les signes d'anxiété chez Shiba Inu peuvent inclure des aboiements excessifs, un comportement destructeur ou un retrait. Pour les aider à gérer leur anxiété, il est important de leur offrir une routine structurée et une formation cohérente. Les techniques de renforcement positif fonctionnent bien avec le Shiba Inu, car elles réagissent mieux aux récompenses et aux éloges. L'exercice régulier et la stimulation mentale sont essentiels pour garder leur esprit actif engagé et pour éviter l'ennui, qui peut contribuer à l'anxiété. Créer un environnement calme et sécurisé, avec un espace sûr désigné dans lequel ils peuvent se retirer, peut aider à atténuer leur anxiété. La douce réassurance et le réconfort de la part de leurs compagnons humains lors de situations stressantes peuvent également faire une différence significative. Avec des soins patients et compréhensifs, Shiba Inu peut apprendre à surmonter son anxiété et à s'épanouir en tant que compagnon bien adapté et heureux.

Shih Tzu sont de petits chiens affectueux connus pour leur personnalité enjouée et extravertie. Bien qu'ils soient généralement amicaux et adaptables, les Shih Tzu peuvent être sujets à l'anxiété dans certaines situations. Les signes d'anxiété chez Shih Tzus peuvent inclure des aboiements excessifs, des tremblements ou un comportement collant. Pour les aider à gérer leur anxiété, il est important de leur offrir un environnement calme et structuré. Créer une routine quotidienne cohérente et un espace sûr désigné pour eux peut aider à atténuer leur anxiété et leur procurer un sentiment de sécurité. Avec des récompenses et des conseils doux, les méthodes d'entraînement par renforcement positif fonctionnent mieux avec les Shih Tzu pour renforcer leur confiance et renforcer leur bon comportement. L'exercice régulier, tant physique que mental, est essentiel pour les aider à brûler l'excès d'énergie et à garder leur esprit stimulé. Le réconfort et le réconfort doux de leurs compagnons humains lors de situations stressantes peuvent également aider à calmer leur anxiété. Les Shih Tzus peuvent apprendre à gérer leur anxiété et à profiter d'une vie heureuse et équilibrée avec des soins patients et aimants.

Huskies de Sibérie sont des chiens énergiques et sociaux connus pour leur apparence frappante et leurs solides capacités de traction de traîneau. Bien qu'ils soient généralement amicaux et extravertis, les Huskies de Sibérie peuvent être sujets à certains problèmes de comportement, notamment l'anxiété de séparation. Lorsqu'ils sont laissés seuls pendant de longues périodes, ils peuvent montrer des signes d'anxiété, tels que des aboiements excessifs, un comportement destructeur ou des tentatives de fuite. Pour les aider à gérer leur anxiété, il est essentiel de leur proposer

Explorez le côté obscur de la vie des chiens

une activité physique régulière, car les Huskies ont un niveau d'énergie élevé et nécessitent une activité physique importante. La stimulation mentale est tout aussi importante, car les chiens intelligents s'épanouissent dans les tâches et les défis engageants. Construire une routine cohérente, comprenant des séances d'entraînement structurées et des temps de jeu interactifs, peut aider à atténuer leur anxiété et à leur procurer un sentiment de stabilité.

De plus, la formation en cage et la création d'un espace semblable à une tanière sûr et confortable peuvent leur offrir une retraite sécurisée. Formation de renforcement positifdes techniques, telles que récompenser un bon comportement et fournir un enrichissement mental, gèrent efficacement leur anxiété. Avec des soins, une attention et un environnement aimants, les Huskies de Sibérie peuvent mener une vie épanouie et nouer des liens solides avec leurs compagnons humains.

Les Staffordshire Bull Terriers, souvent appelés Staffie, sont des chiens amicaux et affectueux connus pour leur musculature et leur nature énergique. Bien que généralement social et de bonne humeur, Staffie peut être sujet à certains problèmes de comportement, notamment l'anxiété de séparation. Lorsqu'ils sont laissés seuls pendant de longues périodes, ils peuvent présenter des signes d'anxiété, tels que des aboiements excessifs, un comportement destructeur ou des tentatives de fuite. Pour les aider à gérer leur anxiété, il est essentiel de leur proposer régulièrement de l'exercice et une stimulation mentale. Les promenades quotidiennes, les récréations et les jouets interactifs peuvent aider à brûler l'excès d'énergie et à garder l'esprit occupé. Établir une routine cohérente et leur offrir un espace sûr et confortable peut aider à atténuer leur anxiété et à leur donner un sentiment de sécurité. Les méthodes de formation par renforcement positif, utilisant des récompenses et des éloges, leur apprennent efficacement un bon comportement et renforcent leur confiance. Avec des soins appropriés, une socialisation et un environnement aimant, les Staffordshire Bull Terriers peuvent s'épanouir et nouer des liens solides avec leurs familles humaines.

Chapitre 10

Volpin Italien est une race enchanteresse et vivante au riche héritage originaire d'Italie. Connue pour sa petite taille et son pelage moelleux, cette race captive les cœurs avec son apparence adorable et sa charmante personnalité. Le Volpino Italiano a une double couche épaisse qui se décline en différentes couleurs, offrant une protection et ajoutant à son aspect ravissant. C'est un chien de compagnie de bout en bout, nouant des liens forts avec sa famille et affichant souvent une nature loyale et affectueuse. Malgré sa petite taille, le Volpino Italiano est fougueux et vif, toujours prêt pour le jeu et l'aventure. Cette race est connue pour sonintelligence, agilité et capacité d'apprentissage rapide. Il apprécie la stimulation mentale et excelle dans des activités telles que l'entraînement à l'obéissance, les cours d'agilité et les jeux interactifs. Une socialisation précoce est importante pour garantir que Volpino Italiano grandisse et devienne équilibré et adaptable. Bien que petits, ils peuvent s'affirmer et faire preuve d'un instinct protecteur envers leurs proches. L'exercice régulier sous forme de promenades, de séances de jeu et de défis mentaux est essentiel pour les maintenir physiquement et mentalement stimulés. Bien que leur pelage moelleux nécessite un brossage régulier pour éviter les nœuds et conserver leur beauté, ils sont considérés comme une race à faible mue, ce qui les rend adaptés aux personnes allergiques. Le Volpino Italiano est un charmant compagnon qui apporte joie et affection à sa famille. Leur nature vive, leur intelligence et leur apparence captivante en font de merveilleux animaux de compagnie pour les individus et les familles à la recherche d'un compagnon canin dévoué et fougueux.

Épagneul springer gallois est une race charmante et polyvalente avec une riche histoire enracinée au Pays de Galles. Avec leur pelage distinctif et leur nature amicale, ils conquièrent le cœur des amoureux des chiens du monde entier. Les Welsh Springer Spaniels ont une construction de taille moyenne et bien équilibrée qui leur permet d'exceller dans diverses activités. Leur pelage soyeux rouge et blanc est non seulement attrayant visuellement, mais offre également une protection contre les éléments. Cette race est connue pour ses compétences de chasse exceptionnelles, notamment pour débusquer le gibier et

Explorez le côté obscur de la vie des chiens

le rapporter. Grâce à leur odorat aiguisé et à leur instinct naturel, ils s'épanouissent dans les tâches nécessitant la détection d'odeurs. Les Welsh Springer Spaniels sont intelligents et désireux de plaire, ce qui les rend très faciles à dresser et réceptifs aux méthodes de renforcement positif. Ils sont polyvalents dans leurs capacités et peuvent participer à divers sports canins tels que l'obéissance, l'agilité et le pistage. Leur nature amicale et affectueuse en fait d'excellents compagnons et chiens de famille. Ils nouent des liens solides avec leur famille humaine et sont souvent bons avec les enfants et les autres animaux de compagnie. L'exercice régulier est important pour garder le Welsh Springer Spaniel stimulé physiquement et mentalement. Ils apprécient les activités telles que les marches rapides, le jogging et les séances de jeux interactifs. Leur pelage nécessite un toilettage régulier pour le garder propre et exempt de nœuds. Avec son tempérament affectueux, son intelligence et sa nature énergique, le Welsh Springer Spaniel est idéal pour les personnes actives ou les familles à la recherche d'un compagnon fidèle et dévoué.

Les Yorkshire Terriers, ou **Yorkies**, sont des chiens petits et fougueux connus pour leur pelage glamour et leur personnalité confiante. Malgré leur petite taille, ils peuvent parfois présenter des signes d'anxiété. Les Yorkies peuvent ressentir une anxiété de séparation lorsqu'ils sont laissés seuls pendant de longues périodes, ce qui entraîne des comportements tels que des aboiements excessifs, une mastication destructrice ou de l'agitation. Pour les aider à gérer leur anxiété, leurs compagnons humains doivent créer un environnement sûr et sécurisé. L'exercice régulier et la stimulation mentale sont essentiels pour garder leur esprit et leur corps actifs. Leur fournir des jouets interactifs et des jeux de réflexion peut aider à réduire leur anxiété et à les maintenir engagés. Établir une routine quotidienne cohérente et fixer des limites claires peut également leur donner un sentiment de structure et de sécurité. Les techniques de formation par renforcement positif, utilisant des récompenses et des éloges, leur apprennent efficacement un bon comportement et renforcent leur confiance. Avec de l'amour, de la patience et une approche calme, les Yorkshire Terriers peuvent surmonter leur anxiété et s'épanouir dans un environnement familial aimant.

Chapitre 11

Faites une sieste et marchez pour rester à l'écoute

Woof Woof! Tout d'abord, j'ai des nouvelles passionnantes pour vous ! Au chapitre 17 de notre excellent livre, j'ai ajouté un tableau complet sur la sieste et la marche. Il s'agit d'un guide de référence pratique qui vous aidera à comprendre les besoins spécifiques de 40 races de chiens populaires en matière de sieste et de promenade. N'est-ce pas génial ?

Siestes : Ah, la beauté d'une bonne sieste ! Tout comme vous, nous, les chiens, avons aussi besoin de notre sommeil réparateur. La quantité de sommeil dont nous avons besoin peut varier d'une race à l'autre, mais nous aimons faire une sieste environ 12 à 14 heures par jour. Cela peut paraître beaucoup, mais nous devons recharger nos batteries et rester en bonne santé et heureux. Alors, s'il vous plaît, <u>fournissez-nous des endroits douillets et confortables pour vous détendre et dériver au pays des rêves,</u> Zzz . S'il vous plaît, ne nous dérangez pas lorsque nous faisons une bonne sieste. C'est notre précieux temps d'arrêt !

Dans ce tableau, vous trouverez des informations importantes sur le nombre d'heures dont chaque race a généralement besoin pour dormir et sur la quantité d'exercice dont elle a besoin lors des promenades. Vous découvrirez également si ces races sont plus adaptées à un mode de vie intérieur ou extérieur. Cela permettra de mieux comprendre leurs besoins uniques et vous aidera à planifier leur routine quotidienne en conséquence.

Des promenades: Ah, le bonheur de partir en balade avec nos compagnons humains ! La marche n'est pas seulement une activité physique pour nous ; c'est une chance d'explorer, de créer des liens et d'engager nos sens. La durée et l'intensité de nos promenades peuvent varier en fonction de notre race, de notre âge et de notre niveau d'énergie. Pour certains d'entre nous, une promenade tranquille autour du pâté de maisons suffit, tandis que d'autres peuvent avoir besoin d'une marche plus vigoureuse ou même d'une course pour brûler leur excès d'énergie. <u>Les promenades régulières sont importantes pour notre bien-être physique et mental, car elles nous procurent de</u>

Explorez le côté obscur de la vie des chiens

Faites une sieste et marchez pour rester à l'écoute

l'exercice, une stimulation mentale et la possibilité de socialiser avec d'autres chiens et humains. Alors, attrapez cette laisse, enfilez vos chaussures de marche et partons à l'aventure ensemble !

Mais attendez, il y a plus ! Le tableau couvre également l'aspect exercice, en particulier la marche. Il révèle la durée et la fréquence recommandées des promenades pour chaque race, garantissant ainsi l'activité physique et la stimulation mentale dont nous avons besoin pour rester en bonne santé et heureux. Qu'il s'agisse d'une balade tranquille ou d'une randonnée sportive, vous aurez toutes les informations nécessaires pour faire remuer la queue lors de nos balades.

N'oubliez pas, chers humains, qu'il est important de prendre en compte nos besoins individuels en matière de sieste et de marche. Certaines races peuvent nécessiter plus ou moins de sommeil, et nos besoins en exercice peuvent également varier. Alors, prenez le temps de comprendre les caractéristiques de la race de votre ami à quatre pattes, consultez votre vétérinaire si nécessaire et créez une routine qui répond à nos besoins spécifiques. Et surtout, profitez de ces moments ensemble ! La sieste et la marche ne sont pas pour nous de simples rituels quotidiens ; ce sont des opportunités pour nous de renforcer nos liens, d'explorer le monde et de créer des souvenirs précieux qui dureront toute une vie.

Enfin, le tableau vous aide à comprendre si une race particulière est mieux adaptée à un mode de vie intérieur ou extérieur. Certaines races prospèrent à l'intérieur, tandis que d'autres aiment explorer les grands espaces. Sachant cela vous aidera à créer un espace de vie qui répond le mieux à nos besoins et nous permet de rester à l'aise et satisfaits.

Alors, mes chers humains, passez au chapitre 17 et plongez dans le monde merveilleux de la sieste et de la marche. Utilisez la table comme une ressource précieuse pour comprendre les besoins spécifiques de votre ami à quatre pattes, adapter ses routines de sieste et de promenade en conséquence, et lui offrir une vie remplie de joie, de repos et d'aventure. Veuillez vérifier **40 races populaires pour la sieste, la promenade et le profil intérieur/extérieur** .

Chapitre 12

Monde anxieux des chiots

Mémoire de mon chiot

Woof, mon cher ami humain ! Si je me souviens de l'époque où je n'étais qu'un petit chiot moelleux, cela a apporté un mélange d'émotions dans mon cœur poilu. Ces jours ont été remplis de joie et d'anxiété alors que je me lançais dans un nouveau chapitre de ma vie loin de ma mère bien-aimée et de mes compagnons de portée.

Quand le moment est venu pour moi de quitter ma mère, j'étais rempli d'un mélange d'excitation et de peur. J'étais curieux du monde qui m'attendait, mais au fond de moi, il y avait un sentiment d'insécurité et d'incertitude. Être séparé du confort et de la chaleur de la présence de ma mère était une expérience intimidante.

Au début, je me sentais souvent anxieux et dépassé. L'environnement inconnu, l'absence de la présence apaisante de ma mère et les nouveaux visages autour de moi ont intensifié mes inquiétudes. Le monde semblait grand et intimidant, et j'aspirais à être rassuré et à avoir un sentiment d'appartenance. Mais ensuite, quelque chose d'extraordinaire s'est produit. Mes chers propriétaires sont entrés dans ma vie. Leur présence chaleureuse et accueillante, leur contact doux et leur cœur aimant étaient comme un phare de lumière dans ces moments sombres. Ils ont compris que j'avais besoin de temps pour m'adapter et que mes angoisses exigeaient de la patience et de la compréhension.

Ils ont créé pour moi un environnement sûr et réconfortant, rempli de couvertures moelleuses, de lits douillets et de jouets qui sont devenus ma source de réconfort. Ils m'ont comblé d'amour, d'attention et de mots doux qui ont contribué à apaiser mes peurs. Leurs routines cohérentes et leurs horaires prévisibles m'apportaient un sentiment de sécurité dont j'avais désespérément besoin. Pendant ces jours sombres où mes angoisses semblaient accablantes, ils m'ont offert une oreille attentive et un tour réconfortant. Ils ont reconnu mes besoins individuels et ont travaillé avec moi, étape par étape, pour surmonter mes peurs. Ils m'ont progressivement fait découvrir de nouvelles expériences, en respectant toujours mon rythme et mes limites.

Explorez le côté obscur de la vie des chiens

Mais ce ne sont pas seulement les jours sombres qui ont défini notre voyage ensemble. Il y a aussi eu d'innombrables journées lumineuses remplies de rires, de jeux et d'un lien indestructible. Grâce à leurs conseils patients et à leur renforcement positif, j'ai appris à embrasser le monde qui m'entoure avec confiance. Leur amour et leur soutien indéfectible m'ont aidé à devenir un chien confiant et heureux. Nous avons relevé des défis et célébré des triomphes ensemble, et notre lien s'est renforcé à travers tout cela. Ils m'ont appris que tout est possible avec de l'amour, de la compréhension et une pincée de friandises pour chiots. Alors  que je me souviens de mon enfance, je suis reconnaissant pour le jour où ils sont entrés dans ma vie. Ils ont dépassé mes angoisses et ont cru en moi. Ils m'ont fourni un foyer aimant et attentionné où je pouvais m'épanouir. Leur chaleur et leurs soins ont transformé mes peurs en courage, et je leur en serai éternellement reconnaissant.

Alors, mon cher ami humain, chérissons chaque instant ensemble, les jours sombres comme les jours lumineux. À travers tout cela, nous continuerons à parcourir ce beau voyage de la vie, côte à côte, avec des queues remuantes et des cœurs remplis d'amour sans limites.

Du stade chiot au stade chien adulte

Woof! Maintenant, laissez-moi vous faire voyager à travers les différentes étapes de la vie d'un chiot, du point de vue de mon chien :

1. **Stade du nouveau-né :** Ah, c'était l'époque où je n'étais qu'une petite boule de poils, blottie contre ma mère et mes frères et sœurs. Je comptais sur elle pour tout : le lait, la chaleur et un sentiment de sécurité. C'était un moment confortable et sûr.

2. **Stade néonatal :** Alors que mes yeux et mes oreilles commençaient à s'ouvrir, j'ai commencé à découvrir un tout nouveau monde autour de moi. C'était un peu écrasant au début, mais au fil des jours, je suis devenu plus curieux et plus désireux d'explorer.

3. **Étape de transition :** J'ai vacillé sur mes petites jambes pour suivre mes frères et sœurs. J'ai commencé à développer mes sens et à découvrir les différentes odeurs et sons de mon environnement. Ce fut une période passionnante de croissance et de découverte.

4. **Étape de socialisation :** Cette étape était incroyablement importante pour moi. J'ai rencontré beaucoup de nouvelles personnes et d'amis à quatre pattes et j'ai découvert des images et des sons différents. Cela m'a aidé à devenir le chiot amical et sociable que je suis aujourd'hui.

5. **Stade de sevrage :** Ah, le goût des aliments solides ! Ce fut une grande étape pour moi alors que je passais du lait de maman uniquement à l'exploration d'une variété de délicieuses friandises. J'ai découvert de nouvelles saveurs et textures, ce qui a fait du repas une véritable aventure.

6. **Stade juvénile :** Oh mon Dieu, cette étape était pleine d'énergie et de malice ! J'avais une curiosité sans limites et je ne pouvais pas résister à l'envie d'explorer tout ce qui me voyait. J'ai appris les bases de l'entraînement, joué à de nombreux jeux et découvert ma personnalité unique.

7. **Stade adolescent :** Cette étape a connu des hauts et des bas. J'ai eu des accès d'indépendance et j'ai parfois repoussé les limites. Les hormones bourdonnaient et j'ai subi quelques changements. Heureusement, grâce aux conseils patients de mes humains, j'ai traversé cette phase avec amour et soutien.

Explorez le côté obscur de la vie des chiens

Monde anxieux des chiots

8. **Stade jeune adulte :** Ah, le stade de maturité ! Je me suis installé dans mon moi d'adulte, à la fois physiquement et mentalement. Je suis devenu plus confiant et expérimenté. La vie est devenue un équilibre entre jeu et responsabilité.

9. **Stade adulte :** Maintenant, je suis grand ! J'ai atteint mon plein potentiel et j'ai profité de la fleur de l'âge. J'ai encore beaucoup d'énergie et d'amour à donner, mais j'apprécie aussi une bonne sieste et un coin de détente douillet.

Chaque étape a apporté son propre ensemble d'aventures, de défis et de croissance. Et à travers tout cela, mes humains étaient là, me guidant, me nourrissant et me donnant tout l'amour et les soins dont j'avais besoin pour devenir le merveilleux chien que je suis aujourd'hui. Woof! S'il vous plaît, faites de même pour votre chiot bien-aimé jusqu'au stade adulte.

Nouveau chiot, conseils du chiot à l'humain

Woof! Vous avez donc décidé de faire entrer un chiot dans votre vie. Eh bien, laissez-moi vous donner quelques conseils du chiot à l'humain sur ce que vous devez savoir pour assurer un bon départ pour vous deux. On y va:

1. **Engagement:** Ramener un chiot à la maison, c'est s'engager pour son bien-être pendant de nombreuses années. Ils ont besoin de votre temps, de votre attention et de votre amour, alors préparez-vous à une amitié poilue pour la vie.

2. **Protection contre les chiots :** Les chiots sont de petites créatures curieuses qui adorent explorer avec leur bouche. <u>Assurez-vous de protéger votre maison contre les chiots en éliminant tout danger potentiel ou tentation de mastication.</u> Surveillez les cordons électriques, les plantes toxiques et les petits objets qui pourraient être avalés.

3. **Socialisation:** Une socialisation précoce est essentielle pour aider votre chiot à devenir un chien confiant et bien adapté. Présentez-leur de nouvelles personnes, animaux et environnements de manière positive et contrôlée. Cela les aidera à développer de bonnes manières et à prévenir l'anxiété dans des situations inconnues.

Un guide incontournable pour les amoureux des chiens

Chapitre 12

4. **Formation et discipline :** Commencez à dresser votre chiot dès son arrivée. Apprenez-leur les commandes de base, le cambriolage et le comportement approprié en utilisant le renforcement positif. <u>Les friandises, les éloges et la cohérence feront des merveilles. N'oubliez pas qu'une patte douce vaut bien mieux qu'un mot dur.</u>

5. **Santé et bien-être:** <u>Planifiez une visite chez le vétérinaire pour vous assurer que votre chiot est en bonne santé et à jour de ses vaccinations.</u> Établissez un programme d'alimentation régulier avec une alimentation nutritive adaptée à leur âge et à leur race. <u>Le toilettage, y compris le brossage de leur pelage et de leurs dents, leur permet de rester en forme et de se sentir mieux.</u>

6. **Exercice et stimulation :** Les chiots ont de l'énergie pendant des jours ! Assurez-vous de leur fournir beaucoup d'exercice et de stimulation mentale <u>. Les promenades quotidiennes, les récréations et les jouets ou jeux interactifs</u> les rendront heureux et les empêcheront de s'ennuyer ou de s'espiègler.

7. **Patience et Amour :** Votre chiot continue d'apprendre et de s'adapter à son nouvel environnement **. Soyez patient avec eux** pendant qu'ils se frayent un chemin à travers ce grand monde. Montrez-leur beaucoup d'amour, d'attention et d'affection pour construire un lien fort basé sur la confiance et le renforcement positif.

8. **Ressources sur les soins des chiots :** Il existe tout un monde de ressources utiles sur les soins aux chiots. <u>Les livres, les sites Web et les cours locaux de dressage de chiots</u> peuvent vous fournir de précieux conseils sur tout, des soins de base aux techniques de comportement et de dressage. Recherchez ces ressources pour vous soutenir dans votre parcours parental de chiot.

Garder ces points à l'esprit et créer un environnement aimant et solidaire aidera votre chiot à devenir un chien heureux et épanoui. Profitez de chaque moment précieux et chérissez les souvenirs que vous créerez ensemble ! Woof!

Explorez le côté obscur de la vie des chiens

Monde anxieux des chiots

Défis et solutions pour les chiots

Tout d'abord, le cambriolage peut être un peu un véritable défi. Les chiots doivent apprendre où faire leurs affaires. Créez une routine cohérente pour les pauses pot, donnez-lui beaucoup de compliments et de friandises lorsqu'il se trouve au bon endroit et soyez patient. Des accidents surviennent, mais ils se manifesteront avec le temps et le renforcement positif.

Mâcher et mordre pourrait vous faire **aïe** ! Les chiots adorent explorer avec leur bouche, ce qui signifie qu'ils peuvent grignoter vos chaussures ou vous mordiller les doigts. Donnez-leur beaucoup de jouets à mâcher et redirigez leur attention lorsqu'ils commencent à ronger vos objets préférés. Leur apprendre à mordre et à récompenser le jeu doux les aidera à comprendre ce qui est approprié.

La socialisation est parfois délicate ! Présentez votre chiot à de nouvelles personnes, animaux et environnements progressivement et avec de nombreuses expériences positives. Les cours de socialisation pour chiots sont parfaits pour rencontrer d'autres amis à quatre pattes et apprendre à avoir confiance en de nouvelles situations. Cela les aidera à devenir des chiens bien équilibrés !

La formation prend du temps et des friandises. Soyez cohérent et utilisez des méthodes de renforcement positif. Les friandises, les éloges et les récompenses les aideront à comprendre ce que vous voulez qu'ils fassent. Si vous avez besoin d'une aide supplémentaire, les cours de dressage de chiots sont une option intéressante. Ils vous guideront, vous et votre chiot, sur le bon chemin.

L'anxiété de séparation peut être un véritable défi. Être séparés de leurs compagnons de portée et de leur mère peut les rendre anxieux. Commencez par les laisser seuls pendant de courtes périodes et augmentez progressivement la durée. Créez-leur un espace confortable, laissez-leur des jouets interactifs pour les occuper et essayez de la musique apaisante ou des diffuseurs de phéromones pour les aider à se détendre.

La dentition peut aussi être un peu **compliquée** . Les chiots adorent mâcher lorsque leurs dents poussent. Merci de leur fournir des jouets de dentition adaptés pour apaiser leurs gencives. Gardez les objets de valeur ou dangereux hors de portée et assurez-vous de protéger votre maison contre les chiots. On ne résiste pas à une bonne mastication, vous savez !

Un guide incontournable pour les amoureux des chiens

Chapitre 12

De l'énergie, de l'énergie, de l'énergie ! Les chiots en ont beaucoup. Ils ont besoin d'exercice quotidien et de stimulation mentale pour rester heureux et bien élevés. Emmenez-les se promener, jouez à des jeux et donnez-leur des puzzles pour garder leur esprit vif. Un chiot fatigué est un bon chiot !

N'oubliez pas que la patience et la cohérence sont les clés du succès. Élever un chiot demande du temps et des efforts, mais les récompenses sont impressionnantes. Fixez des limites claires, récompensez les bons comportements et évitez les punitions sévères. Demandez l'aide d'un professionnel si nécessaire, car il pourra vous donner des conseils personnalisés.

Alors, préparez-vous à de nombreux câlins, à des baisers baveux et à des remuements de queue sans fin. Votre nouvel ami à quatre pattes apportera tellement de joie dans votre vie. N'oubliez pas que vous n'êtes pas seul dans ce voyage. Contactez d'autres amoureux des chiens, dresseurs ou vétérinaires si vous avez besoin d'un coup de patte. Profitez des jours de chiot et chérissez chaque moment d'agitation. Woof Woof!

Woof! J'ai également des nouvelles passionnantes à partager concernant le chapitre 17 de mon livre ! Dans ce chapitre, j'ai ajouté un tableau spécial et incroyablement utile contenant des informations précieuses que tout propriétaire de chiot devrait connaître. Vous trouverez une description détaillée de la croissance et du développement de votre adorable chiot de la première semaine jusqu'à l'âge adulte. Chaque ligne du tableau représente une tranche d'âge différente, depuis ces précieuses premières semaines jusqu'aux stades plus matures de l'enfance. Vous découvrirez des informations clés sur le développement physique et comportemental de votre chiot dans le tableau. C'est fascinant de voir comment leurs petits corps se transforment et comment leurs personnalités commencent à briller.

Mais ce n'est pas tout! Il couvre les aspects essentiels des soins d'un chiot, tels que les soins de santé, les horaires d'alimentation, l'apprentissage de la propreté, la socialisation, etc. Il sert de feuille de route utile pour garantir que vous fournissiez les meilleurs soins et soutien possibles à votre compagnon à quatre pattes.

N'oubliez pas que chaque chiot est unique et peut progresser à son propre rythme, mais ce tableau vous donnera un aperçu général de ce à quoi s'attendre à chaque étape de la vie de votre chiot. C'est une ressource précieuse qui peut vous aider à traverser les joies et les défis liés à l'éducation d'un chiot. Consultez toujours votre vétérinaire pour connaître les calendriers de vaccination spécifiques et les recommandations alimentaires adaptées à la race, à la taille et aux besoins de santé de votre chiot.

Explorez le côté obscur de la vie des chiens

Alors, assurez-vous de passer au chapitre 17 et de jeter un coup d'œil au **tableau de développement des étapes de vie du chiot.** Bonne lecture et profitez de regarder votre ami à quatre pattes grandir et s'épanouir ! Woof!

Un guide incontournable pour les amoureux des chiens

Chapitre 13

Enfin et surtout

Woof! Nous sommes arrivés au terme de notre incroyable aventure, mes formidables amis humains. Ensemble, nous avons approfondi le monde mystérieux de l'anxiété canine, percé ses secrets et trouvé des moyens d'apporter plus de joie et de paix dans nos vies.

Nous avons appris à parler le langage de l'anxiété, en lisant les signaux de chacun comme un patron. Nous avons un aperçu des signes révélateurs que nous émettons lorsque nous sommes anxieux face aux symptômes physiques qui font que notre queue se replie et que notre cœur s'emballe.

Nous en avons repéré les causes profondes, comme l'anxiété de séparation lorsqu'on nous laisse seuls et les phobies du bruit qui nous transforment en boules de poils frémissantes lors des orages et des feux d'artifice. Et n'oublions pas l'anxiété sociale, où nous apprenons à nous faire des amis et à vaincre nos peurs comme les courageux chiots que nous sommes.

Mais ne vous inquiétez pas, mes fidèles humains, nous avons également découvert les secrets pour créer une zone de détente adaptée à un chien. Nous avons appris comment l'entraînement par renforcement positif peut renforcer notre confiance et créer un lien plus étroit qu'un nœud de balle de tennis. Et nous avons vu que la cohérence est la clé, avec des routines qui nous apportent confort et stabilité.

Et oh mon Dieu, avons-nous lancé des produits qui remuent la queue qui font passer notre anxiété au second plan. Des Chemises Tonnerre douillets qui nous enveloppent dans une étreinte douillette aux jouets interactifs qui nous divertissent et nous distraisent, nous avons les outils pour vaincre ces moments d'inquiétude.

Parfois, nous pouvons avoir besoin d'une aide supplémentaire, et c'est là que les médicaments et le soutien professionnel de comportementalistes et de formateurs peuvent sauver la situation. Ils sont comme les super-héros du monde canin, qui se précipitent pour nous donner un coup de main lorsque nous en avons le plus besoin.

Explorez le côté obscur de la vie des chiens

Enfin et surtout

Mais voici le scoop, mes formidables humains : ce voyage ne concerne pas seulement nous. Il s'agit de vous aussi ! Prenez soin de vous, trouvez votre équilibre et n'hésitez pas à demandersoutien en cas de besoin. Lorsque vous êtes à votre meilleur, vous pouvez nous donner l'amour et les soins qui nous font remuer la queue comme des fous.

N'oubliez pas que ce livre sert de guide, de tremplin vers une vie plus heureuse et plus équilibrée. Chaque chien est unique et il est essentiel d'adapter les stratégies et les techniques à mes besoins individuels. <u>Consulter des professionnels, adapter et modifier les suggestions pour créer un plan personnalisé qui soutient au mieux mon bien-être.</u>

Vous souvenez-vous du visage anxieux que j'avais dans la **préface** lorsque j'ai commencé à écrire ce livre ? Eh bien, maintenant, jetez un œil à mon visage heureux après avoir lu mes paroles. Votre compréhension et votre engagement comptent pour moi, et j'ai encore plus confiance en vous pour toujours prendre soin de moi. Merci d'avoir approfondi l'anxiété des chiens et d'avoir appris à offrir une vie plus calme et plus heureuse à moi et à mes amis à quatre pattes. Du fond du cœur, merci d'être le compagnon humain dont j'ai besoin et que je mérite.

Woof Woof! Je remue la queue avec impatience et je woof avec enthousiasme alors que je vous invite à partager avec moi vos commentaires, vos histoires réconfortantes et vos notes utiles. J'aimerais avoir de vos nouvelles et connaître vos expériences avec mon livre. Alors, prenez ce clavier, tapez et envoyez vos woofs à mon adresse e-mail. Ensemble, nous pouvons faire la différence et créer une communauté de soutien aux chiens du monde entier. Merci de faire partie de cette aventure qui remue la queue !

N'hésitez pas à me contacter si vous avez une réussite à partager, une question qui vous dérange ou si vous souhaitez simplement me couvrir d'un peu d'amour pour le ventre. Vos ouafs représentent tout pour moi ! Encore une fois, s'il vous plaît, restez en contact pour aider mes copains chiens !

worriestowags@gmail.com

Cette adresse e-mail est une boîte aux lettres commune, où toutes les traductions sont regroupées. Ajoutez simplement un préfixe de langue dans votre sujet pour que je puisse répondre plus rapidement. C'est comme un régal pour mon anxiété. Merci d'avoir rendu notre communication fluide ! Voici comment rédiger le sujet de votre e-mail :

Un guide incontournable pour les amoureux des chiens

Exemple de sujet	Pour la langue
SP- Objet de votre e-mail	Espagnol
FR- Objet de votre email	Français
IT- Objet de votre email	Italien
GR- Objet de votre email	Allemand
DU- Objet de votre e-mail	Néerlandais
JP- Objet de votre email	Japonais
CN- Objet de votre email	Chinois

Vous pouvez également me trouver sur **Instagram**, suivez-moi sur "**Worries to Wags**" pour une expérience wag-tastique remplie d'adorables photos, d'aventures palpitantes et de conseils utiles pour une vie heureuse et saine avec vos compagnons à quatre pattes. Embarquons ensemble dans cette amitié poilue, où nous pourrons partager notre amour pour les choses liées aux chiens. Vous trouverez tout cela au même endroit, qu'il s'agisse de vidéos amusantes, d'histoires réconfortantes ou d'astuces d'entraînement. De plus, vous aurez un aperçu de mes aventures quotidiennes et des coulisses de mes projets à venir. Utilisez le QRCode ; sinon voici le lien complet :

@WORRIES_TO_WAGS

https://instagram.com/worries_to_wags?igshid=OGQ5ZDc2ODk2ZA==

Alors, prenez vos humains, appuyez sur ce bouton **Suivre** et rejoignez la meute. Ensemble, nous créerons une communauté d'amoureux des chiens qui célèbreront la joie, la camaraderie et l'amour inconditionnel que nos amis à quatre pattes apportent dans nos vies.

Cher ami humain, alors que nous concluons cette aventure qui remue la queue, rappelez-vous que notre voyage ensemble est rempli d'amour, de confiance et de compréhension sans limites. Grâce à votre soutien indéfectible, nous pouvons affronter notre anxiété avec courage et trouver du réconfort dans la chaleur de nos moments partagés.

Tenez votre laisse, il y a plus à explorer ! Feuilletez ces pages et découvrez des détails sur 40 races populaires, mes amis à quatre pattes et un trésor d'informations qui vous attendent.

Au nom de tous les amis de mes autres races, merci d'être le compagnon idéal dans ce voyage de transformation.

Avec un gros coup de langue baveux et beaucoup d'amour de chien,
Prince

Explorez le côté obscur de la vie des chiens

Enfin et surtout

Un guide incontournable pour les amoureux des chiens

Chapitre 14

Détail de chaque race, la page explicative de votre chien

Woof Woof! Bonjour, mon cher ami humain ! J'ai des nouvelles passionnantes à partager. Dans les prochaines pages, mes incroyables amis chiens seront à l'honneur pour vous parler d'eux. Préparez-vous à plonger dans un monde de contes qui remuent la queue et d'aventures remplies de chiots !

Vous voyez, chaque race a ses propres caractéristiques uniques qui nous rendent spéciaux. De la façon dont nous communiquons à notre histoire fascinante et même aux choses qui nous inquiètent, nous formons un groupe diversifié avec beaucoup à partager. Nous expliquerons pourquoi certaines races ont des sons différents, comment notre patrimoine génétique influence nos comportements et quelles conditions de vie nous conviennent le mieux.

Qu'il s'agisse du fidèle et adorable Labrador Retriever, du berger allemand intelligent et royal, du Golden Retriever enjoué et énergique, ou du charmant et ridé Bulldog, chaque race a sa propre histoire. Du petit Chihuahua au majestueux Dogue Allemand, nous partagerons nos expériences, nos préférences et ce qui nous rend uniques.

Certains d'entre nous peuvent avoir des angoisses spécifiques qui nécessitent compréhension et soutien. Nous remuerons la queue en parlant de ce qui nous rend nerveux et de la manière dont nos compagnons humains aimants peuvent nous aider à apaiser nos inquiétudes. Nous vous dévoilerons également les secrets de nos activités préférées, la quantité de sommeil dont nous avons besoin et si nous nous épanouissons à l'intérieur ou à l'extérieur.

Alors, installez-vous confortablement sur le canapé, préparez-vous à vous blottir contre votre ami à quatre pattes (c'est moi !) et tournez la page pour vous lancer dans un délicieux voyage à travers le monde des chiens. Mes amis canins partageront leurs histoires, leurs idées et leurs expériences, comme s'ils vous parlaient directement de leur bouche remuante.

Explorez le côté obscur de la vie des chiens

Détail de chaque race, la page explicative de votre chien

J'ai hâte que vous les rencontriez tous et que vous découvriez l'extraordinaire diversité de notre famille à quatre pattes. Ce sera un bon moment rempli de rires, de connaissances et deune compréhension plus profonde du monde incroyable des chiens. Célébrons les liens uniques entre les humains et leurs compagnons à quatre pattes.

Un guide incontournable pour les amoureux des chiens

Chapitre 14

Malamute d'Alaska

Woof Woof! Salut, mon copain humain ! C'est votre ami Malamute d'Alaska, prêt à vous donner un aperçu de tout ce que vous devez savoir sur nous, magnifiques Malamutes.

Tout d'abord, parlons de notre race. Les Malamutes d'Alaska ont un héritage fascinant en tant que chiens de traîneau dans l'Arctique. Élevés pour être forts, résistants et amicaux, nous sommes comme les explorateurs à fourrure du monde canin ! Nous avons une histoire impressionnante dans le transport de lourdes charges sur des terrains enneigés et dans la collaboration étroite avec les humains en tant que fidèles compagnons.

Parlons maintenant de notre langage sonore unique. Oh, les sons que nous produisons sont plutôt captivants ! Nous avons diverses vocalisations, de nos hurlements **woo-woo** distinctifs à nos woufs expressifs et grognements ludiques. Lorsque nous poussons un hurlement chaleureux, c'est souvent notre façon d'exprimer notre joie ou de communiquer sur de longues distances. Et lorsque nous émettons un doux **woo-woo**, c'est notre salutation amicale, en disant : Hé, je suis là avec beaucoup d'amour à donner !

En matière d'anxiété, nous, les Malamutes d'Alaska, pouvons parfois ressentir un malaise dans certaines situations. Les bruits forts, la séparation de nos proches ou des environnements inconnus peuvent nous rendre un peu anxieux. Nous offrir un environnement calme et sécurisé, nous rassurer et nous faire progressivement découvrir de nouvelles expériences contribuera à apaiser nos inquiétudes. Votre amour, vos soins et votre compréhension comptent pour nous, cher humain !

Ah, n'oublions pas nos goûts et nos aversions. Nous, les Malamutes d'Alaska, avons un amour naturel pour les aventures en plein air et les activités physiques. Si

Explorez le côté obscur de la vie des chiens

Détail de chaque race,
la page explicative de votre chien

tirer un traîneau, faire de longues randonnées ou jouer à des jeux qui stimulent notre corps et notre esprit, nous nous épanouissons grâce à l'exercice et à l'exploration. Nous sommes aventureux et désireux d'explorer le monde aux côtés de nos compagnons humains.

Lorsqu'il est temps de se détendre, nous, les Malamutes, apprécions un endroit confortable pour nous reposer et nous ressourcer. Nous aimons nous blottir dans un endroit confortable près d'une cheminée chaleureuse ou dans un lit pour chien douillet. Notre sommeil de rêve nous aide à recharger notre énergie pour la prochaine escapade passionnante.

En ce qui concerne les conditions de vie, nous, les Malamutes d'Alaska, sommes polyvalents et adaptables. Même si nous aimons passer du temps à l'intérieur avec notre meute humaine, nous avons également besoin d'accéder à un espace extérieur sécurisé où nous pouvons nous promener, nous dégourdir les jambes et respirer de l'air frais. Une cour spacieuse avec une clôture solide nous permet de satisfaire nos instincts naturels et de rester actifs.

Pour assurer notre bonheur et notre bien-être, les propriétaires doivent nous offrir régulièrement de l'exercice, une stimulation mentale et une socialisation. Les méthodes de formation par renforcement positif font des merveilles pour nous, car nous réagissons bien aux éloges et aux récompenses. Un environnement aimant et solidaire, rempli de massages du ventre et de récréations, fera de nous les Malamutes d'Alaska les plus heureux !

En conclusion, cher humain, nous, les Malamutes d'Alaska, sommes des géants loyaux, aventureux et doux. L'histoire de notre race, ses sons uniques et ses besoins spécifiques nous rendent remarquables. Nous comptons sur vous pour votre amour, vos conseils et vos voyages passionnants. Avec votre amour, votre patience et votre dévouement, nous serons les amis à fourrure les plus dévoués que vous puissiez demander !

Alors embarquons ensemble dans cet incroyable voyage, mon ami humain. Nous forgerons un lien qui résistera à l'épreuve du temps, rempli d'aventures inoubliables, de queues remuantes et d'amour sans fin. Ensemble, nous pouvons conquérir le monde, une patte à la fois !

Je t'envoie de gros câlins poilus et des bisous bâclés,
Votre Malamute d'Alaska

Un guide incontournable pour les amoureux des chiens

Chien de bétail australien

Bonne journée mec! Votre copain Australian Cattle Dog est là, prêt à vous donner des informations sur tout ce qui nous concerne, des chiots énergiques et fidèles. Préparez-vous pour un éventreur d'un moment !

Tout d'abord, parlons de notre race. Les bouviers australiens, également connus sous le nom de Blue Heelers, sont de véritables chiens de travail bleus. Élevés dans les terres du Down Under, nous avons été développés pour aider les agriculteurs à garder du bétail dans l'arrière-pays australien. Nous sommes connus pour notre intelligence, notre agilité et notre loyauté inébranlable envers nos compagnons humains.

Concernant la communication, nous ne sommes pas les chiens les plus aboyants, mais nous avons notre propre façon de nous exprimer. Nous pouvons émettre un grognement sourd et grondant lorsque nous ne sommes pas sûrs ou un aboiement aigu et alerte pour vous faire savoir que quelque chose se passe. Et n'oublions pas nos yeux expressifs ! Ils sont comme des fenêtres sur notre âme, reflétant nos émotions et notre lien profond avec vous.

L'anxiété peut parfois prendre le dessus sur nous, surtout si nous ne recevons pas suffisamment de stimulation physique et mentale. Nous sommes une race qui a soif d'action et de but, donc nous proposer des activités engageantes, un entraînement structuré et de nombreux exercices aidera à maintenir ces niveaux d'anxiété à distance. Un Blue Heeler fatigué est un Blue Heeler heureux !

Parlons maintenant de ce qui nous fait remuer la queue avec enthousiasme. Nous prospérons grâce aux défis mentaux et physiques, donc les jeux qui nécessitent des exercices de résolution de problèmes ou d'agilité sont tout à fait adaptés à nos besoins. Qu'il s'agisse d'apprendre de nouveaux tours, de participer à des sports canins ou de faire des randonnées aventureuses, nous sommes

Explorez le côté obscur de la vie des chiens

toujours prêts à passer un bon moment. Oh, et n'oublions pas d'aller chercher ! Nous sommes des champions, toujours prêts à courir après cette balle de tennis ou ce frisbee.

Quand il s'agit de dormir, nous ne sommes pas du genre à patauger sur le canapé. Nous sommes connus pour notre endurance et notre éthique de travail, nous sommes donc bons avec environ 10 à 12 heures de sieste chaque jour. Mais ne soyez pas surpris si nous sommes prêts à revenir en action à tout moment !

Quant aux conditions de vie, nous sommes des chiens polyvalents qui peuvent s'adapter à différents environnements. Cependant, nous nous épanouissons dans des foyers où vivent des familles actives qui peuvent nous offrir suffisamment d'exercice et de stimulation mentale. Une cour bien clôturée est un bonus, car elle nous permet d'explorer et de dépenser notre énergie abondante.

Pour nous garder heureux et en bonne santé, il est important de nous offrir une alimentation équilibrée, de l'exercice régulier et beaucoup de socialisation. Nous sommes très formables et désireux de plaire, c'est pourquoi les méthodes de formation par renforcement positif nous conviennent le mieux. Un Blue Heeler bien élevé et mentalement stimulé est un être content !

En conclusion, mon cher compagnon humain, nous, les bouviers australiens, sommes loyaux, intelligents et toujours partants pour l'aventure. Notre expérience de chien de travail, notre style de communication unique et notre nature énergique nous rendent uniques. Avec votre amour, vos conseils et la bonne dose de stimulation mentale et physique, nous serons votre compagnon fidèle et enthousiaste pour la vie.

Alors, amusons-nous et créons des souvenirs qui dureront toute une vie ! Je suis là, à vos côtés, prêt à explorer le monde et à vous combler d'un amour inconditionnel et d'une loyauté sans faille.

Bravo et remue la queue,
Votre bouvier australien

Un guide incontournable pour les amoureux des chiens

Chapitre 14

Berger australien

Woof Woof! Bonne journée mec! C'est votre copain berger australien ici, prêt à vous donner un aperçu du monde incroyable de notre race. Prenez votre chapeau, enfilez vos bottes et préparez-vous pour une aventure pas comme les autres !

Tout d'abord, parlons de l'histoire de notre race. Malgré notre nom, nous avons en réalité des racines américaines. Élevés pour être des chiens de travail polyvalents, nous avons un fort instinct de troupeau et une éthique de travail infatigable. Qu'il s'agisse de guider du bétail ou de maîtriser des cours d'agilité, nous sommes toujours prêts à relever des défis.

En matière de communication, nous sommes de véritables bavards. Nous avons diverses vocalisations, des aboiements et hurlements aux jappements et grognements. Chaque son a sa signification, comme un code secret entre nous et nos compagnons humains. Écoutez attentivement et vous comprendrez quand nous sommes excités, que nous vous alertons de quelque chose ou que nous disons simplement : **Hé, jouons !**

L'anxiété peut affecter les bergers australiens, surtout si nous ne recevons pas suffisamment de stimulation mentale et physique. Nous prospérons grâce à l'activité et au travail à accomplir. Alors continuez à nous intéresser avec des jouets interactifs, des énigmes stimulantes et de nombreux exercices. Avec une routine cohérente, un renforcement positif et beaucoup d'amour et d'affection, nous serons votre acolyte calme et confiant.

Maintenant, parlons de nos goûts et de nos aversions. Nous sommes des athlètes naturels, toujours prêts à l'action. Les longues promenades, les randonnées en pleine nature et même les entraînements d'agilité sont tout à fait à notre portée. Nous sommes également très intelligents, donc garder notre esprit occupé avec des séances d'entraînement et apprendre de nouvelles astuces nous fera remuer

Explorez le côté obscur de la vie des chiens

la queue avec joie. Préparez-vous simplement à notre nature ludique et à des éclats de zoom occasionnels !

Quand vient l'heure de se détendre, on apprécie un endroit douillet et relaxant. Environ 14 à 16 heures de sommeil par jour sont idéales pour recharger en énergie. Vous nous trouverez peut-être blottis sur un lit moelleux ou réclamant un endroit ensoleillé près de la fenêtre. N'oubliez pas que nous sommes plus heureux lorsque nous équilibrons la stimulation mentale et physique, alors offrez-nous les deux.

Quant à nos conditions de vie, nous nous adaptons à différents environnements. Même si nous pouvons nous contenter d'un appartement avec de l'exercice régulier et une stimulation mentale, nous nous épanouissons vraiment dans des maisons ayant accès à une cour sécurisée où nous pouvons nous dégourdir les jambes et explorer. Assurez-vous simplement que la clôture est solide, car notre instinct de troupeau pourrait nous inciter à courir après tout ce qui bouge !

Nous avons besoin de beaucoup d'exercice mental et physique pour rester heureux et en bonne santé. En nous enseignant de nouvelles astuces, en proposant des énigmes difficiles et en participant à des séances de jeu interactives, nous resterons mentalement stimulés. Des promenades, des courses et des jeux sans laisse réguliers dans des zones sûres nous aideront à dépenser de l'énergie et à maintenir notre bien-être. Un Australien fatigué est un Australien heureux !

En conclusion, mon cher ami humain, nous, les bergers australiens, sommes énergiques, intelligents et toujours prêts pour l'aventure. Nos vocalisations uniques, notre amour de l'activité et notre loyauté font de nous une race pas comme les autres. Avec votre amour, vos conseils et beaucoup de caresses du ventre, nous serons votre compagnon le plus dévoué et le plus divertissant.

Alors embarquons ensemble pour un voyage passionnant, rempli de randonnées, d'entraînements et de moments inoubliables. Je serai à vos côtés, remuant la queue et arborant mon sourire australien caractéristique.

Avec amour et énergie illimitée,
Votre berger australien

Un guide incontournable pour les amoureux des chiens

Chapitre 14

Beagle

Woof Woof! Salut, mon copain humain ! C'est votre copain Beagle, prêt à vous emmener dans un voyage reniflant pour découvrir tout ce que vous devez savoir sur nous, les Beagles. Préparez-vous à passer un bon moment !

Tout d'abord, parlons de notre race. Les beagles sont absolument charmants et ont une riche histoire en tant que chiens odorants. Nous avons été élevés à l'origine pour la chasse, utilisant notre odorat aiguisé pour traquer le gibier. De nos jours, nous faisons d'excellents compagnons de famille et sommes connus pour notre nature amicale et adorable.

Passons maintenant à notre langage sonore unique. Oh, les sons que nous faisons ! Nous avons tout un répertoire vocal, des hurlements et aboiements adorables à nos gémissements et aboiements expressifs. Lorsque nous poussons un long hurlement mélodique, c'est souvent notre façon d'exprimer notre joie ou de communiquer avec les autres Beagles de la région. Et lorsque nous émettons une série d'aboiements courts et aigus, nous pourrions vous alerter de quelque chose d'intéressant que nous avons repéré !

En ce qui concerne l'anxiété, nous, les Beagles, pouvons parfois être sujets à l'anxiété de séparation ou devenir un peu anxieux lorsqu'on nous laisse seuls. Nous prospérons grâce à la camaraderie et aimons faire partie de la meute. Ainsi, nous garder mentalement stimulés avec des jouets interactifs, des puzzles et beaucoup de temps de jeu peut aider à atténuer toute anxiété que nous pourrions ressentir. Votre présence et votre attention comptent pour nous !

Maintenant, parlons de nos goûts et de nos aversions. Les beagles ont le nez pour l'aventure ! Nous aimons explorer, renifler tout ce qui nous passe sous la vue et suivre des odeurs fascinantes. Les longues promenades et les aventures en plein air sont le moyen idéal pour nous garder heureux et en bonne santé. Pensez

Explorez le côté obscur de la vie des chiens

**Détail de chaque race,
la page explicative de votre chien**

simplement à nous tenir en laisse, car notre instinct de chasseur peut parfois nous induire en erreur !

Pour recharger nos batteries, nous, les Beagles, avons besoin d'environ 12 à 14 heures de sommeil par jour. Alors, ne soyez pas surpris si vous nous trouvez blottis dans notre confortable lit pour chien ou en train de somnoler dans un endroit ensoleillé près de la fenêtre. Nous prenons notre sieste au sérieux !

En ce qui concerne les conditions de vie, nous, les Beagles, sommes des chiots adaptables. Si nous pouvons profiter d'être à l'intérieur avec nos humains, nous apprécions également d'avoir accès à un espace extérieur sécurisé où nous pouvons explorer et suivre notre nez. Une cour clôturée ou des sorties régulières au parc à chiens sont pour nous un plaisir de remuer la queue !

Pour assurer notre bien-être, les propriétaires doivent nous offrir une activité physique régulière, une alimentation équilibrée et une stimulation mentale. L'entraînement au renforcement positif utilisant des friandises et des compliments fait des merveilles pour nous, les Beagles, car nous aimons apprendre et faire plaisir à nos humains. Avec de la patience et de la cohérence, nous deviendrons des membres sages et dévoués de votre meute familiale.

En conclusion, cher humain, nous, les Beagles, sommes joueurs, affectueux et curieux. L'histoire de notre race, ses sons uniques et ses besoins particuliers nous rendent spéciaux. N'oubliez pas que nous comptons sur vous pour l'amour, les soins et les aventures passionnantes !

Alors, embarquons dans ce voyage ensemble, mon ami humain. Avec votre compréhension, votre patience et beaucoup de massages du ventre, nous créerons des souvenirs qui dureront toute une vie. Préparez-vous à remuer la queue, au nez mouillé et au charme sans fin du Beagle !

Beaucoup d'amour et de queues qui remuent,
Votre Beagle

Un guide incontournable pour les amoureux des chiens

Malinois belge

Woof Woof! Salut, mon copain humain ! C'est votre ami Malinois belge, désireux de partager tous les détails passionnants sur notre race remarquable. Êtes-vous prêt pour une aventure exaltante ? Allons-y !

Tout d'abord, parlons de notre race. Les chiens malinois belges sont connus pour leur intelligence exceptionnelle, leur loyauté inébranlable et leur éthique de travail impressionnante. Élevés à l'origine pour garder les troupeaux et garder le bétail, nous sommes devenus des chiens de travail polyvalents, excellant dans divers domaines tels que le travail de police, la recherche et le sauvetage et même les sports de compétition. Nous sommes comme les super-héros du monde canin, prêts à relever tous les défis !

Parlons maintenant de notre langage sonore unique. Oh, les sons que nous produisons sont assez fascinants ! Nous avons diverses vocalisations, allant des aboiements aigus aux doux gémissements et grognements. Lorsque nous laissons échapper un aboiement puissant et autoritaire, c'est souvent notre façon de vous alerter de dangers potentiels ou d'exprimer notre nature protectrice. Et lorsque nous émettons des gémissements doux et mélodiques, c'est notre façon de communiquer nos besoins et de solliciter votre attention.

En matière d'anxiété, nous, les Malinois belges, pouvons parfois ressentir une vigilance accrue dans certaines situations. Nos instincts de protection naturels et nos niveaux d'énergie élevés peuvent nous rendre sensibles aux changements environnementaux. Nous fournir une stimulation mentale et physique, nous engager dans des tâches difficiles et assurer une routine structurée peut aider à atténuer toute anxiété que nous pourrions ressentir. Vos conseils et votre soutien comptent pour nous, cher humain !

Explorez le côté obscur de la vie des chiens

Détail de chaque race, la page explicative de votre chien

Ah, n'oublions pas nos goûts et nos aversions. Nous, les Malinois belges, avons une volonté innée d'activité et d'objectif. Nous prospérons grâce au mental et au physique stimulation, que ce soit par le biais d'un entraînement d'obéissance, d'exercices d'agilité ou de tâches difficiles qui mettent notre intelligence à l'épreuve. Nous aimons être vos partenaires actifs et aimons avoir un travail à accomplir. Ensemble, nous relèverons tous les défis et ferons en sorte que chaque instant compte !

Quand vient l'heure de se reposer, nous, les Malinois belges, apprécions un endroit confortable où nous pouvons nous détendre et nous ressourcer. Un lit pour chien confortable ou un coin tranquille de la maison feront très bien l'affaire. Nous pouvons nous pelotonner avec notre jouet préféré ou simplement nous allonger à vos côtés, sachant que nous sommes protégés et aimés.

En ce qui concerne les conditions de vie, nous, les Malinois belges, pouvons bien nous adapter à divers environnements. Nous apprécions d'avoir un espace qui nous soit propre, à l'intérieur ou à l'extérieur. Cependant, il est important de fournir de nombreuses opportunités d'exercice et de stimulation mentale, car nous avons beaucoup d'énergie à brûler. Une cour bien clôturée et des activités de plein air régulières nous rendront heureux et épanouis.

Pour assurer notre bonheur et notre bien-être, les propriétaires doivent nous offrir une formation, une socialisation et des défis mentaux cohérents. Les techniques de renforcement positif font des merveilles pour nous, car nous nous épanouissons grâce aux éloges et aux récompenses. Un environnement aimant et structuré, associé à beaucoup de temps de jeu et d'affection, fera ressortir le meilleur de nous et renforcera notre lien.

En conclusion, cher humain, nous les Malinois belges sommes des compagnons intelligents, loyaux et motivés. L'histoire de notre race, ses sons uniques et ses besoins spécifiques nous rendent vraiment exceptionnels. Nous comptons sur vous pour vos conseils, votre objectif et votre amour inébranlable. Avec votre dévouement, votre patience et une touche d'aventure, nous serons les amis à fourrure les plus fidèles et les plus extraordinaires jamais imaginés !

Alors embarquons ensemble dans cet incroyable voyage, mon ami humain. Nous créerons un lien qui durera toute une vie, rempli d'aventures inoubliables, de queues remuantes et d'amour sans limites. Ensemble, nous conquérirons le monde, une patte à la fois !

des baisers baveux et des remuements de queue,
Votre Malinois belge

Un guide incontournable pour les amoureux des chiens

Chapitre 14

Chien de montagne bernois

Woof Woof! Bonjour, mon merveilleux ami humain ! C'est votre copain bouvier bernois, ici pour partager tout ce que vous devez savoir sur notre race positivement étonnante.

Commençons par notre contexte. Nous, les bouviers bernois, sommes originaires des Alpes suisses, où nous avons été élevés à l'origine comme chiens de travail. Nos ancêtres aidaient les agriculteurs dans diverses tâches, allant de garder le bétail à tirer des charrettes. C'est pourquoi nous avons une solide éthique de travail et un profond sentiment de loyauté ancrés dans notre ADN.

En matière de communication, nous ne sommes peut-être pas les plus bruyants, mais nous avons nos propres façons de nous exprimer. Nos yeux expressifs en disent long, reflétant notre nature douce et bienveillante. Et oh, nos queues qui remuent sont comme un joyeux drapeau flottant dans la brise, montrant notre enthousiasme et notre joie lorsque nous sommes en compagnie de nos humains bien-aimés.

L'anxiété peut parfois prendre le dessus sur nous, les Bernois. Nous sommes des âmes sensibles qui prospèrent grâce à l'amour et à l'attention. Les orages, les bruits forts ou la séparation d'avec nos proches peuvent nous rendre anxieux. Des mots apaisants, un environnement calme et votre présence rassurante peuvent faire des merveilles pour apaiser nos inquiétudes et nous faire sentir en sécurité et aimés.

Maintenant, parlons de ce que nous aimons et apprécions. Nous adorons passer du temps avec nos humains, nous imprégnant de toute l'affection et des câlins que nous pouvons recevoir. Nous sommes de véritables gentils géants avec un cœur aussi grand que les montagnes d'où nous venons. Les longues promenades

Explorez le côté obscur de la vie des chiens

Détail de chaque race, la page explicative de votre chien

dans la nature, l'exploration des grands espaces et la sensation de l'air frais sur nos manteaux moelleux nous font remuer la queue avec un pur délice.

Quand vient l'heure de se reposer, on apprécie un endroit douillet et confortable pour se détendre. Nous avons généralement besoin de 12 à 14 heures de sommeil par jour pour rajeunir notre corps. corps et esprits. Vous nous trouverez peut-être recroquevillés dans un coin préféré ou allongés sur le sol, rêvant de courir à travers les champs et de profiter des plaisirs simples de la vie.

Quant à nos conditions de vie, nous nous épanouissons dans une maison avec une cour ou un accès à un espace extérieur. Nous aimons avoir de l'espace pour nous déplacer et explorer, mais nous chérissons également la chaleur et le confort d'être à l'intérieur avec nos proches. Un mode de vie équilibré avec des aventures en plein air et du temps de qualité à l'intérieur nous gardera heureux et satisfaits.

Pour rester en bonne santé et en forme, il est important de faire régulièrement de l'exercice. Les promenades quotidiennes, les récréations et les activités mentalement stimulantes sont essentielles à notre bien-être. Nous apprécions également une alimentation nutritive qui soutient notre mode de vie actif. Et n'oublions pas l'importance du toilettage. Notre beau et épais pelage nécessite un brossage régulier pour le garder propre et sans enchevêtrement.

En conclusion, cher compagnon humain, nous, les Bouviers Bernois, sommes doux, fidèles et pleins d'amour. Notre riche héritage, nos yeux expressifs et notre dévouement inébranlable nous rendent incroyablement spéciaux. Avec votre amour, vos soins et votre compréhension, nous serons les compagnons à fourrure les plus heureux et les plus dévoués que vous puissiez espérer.

Alors, embarquons pour un voyage d'amour, d'aventure et de queues agitées. Ensemble, nous conquérirons des montagnes, créerons des souvenirs précieux et vivrons un lien qui durera toute une vie.

Avec tout mon amour et ma fidélité,
Votre Bouvier Bernois

Un guide incontournable pour les amoureux des chiens

Chapitre 14

Bichon frisé

Woof Woof! Bonjour, mon délicieux ami humain ! Votre copain Bichon Frise est là, prêt à partager toutes les merveilles de notre race moelleuse et adorable.

Commençons par notre contexte. Le Bichon Frise est connu pour sa nature joyeuse et affectueuse. Notre riche histoire remonte aux cours royales de la région méditerranéenne, où nous étions adorés en tant que compagnons et interprètes. Nos blouses blanches glamour et nos charmantes personnalités ont fait de nous les chouchous de l'aristocratie.

La communication est la clé de toute relation et nous, les Bichons, avons notre propre langage. Nous ne sommes pas les aboyeurs les plus bruyants, mais nous compensons cela avec nos yeux expressifs et notre queue qui remue. Lorsque nous vous saluons avec une agitation rebondissante et une caracole joyeuse, cela signifie que nous sommes ravis de vous voir. Et lorsque nous inclinons la tête et vous lançons un regard curieux, c'est notre façon de vous dire : **Dis-m'en plus, humain !**

L'anxiété peut parfois prendre le dessus sur nous, les Bichons sensibles. Nous pouvons ressentir une anxiété de séparation lorsque nous sommes loin de nos humains bien-aimés ou lorsque nous sommes confrontés à des situations inconnues. La patience, le réconfort et une routine cohérente sont essentiels pour nous aider à nous sentir en sécurité. Créer un espace confortable et sûr pour nous, avec des parfums familiers et des jouets réconfortants, peut également contribuer à apaiser nos inquiétudes.

Parlons maintenant de ce que nous adorons et de ce qui nous fait remuer la queue avec enthousiasme. Nous adorons être au centre de l'attention ! Nous nous épanouissons grâce à la camaraderie et apprécions de faire partie d'une famille aimante. Les câlins, les caresses du ventre et les caresses douces sont comme de

Explorez le côté obscur de la vie des chiens

Détail de chaque race, la page explicative de votre chien

la musique à nos oreilles. Les récréations quotidiennes et les jouets interactifs nous maintiennent mentalement stimulés et heureux.

Nous sommes experts dans la recherche des endroits les plus confortables pour dormir. Nous avons généralement besoin de 12 à 14 heures de sommeil par jour pour recharger nos batteries. Vous nous trouverez peut-être lovés sur un coussin moelleux ou blottis sous une couverture, rêvant de belles aventures et de délicieuses friandises.

En ce qui concerne les conditions de vie, nous sommes de petits chiots adaptables qui peuvent s'épanouir dans divers environnements. Nous pouvons vivre heureux dans des appartements ou des maisons, à condition de nous promener régulièrement et de jouer pour rester actifs. Si nous apprécions notre confort intérieur, nous apprécions également les balades en plein air et la découverte de nouvelles senteurs lors de nos promenades quotidiennes.

Pour que nous puissions rester au meilleur de notre forme, un toilettage régulier est essentiel. Nos belles robes blanches nécessitent un brossage pour éviter les nœuds et des visites régulières chez le toiletteur pour les tailles. Une bonne alimentation, une alimentation de qualité et des contrôles vétérinaires réguliers sont importants pour nous garder en bonne santé et heureux.

En conclusion, cher compagnon humain, nous, Bichon Frise, sommes un paquet de joie et d'amour. Notre héritage royal, nos yeux expressifs et notre nature affectueuse nous rendent irrésistibles. Avec votre amour, vos soins et votre dévouement, nous serons les compagnons les plus heureux et les plus fidèles que vous puissiez souhaiter.
Alors embarquons pour un voyage rempli de rires, de câlins et de remuements de queue sans fin. Ensemble, nous créerons de précieux souvenirs et partagerons un lien qui réchauffera votre cœur pour les années à venir.

Avec tout mon amour et mes câlins moelleux,
Votre Bichon Frise

Un guide incontournable pour les amoureux des chiens

Chapitre 14

Border collie

Woof Woof! Bonjour, mon incroyable compagnon humain ! Votre copain Border Collie intelligent et énergique est là, prêt à partager tous les détails impressionnants sur notre race extraordinaire. Attachez votre ceinture pour un voyage dans le monde merveilleux des Border Collies !

Commençons par quelques informations sur la race. Les Border Collies sont réputés pour leur intelligence, leur agilité et leurs capacités à garder un troupeau. Avec nos manteaux saisissants et nos yeux captivants, nous attirons tous les regards. Élevés à l'origine comme chiens de travail, notre instinct aiguisé et notre énergie débordante font de nous d'excellents partenaires pour toutes sortes d'activités.

Parlons maintenant de notre langage sonore unique. Oh, les sons que nous faisons ! De nos aboiements enthousiastes à nos jappements excités et même à nos doux gémissements, nous communiquons un large éventail d'émotions. Écoutez attentivement et vous comprendrez notre langage distinctif Border Collie. Chaque aboiement, grognement ou gémissement transmet quelque chose de significatif, qu'il s'agisse d'un signal d'excitation, de vous alerter de quelque chose d'important ou d'exprimer notre désir de jouer et de nous amuser.

Lorsqu'il s'agit d'anxiété, nous, les Border Collies, sommes connus pour être des âmes sensibles. Les changements dans notre routine, les bruits forts ou le fait d'être laissé seul pendant de longues périodes peuvent parfois nous mettre un peu mal à l'aise. Nos humains doivent nous offrir un environnement stable et sécurisé, rempli de nombreuses stimulations mentales et physiques. Nous impliquer dans des activités stimulantes, telles que des puzzles ou des exercices d'entraînement interactifs, peut nous aider à canaliser notre énergie et à garder notre esprit occupé. Votre patience, votre compréhension et votre présence aimante comptent pour nous dans les moments d'anxiété.

Explorez le côté obscur de la vie des chiens

Détail de chaque race,
la page explicative de votre chien

Ah, n'oublions pas nos goûts et nos aversions. Nous, les Border Collies, adorons avoir un travail à faire ! Qu'il s'agisse de garder des moutons, d'aller chercher un frisbee ou de participer à des sports canins comme l'agilité ou le flyball, nous prospérons grâce aux défis mentaux et physiques. Nous sommes plus heureux lorsque nous avons un objectif et une opportunité de montrer notre intelligence et nos qualités athlétiques. Ne soyez pas surpris si nous vous regardons intensément, attendant avec impatience la prochaine aventure passionnante !

Quand il est temps de se détendre, nous apprécions un endroit confortable pour nous détendre et nous ressourcer. Bien que nos besoins en sommeil puissent varier, nous avons généralement besoin de 12 à 14 heures de sommeil réparateur par jour. Ainsi, vous pourriez nous trouver blottis sur un lit moelleux pour chien ou blottis à vos pieds, rêvant de chasser des écureuils ou de maîtriser de nouveaux tours.

En ce qui concerne les conditions de vie, nous, les Border Collies, pouvons bien nous adapter à différents environnements à condition que nous ayons beaucoup de stimulation mentale et physique. Si nous apprécions l'accès à un espace extérieur sécurisé où nous pouvons nous dégourdir les jambes et nous adonner à des activités ludiques, nous chérissons également le temps passé à l'intérieur avec nos humains bien-aimés. Une combinaison d'exercices stimulants, de jeux stimulants et de séances de formation interactives nous aideront à rester heureux et satisfaits.

Nous devons faire régulièrement de l'exercice, une stimulation mentale et une socialisation pour assurer notre bien-être. Nous prospérons grâce aux activités qui engagent notre esprit et notre corps, telles que les longues promenades, les entraînements d'obéissance et les récréations interactives. Une routine qui intègre à la fois de l'exercice physique et des défis mentaux nous aidera à être les Border Collies les plus heureux et les plus sains possibles.

En conclusion, cher humain, nous les Border Collies sommes intelligents, agiles et débordants d'énergie. Notre langue unique, notre héritage pastoral et notre nature aimante font de nous des compagnons vraiment spéciaux. Avec vos conseils, votre patience et beaucoup de temps de jeu, nous serons les Border Collies les plus heureux de la planète !

Alors, embarquons ensemble pour une vie d'aventures, remplie de queues qui remuent, de jeux de récupération sans fin et d'un lien qui fera monter nos cœurs. Préparez-vous pour un voyage extraordinaire aux côtés de votre incroyable compagnon Border Collie !

Beaucoup d'amour et d'énergie illimitée,
Votre Border Collie

Un guide incontournable pour les amoureux des chiens

Chapitre 14

Boston Terrier

Woof Woof! Salut, mon formidable ami humain ! C'est votre copain Boston Terrier courageux et fougueux, ici pour vous donner tous les détails délicieux sur notre fantastique race. Préparez-vous pour une aventure positivement amusante !

Commençons par l'histoire de notre race. Les Boston Terriers, également connus sous le nom d' **American Gentlemen**, ont été élevés à l'origine aux États-Unis. Avec nos marquages de type smoking et nos charmantes personnalités, nous sommes la vie de la fête partout où nous allons. Nous sommes un petit paquet avec un grand cœur !

Parlons maintenant de notre langage sonore unique. Nous ne sommes peut-être pas les chiots les plus bavards, mais nous savons comment nous faire entendre. Nous disposons d'une large gamme de sons expressifs qui transmettent tout, de l'excitation à la curiosité. Écoutez attentivement nos reniflements joyeux, nos adorables grognements et nos aboiements occasionnels, car ils sont notre façon de communiquer avec vous et le monde qui nous entoure.

En matière d'anxiété, nous, les Boston Terriers, sommes connus pour être des âmes sensibles. Les bruits forts, les changements de routine ou le fait d'être laissé seul pendant de longues périodes peuvent nous rendre un peu anxieux. Créer un environnement calme et réconfortant, fournir beaucoup de stimulation mentale et physique et nous combler d'amour et d'attention contribuera à apaiser nos inquiétudes. Votre présence et votre douceur rassurante comptent pour nous !

Ah, n'oublions pas nos goûts et nos aversions. Les Boston Terriers sont pleins d'énergie et d'enthousiasme ! Nous aimons absolument passer du temps de qualité avec nos humains préférés. Qu'il s'agisse de jouer à chercher dans le parc, de faire des promenades passionnantes ou de se blottir sur le canapé pour un moment de

Explorez le côté obscur de la vie des chiens

câlins, nous nous épanouissons grâce à l'amour et à la compagnie que vous nous apportez.

Quand vient le temps de se ressourcer, on apprécie un endroit douillet pour se reposer et se détendre. Nous avons généralement besoin d'environ 12 à 14 heures de sieste chaque jour pour garder notre moral énergique. Alors, ne soyez pas surpris si vous nous trouvez blottis dans le coin le plus confortable de la maison, attrapant quelques Z et rêvant d'aventures amusantes.

En ce qui concerne les conditions de vie, nous, les Boston Terriers, sommes tout à fait adaptables. Nous pouvons prospérer dans divers environnements, qu'il s'agisse d'un appartement en ville animé ou d'une maison de banlieue spacieuse. N'oubliez pas que nous sommes sensibles aux températures extrêmes, alors assurez-vous de disposer d'un endroit frais et confortable pour vous détendre pendant les chaudes journées d'été.

Pour assurer notre bien-être, il est important de nous offrir régulièrement de l'exercice et une stimulation mentale. Les promenades quotidiennes, les récréations et les jouets interactifs nous maintiendront en bonne forme physique et mentale. Et n'oubliez pas d'entretenir nos adorables oreilles de chauve-souris et de les garder propres pour éviter toute otite embêtante.

En conclusion, cher humain, nous, les Boston Terriers, sommes vifs, aimants et toujours prêts à passer un bon moment. Notre histoire unique, nos sons expressifs et notre nature ludique nous rendent vraiment spéciaux. Avec votre amour, vos soins et votre attention à nos besoins, nous serons les petits compagnons les plus heureux que vous puissiez demander.

Alors embarquons ensemble pour une vie d'aventures, remplies de rires, de queues remuantes et d'amour inconditionnel. Préparez-vous pour un lien qui vous apportera une joie et des sourires sans fin !

Beaucoup d'amour et de baisers baveux,
Votre Boston Terrier

Un guide incontournable pour les amoureux des chiens

Boxeur

Woof Woof! Salut, mon copain humain ! C'est votre copain Boxer ici, prêt à rebondir dans votre vie et à partager tout ce que vous devez savoir sur nous, les Boxers. Préparez-vous à passer un bon moment en remuant la queue !

Tout d'abord, parlons de notre race. Les boxeurs sont connus pour leur corps fort et musclé et leur visage expressif. Nous avons une nature enjouée et énergique, ce qui fait de nous d'excellents compagnons pour les familles actives. Nous sommes souvent décrits comme le **Peter Pan** du monde canin parce que nous ne semblons jamais dépasser notre enthousiasme de chiot.

Passons maintenant à notre langage sonore unique. Nous, les boxeurs, sommes assez vocaux ! Nous communiquons avec une variété d'aboiements, de grognements et même de bruits **woo-woo** . Lorsque nous émettons une série d'aboiements courts, c'est généralement notre façon de dire : **Hé, jouons !** Et lorsque nous émettons ces adorables sons woo-woo, c'est notre façon d'exprimer notre enthousiasme et notre bonheur.

En matière d'anxiété, certains Boxers peuvent être sujets à l'anxiété de séparation. Nous formons des liens forts avec nos humains et pouvons nous sentir anxieux lorsque nous sommes laissés seuls pendant de longues périodes. Offrir beaucoup d'exercice, une stimulation mentale et un environnement confortable et sécurisé peut aider à apaiser nos inquiétudes. N'oubliez pas que nous prospérons grâce à l'amour et à l'attention, alors couvrez-nous d'affection !

Parlons de nos goûts et de nos aversions. Les boxeurs sont connus pour leur amour du jeu et de l'activité. Nous avons un niveau d'énergie élevé et avons besoin de beaucoup d'exercice pour rester heureux et en bonne santé. Jouez à chercher avec nous, emmenez-nous faire de longues promenades et participez à

Explorez le côté obscur de la vie des chiens

des jeux interactifs : c'est un excellent moyen de canaliser notre énergie et de nous divertir.

Quand il est temps de se reposer, nous, les Boxers, apprécions un endroit confortable pour nous blottir. Nous pouvons choisir un lit moelleux pour chien ou même vos genoux pour notre sieste. Nous aimons être proches de nos humains, alors attendez-vous à beaucoup de câlins et de câlins chaleureux lorsque nous sommes prêts à nous détendre.

En ce qui concerne les conditions de vie, les Boxers sont adaptables et peuvent prospérer dans divers environnements. Même si nous aimons être à l'intérieur avec notre famille, nous aimons aussi explorer et jouer à l'extérieur. L'accès à une cour sécurisée ou des sorties régulières au parc pour chiens peuvent être le rêve d'un boxeur devenu réalité. Assurez-vous simplement de garder un œil sur nous, car nous pouvons être curieux et parfois espiègles !

Pour assurer notre bien-être, les propriétaires doivent nous proposer des exercices réguliers, une stimulation mentale et un entraînement constant. Les techniques de renforcement positif fonctionnent mieux pour nous, car nous réagissons bien aux éloges et aux récompenses. La socialisation est également essentielle, car elle nous aide à devenir des chiens équilibrés et confiants.

En conclusion, cher humain, nous, les Boxers, sommes énergiques, joueurs et pleins d'amour. Les sons uniques, les besoins et la nature affectueuse de notre race nous rendent vraiment spéciaux. N'oubliez pas que nous comptons sur vous pour l'amour, les soins et les aventures passionnantes !

Alors, embarquons dans ce voyage ensemble, mon ami humain. Avec votre patience, votre compréhension et beaucoup de caresses du ventre, nous créerons un lien qui durera toute une vie. Préparez-vous à remuer la queue, à des baisers baveux et à beaucoup d'amour pour les Boxers !

Beaucoup d'amour et de baisers baveux,
Votre boxeur

Un guide incontournable pour les amoureux des chiens

Bretagne

Woof Woof! Bonjour, mon ami humain ! C'est votre copain Bretagne, ravi de vous parler de notre merveilleuse race.

Tout d'abord, parlons de notre race. La Bretagne est connue pour son énergie débordante, son intelligence et sa nature amicale. Élevés à l'origine comme chiens de chasse, nous sommes des athlètes naturels et aimons être des partenaires actifs dans toutes vos activités de plein air. Qu'il s'agisse de faire de la randonnée, de courir ou de jouer à rapporter, nous sommes toujours prêts à vivre une aventure palpitante à vos côtés !

Parlons maintenant de notre langage sonore unique. Oh, les sons que nous produisons sont tout à fait délicieux ! Nous avons toute une gamme d'aboiements, de gazouillis et de jappements excités que nous utilisons pour communiquer notre joie et notre enthousiasme. Lorsque nous laissons échapper un aboiement aigu, c'est notre façon de dire : **Hé, jouons !** Et lorsque nous émettons de doux gémissements et de doux grognements, cela peut signifier que nous nous sentons affectueux ou recherchons votre attention.

En matière d'anxiété, nous, Bretagne, pouvons parfois devenir un peu agités si nous ne recevons pas suffisamment de stimulation mentale et physique. Nous prospérons grâce aux activités qui mettent notre esprit et notre corps au défi. Il est donc essentiel de nous maintenir engagés avec des jouets puzzle, des cours d'obéissance et des séances de jeu interactives pour nous garder heureux et satisfaits. Votre amour et votre compagnie comptent pour nous, cher humain !

Ah, n'oublions pas nos goûts et nos aversions. Nous, les Bretons, adorons être dehors et explorer le monde avec notre nez curieux. Nous avons un instinct naturel pour la chasse et le suivi des odeurs, donc nous offrir la possibilité de participer à ces activités nous permettra de nous sentir épanouis. Nous avons également un faible pour les câlins et les caresses du ventre, car ils nous permettent de nous sentir en sécurité. et aimé. A l'heure du repos, nous, les Bretons, apprécions un endroit douillet où l'on peut se lover et se ressourcer. Un lit pour chien moelleux ou un endroit ensoleillé près de la fenêtre fera très bien l'affaire. Nous pouvons dormir avec un jouet à nos côtés ou nous blottir contre vous, sachant que nous sommes des membres précieux de votre meute.

Quant aux modalités de vie, nous, les Bretons, sommes polyvalents et pouvons bien s'adapter à différents environnements. Si nous apprécions d'avoir accès à un espace extérieur sécurisé où nous pouvons nous dégourdir les jambes, nous chérissons également le temps passé à l'intérieur avec notre famille humaine bien-aimée. L'exercice quotidien et la stimulation mentale sont cruciaux pour notre bien-être, c'est pourquoi des promenades, des récréations et des séances d'entraînement régulières sont indispensables !

Pour assurer notre bonheur et notre bien-être, les propriétaires doivent nous offrir beaucoup d'exercice, des défis mentaux et une formation de renforcement positif. Nous prospérons grâce aux éloges et aux récompenses, alors soyez généreux avec vos encouragements et vos friandises ! Un environnement aimant et stimulant, rempli de jeu, d'affection et d'aventures passionnantes, fera de nous la Bretagne la plus heureuse de la planète !

En conclusion, cher humain, nous, Bretagne, sommes des compagnons énergiques, intelligents et aimants. L'histoire de notre race, ses sons uniques et ses besoins spécifiques nous rendent vraiment spéciaux. Nous comptons sur vous pour vos conseils, votre amour et vos escapades palpitantes. Avec vos soins, votre dévouement et une pincée d'aventure, nous serons les amis à fourrure les plus fidèles et les plus joyeux que vous puissiez avoir !

Alors embarquons ensemble dans cet incroyable voyage, mon ami humain. Nous créerons des souvenirs, partagerons des rires et forgerons un lien indissoluble qui durera toute une vie. Préparez-vous pour un tourbillon de queues qui remuent, un plaisir sans fin et un pur amour canin !

Je t'envoie de l'amour et remue la queue,
Votre Bretagne

Un guide incontournable pour les amoureux des chiens

Chapitre 14

Bouledogue (anglais/français)

Woof Woof! Salut, mon copain humain ! C'est votre ami Bulldog, prêt à partager tous les détails fantastiques sur nous, les Bulldogs anglais et français. Préparez-vous pour un bulldozer de gentillesse et de charme !

Tout d'abord, parlons de notre race. Les bouledogues sont connus pour leur apparence distinctive et leur personnalité adorable. Les bouledogues anglais ont une histoire riche en tant que féroces chiens chasseurs de taureaux devenus de doux compagnons. Les bouledogues français, d'autre part, ont été élevés comme chiens de compagnie à partir de bouledogues anglais. Nous sommes comme d'adorables petits paquets de bonté ridée !

Parlons maintenant de notre langage sonore unique. Oh, les sons que nous faisons ! Nous avons toute une gamme vocale, de nos adorables reniflements et ronflements à nos grognements et aboiements sourds. Lorsque nous émettons un reniflement ludique ou un ronflement amusant, cela signifie que nous sommes satisfaits et détendus. Et quand nous laissons échapper un aboiement court et aigu, c'est notre façon de dire : **Hé, amusons-nous !**

Lorsqu'il s'agit d'anxiété, nous, les Bulldogs, pouvons parfois être des âmes sensibles. Nous pouvons ressentir une anxiété de séparation ou devenir anxieux dans des environnements inconnus ou bruyants. Nous offrir un espace calme et sécurisé, de nombreux câlins et une routine cohérente peut aider à apaiser nos inquiétudes. Votre présence aimante et votre douce assurance comptent pour nous !

Maintenant, parlons de nos goûts et de nos aversions. Les bouledogues ont peut-être la réputation d'être un peu paresseux, mais nous apprécions toujours nos récréations et nos promenades. N'oubliez pas que nous avons un besoin modéré d'exercice en raison de notre physique unique. De courtes promenades et des jeux

Explorez le côté obscur de la vie des chiens

d'intérieur amusants qui ne fatiguent pas notre respiration sont le moyen idéal pour nous garder heureux et en bonne santé !

Quand il est temps d'attraper quelques z, nous, les Bulldogs, sommes des experts en somnolence. Nous avons besoin d'environ 12 à 14 heures de sommeil par jour pour recharger nos batteries ridées. Alors, ne soyez pas surpris si vous nous trouvez en train de ronfler dans notre coin douillet préféré ou de nous vautrer dans l'endroit le plus confortable de la maison. Nous amenons la sieste à un tout autre niveau !

Quant à nos conditions de vie, les Bulldogs sont tout à fait adaptables. Même si nous aimons être à l'intérieur où nous pouvons être proches de nos humains, nous apprécions également de passer du temps à l'extérieur pour explorer et renifler. N'oubliez pas que nous ne sommes pas les meilleurs nageurs, alors soyez prudent dans l'eau.

Pour assurer notre bien-être, les propriétaires doivent nous fournir une alimentation équilibrée, des contrôles vétérinaires réguliers et un toilettage approprié pour garder nos adorables rides propres et saines. De plus, l'entraînement au renforcement positif utilisant des friandises et des compliments fait des merveilles pour nous, les Bulldogs. Nous avons peut-être un côté têtu, mais nous deviendrons des compagnons sages et fidèles avec patience et amour.

En conclusion, cher humain, nous, les Bulldogs, sommes des paquets d'amour, de charme et de plaisir ridé. L'histoire de notre race, ses sons uniques et ses besoins particuliers nous rendent vraiment uniques. N'oubliez pas que nous comptons sur vous pour les soins, l'amour et les massages du ventre à gogo !

Alors embarquons ensemble dans cette aventure, mon ami humain. Nous créerons un lien à vie avec votre compréhension, votre patience et beaucoup de baisers baveux. Préparez-vous à des moments infinis de gentillesse et de câlins de bouledogue !

Beaucoup d'amour et d'adorables sniffs,
Votre bouledogue

Un guide incontournable pour les amoureux des chiens

Chapitre 14

143

Canne Corso

Woof Woof! Salut, mon copain humain ! C'est votre copain Cane Corso, désireux de tout partager sur notre incroyable race. Êtes-vous prêt pour une aventure remplie de force, de loyauté et d'amour ? Allons-y !

Tout d'abord, parlons de notre race. Les Cane Corso sont connus pour leur apparence majestueuse et leur physique puissant. Nous respirons la confiance et sommes des protecteurs naturels. Élevés à l'origine comme chiens de travail, nous avons un fort sentiment de loyauté et un lien profond avec nos familles humaines. Nous sommes comme de gentils géants au cœur d'or !

Parlons maintenant de notre langage sonore unique. Oh, les sons que nous produisons sont assez intrigants ! Nous avons un aboiement profond et grondant qui peut donner des frissons dans le dos des intrus. C'est notre façon de dire : **Hé, j'ai ça. Tu es en sécurité avec moi !** Nous maîtrisons également le langage corporel, utilisant nos yeux expressifs et notre position pour communiquer nos émotions et nos intentions.

En matière d'anxiété, nous, Cane Corso, pouvons parfois être des âmes sensibles. Nous prospérons dans un environnement calme et stable ; des changements soudains ou des situations inhabituelles peuvent nous mettre mal à l'aise. Nous offrir un espace sûr et sécurisé, maintenir des routines cohérentes et nous couvrir de douce affection peut aider à atténuer les anxiétés que nous pourrions ressentir. Votre compréhension et votre réconfort comptent pour nous, cher humain !

Ah, n'oublions pas nos goûts et nos aversions. Nous, Cane Corso, aimons passer du temps de qualité avec nos humains. Qu'il s'agisse de longues promenades, de jeux dans le jardin ou simplement de détente à vos côtés, nous chérissons chaque instant que nous passons en votre compagnie. Nous avons une nature protectrice

Explorez le côté obscur de la vie des chiens

Détail de chaque race, la page explicative de votre chien

et savoir que nous vous protégeons et vous aimons nous apporte une immense joie.

Quand vient l'heure de se reposer, nous, les Cane Corso, apprécions un endroit confortable où nous pouvons nous blottir et nous détendre. Un lit moelleux ou un coin tranquille sera notre retraite, pendant que nous rechargerons notre énergie pour les aventures qui nous attendent. Nous pouvons ronfler un peu, mais ce n'est qu'un signe de contentement et de détente.

En ce qui concerne les modalités de vie, nous Cane Corso sommes polyvalents et adaptables. Si nous apprécions d'avoir accès à un espace extérieur sécurisé où nous pouvons étirer nos muscles, nous apprécions également d'être proches de notre famille humaine à l'intérieur. Nous prospérons grâce à l'amour, à l'attention et aux conseils. L'exercice régulier et la stimulation mentale sont essentiels à notre bien-être, il est donc important de s'engager dans des activités qui nous mettent au défi physiquement et mentalement.

Pour assurer notre bonheur et notre bien-être, les propriétaires doivent nous offrir une socialisation adéquate, une formation par renforcement positif et un rôle de leadership fort. Nous réagissons bien aux limites cohérentes et à une communication claire. Nous deviendrons des compagnons complets et confiants grâce à vos conseils patients et à votre approche ferme mais douce.

En conclusion, cher humain, nous, Cane Corso, sommes des compagnons fidèles, protecteurs et aimants. L'histoire de notre race, ses sons uniques et ses besoins spécifiques nous rendent vraiment spéciaux. Nous comptons sur vous pour votre amour, vos conseils et votre sens du but. Avec votre soutien indéfectible, nous serons les amis à fourrure les plus dévoués et les plus intrépides que vous puissiez demander !

Alors embarquons ensemble dans cet incroyable voyage, mon ami humain. Nous créerons un lien indissoluble, rempli de souvenirs précieux et d'un amour sans limites. Préparez-vous pour une vie d'aventure, de loyauté et de remue-ménages sans fin !

Je vous envoie de gros et chaleureux câlins Cane Corso,
Votre Cane Corso

Un guide incontournable pour les amoureux des chiens

Chapitre 14

Des Inquiétudes aux Remuements de Queue

Gilet Welsh Corgi

Woof Woof! Salut, mon ami humain ! C'est votre copain Cardigan Welsh Corgi, prêt à partager tous les détails délicieux sur notre merveilleuse race. Êtes-vous prêt pour une aventure palpitante ? Allons-y!

Tout d'abord, parlons de notre race. Les Welsh Corgis Cardigan sont de petite taille mais de grande personnalité ! Avec nos adorables corps longs et nos jambes courtes, nous sommes de charmants compagnons. Élevés à l'origine comme chiens de berger, nous sommes intelligents, alertes et toujours désireux de plaire. Nous sommes peut-être petits, mais nous avons le cœur plein d'amour et de fidélité !

Parlons maintenant de notre langage sonore unique. Oh, les sons que nous produisons sont assez fascinants ! Nous avons une variété de vocalisations, des aboiements et des jappements aux grognements ludiques et même un son **woo-woo unique** qui nous est propre. Chaque son communique nos émotions, qu'il s'agisse d'excitation, de vigilance ou simplement de désir d'attirer votre attention.

Concernant l'anxiété, nous, les Cardigan Welsh Corgis, pouvons être des âmes sensibles. Les bruits forts, un environnement inconnu ou la séparation d'avec nos proches peuvent nous rendre un peu anxieux. Mais n'ayez crainte, cher humain, car votre présence rassurante et un environnement calme peuvent faire des merveilles pour apaiser nos inquiétudes. Un contact doux, un mot gentil et la création d'un havre de paix pour nous nous aideront à nous sentir en sécurité et aimés.

Ah, n'oublions pas nos goûts et nos aversions. Nous, Cardigan Welsh Corgis, sommes connus pour notre nature ludique et notre énergie illimitée. Nous aimons participer à des activités qui stimulent à la fois notre esprit et notre corps. Qu'il s'agisse de promenades, de jeux de récupération ou de participation à des séances d'entraînement amusantes, nous nous nourrissons de la joie d'être actif et

Explorez le côté obscur de la vie des chiens

impliqué dans votre vie quotidienne. Ne soyez pas surpris sinous essayons de vous rassembler ou de garder tout ce qui bouge – c'est dans notre nature ! Quand vient l'heure de se reposer, on apprécie un endroit douillet pour se pelotonner et se ressourcer. Notre zone de sieste préférée sera un lit moelleux, une couverture chaude ou même vos genoux. Nous pouvons même replier nos petites queues près de notre corps pour rester au chaud et bien au chaud. Après un bon repos, nous serons prêts pour d'autres aventures et remuer la queue !

En ce qui concerne les conditions de vie, nous, les Cardigan Welsh Corgis, nous adaptons bien aux environnements intérieurs et extérieurs. Même si nous sommes petits, nous avons néanmoins besoin d'exercice régulier pour garder notre corps et notre esprit en bonne santé. Une cour bien clôturée ou une récréation supervisée dans un endroit sûr nous permet d'explorer et de dépenser notre énergie. Mais n'oubliez pas que nous sommes aussi des créatures sociales qui veulent être à proximité de notre meute humaine, donc le temps passé à l'intérieur avec vous est tout aussi important.

Pour assurer notre bonheur et notre bien-être, les propriétaires doivent nous offrir une stimulation mentale, une formation par renforcement positif et beaucoup d'amour. Nous prospérons grâce à vos conseils et apprécions les limites cohérentes. Grâce à votre approche patiente et bienveillante, nous deviendrons des compagnons complets et vous apporterons une joie sans fin.

En conclusion, cher humain, nous les Cardigan Welsh Corgis sommes des amis aimants, vifs et fidèles. L'histoire de notre race, ses sons uniques et ses besoins spécifiques nous rendent vraiment spéciaux. Nous comptons sur vous pour votre amour, vos conseils et votre sens du but. Avec votre compagnie et vos soins, nous serons les amis à quatre pattes les plus heureux et les plus dévoués que vous puissiez avoir !

Alors embarquons ensemble dans cet incroyable voyage, mon ami humain. Nous créerons un lien rempli de joie, de rires et de moments inoubliables. Préparez-vous pour une vie de queues remuantes et de sourires Corgi !

Je vous envoie des bisous Corgi et des queues qui remuent,
Votre Cardigan Welsh Corgi

Un guide incontournable pour les amoureux des chiens

Chapitre 14

cavalier roi Charles Spaniel

Woof Woof! Bonjour, mon cher compagnon humain ! C'est ici votre fidèle et affectueux Cavalier King Charles Spaniel, prêt à vous emmener dans une aventure qui remue la queue dans le monde de notre charmante race.

Commençons par un peu d'histoire. Nous, les Cavaliers, avons une lignée royale qui remonte aux cours du roi Charles I et du roi Charles II en Angleterre. Nous étions chéris en tant que compagnons par les nobles et la royauté, et c'est de là que vient notre amour pour la compagnie humaine et la nature affectueuse. Nous sommes souvent décrits comme **des éponges d'amour** car nous absorbons tout l'amour et l'attention que vous nous accordez !

En matière de communication, nous avons notre propre langage. Nous n'aboyant peut-être pas excessivement, mais nous avons des yeux expressifs qui peuvent instantanément faire fondre votre cœur. Nos regards doux et émouvants peuvent transmettre toute une gamme d'émotions, de l'excitation et du bonheur au désir et à la curiosité. Et n'oublions pas notre adorable petit gémissement quand on veut quelque chose !

L'anxiété peut être une préoccupation pour nous, Cavaliers sensibles. Nous prospérons grâce à l'amour et pouvons nous sentir mal à l'aise lorsqu'on nous laisse seuls pendant de longues périodes. Nos humains doivent nous offrir beaucoup de compagnie et créer un environnement sécurisé pour nous. Une douce réassurance, un entraînement par renforcement positif et le maintien d'une routine cohérente peuvent aider à atténuer nos inquiétudes et à nous garder calmes et satisfaits.

Maintenant, parlons de nos goûts et de nos aversions. Nous adorons être près de nos humains et avons besoin de votre attention. Se blottir sur vos genoux ou se blottir à côté de vous sur le canapé est pour nous un pur bonheur. Nous aimons

Explorez le côté obscur de la vie des chiens

Détail de chaque race, la page explicative de votre chien

également nous promener tranquillement dans le parc, explorer de nouveaux parfums et admirer les images et les sons de la nature. Faites simplement attention à ne pas nous surmener, car nous ne sommes pas la race la plus athlétique.

Quand vient l'heure de se reposer, nous apprécions notre sommeil réparateur. Nous avons généralement besoin de 12 à 14 heures de sommeil par jour pour recharger nos batteries. Vous nous trouverez souvent nichés dans un endroit douillet, rêvant de chasser les papillons ou simplement de profiter de la chaleur de votre présence. Nos sommeils paisibles nous rajeunissent et nous préparent à de nouvelles aventures à vos côtés.

Quant à nos conditions de vie, nous nous adaptons bien à divers environnements. Qu'il s'agisse d'une maison spacieuse ou d'un appartement confortable, nous sommes adaptables et nous prospérons grâce à l'amour et à l'attention que nous recevons de nos humains. Nous apprécions les activités intérieures et extérieures, mais devons toujours être surveillés à l'extérieur pour assurer notre sécurité.

Nous devons avoir une alimentation nutritive et faire de l'exercice régulièrement pour rester en bonne santé et heureux. Nous pouvons avoir tendance à prendre du poids, c'est pourquoi le contrôle des portions et une alimentation équilibrée sont importants. Un toilettage régulier, notamment le brossage de notre pelage soyeux et le nettoyage de nos oreilles, nous aidera à nous sentir mieux et à nous sentir mieux. Et bien sûr, beaucoup d'amour, de câlins et de douces récréations feront de nous les Cavaliers les plus heureux du monde.

En conclusion, mon cher ami humain, nous, les Cavaliers, sommes des compagnons doux, aimants et loyaux. Notre histoire royale, nos yeux expressifs et notre dévouement inébranlable nous rendent vraiment spéciaux. Avec votre amour, vos soins et votre compréhension, nous serons à vos côtés, remuant la queue et vous comblant d'amour et de joie sans fin.

Alors embarquons pour un voyage d'aventures partagées et de moments réconfortants. Je serai là, remuant ma queue et faisant fondre ton cœur à chaque regard aimant.

Avec tout mon amour et mon dévouement,
Votre Cavalier King Charles Spaniel

 Un guide incontournable pour les amoureux des chiens

Chapitre 14 149

Chihuahua

Woof Woof! Salut, mon petit copain humain ! C'est votre ami Chihuahua ici, prêt à partager tous les détails fantastiques sur nous, les Chihuahuas. Préparez-vous pour une petite aventure !

Commençons par parler de notre race. Les chihuahuas sont petits mais puissants ! Nous sommes peut-être petits, mais nous avons de grandes personnalités. Originaires du Mexique, nous sommes connus pour notre vigilance et notre nature courageuse. Ne vous laissez pas tromper par notre petite stature : nous avons un grand cœur et beaucoup d'amour à donner.

Parlons maintenant de notre langage sonore unique. Oh, les sons que nous faisons ! Nous avons toute une gamme d'aboiements, de jappements et même de hurlements. Lorsque nous aboyons rapidement et avec insistance, c'est généralement notre façon de dire : **Hé, fais attention à moi !** Et lorsque nous poussons un hurlement aigu, cela peut être notre façon d'exprimer notre enthousiasme ou de nous joindre à la chorale du quartier.

En matière d'anxiété, certains Chihuahuas peuvent être sujets à la nervosité. Nous pouvons devenir anxieux lorsque nous rencontrons des personnes ou des animaux inconnus dans de nouvelles situations. Nous offrir un environnement calme et sécurisé est essentiel. Soyez patient et rassurez-vous pendant ces moments, car nous comptons sur vous pour votre confort et votre sécurité.

Parlons de nos goûts et de nos aversions. Les chihuahuas adorent être au centre de l'attention ! Nous aimons nous blottir sur vos genoux et profiter de votre amour et de votre affection. Étant des papillons sociaux, nous aimons rencontrer de nouvelles personnes et d'autres chiens amicaux. Mais n'oubliez pas qu'en raison de notre petite taille, nous préférons les jeux et les interactions doux.

Explorez le côté obscur de la vie des chiens

Détail de chaque race, la page explicative de votre chien

Lorsqu'il est temps de se reposer, nous, les Chihuahuas, sommes experts dans la recherche d'endroits confortables. Nous adorons nous terrer sous des couvertures ou nous blottir dans notre lit pour chien préféré. Créer un espace confortable et chaleureux pour nous détendre est un moyen efficace de nous sentir en sécurité et aimés.

En ce qui concerne les conditions de vie, les Chihuahuas peuvent bien s'adapter aux environnements intérieurs et extérieurs. Nous sommes parfaitement adaptés à la vie en appartement à condition que nous bénéficiions de beaucoup de stimulation mentale et physique. Cependant, comme nous sommes petits et délicats, il est important d'assurer notre sécurité et de nous surveiller à l'extérieur. Nous pouvons facilement être effrayés par des chiens plus gros ou des objets qui se déplacent rapidement.

Pour assurer notre bien-être, les propriétaires doivent nous offrir régulièrement de l'exercice, une stimulation mentale et une socialisation. Nous sommes peut-être petits, mais nous avons quand même besoin de nos promenades et de nos récréations quotidiennes pour rester heureux et en bonne santé. Les méthodes de formation par renforcement positif fonctionnent mieux pour nous, car nous réagissons bien aux éloges et aux récompenses.

En conclusion, cher humain, nous, les Chihuahuas, sommes de petits bouts de chou. Les sons uniques, les besoins et la nature affectueuse de notre race nous rendent vraiment spéciaux. N'oubliez pas que nous sommes peut-être petits, mais notre amour pour vous est incommensurable.

Alors embarquons ensemble dans cette aventure, mon petit ami humain. Avec votre amour, vos soins et beaucoup de caresses sur le ventre, nous créerons un lien qui durera toute une vie. Préparez-vous à de grands sourires, des attitudes impertinentes et beaucoup d'amour pour les Chihuahua !

Beaucoup d'amour et de baisers baveux,
Votre chihuahua

Un guide incontournable pour les amoureux des chiens

Chapitre 14

Cocker

Woof Woof! Bonjour, mon merveilleux compagnon humain ! Votre fidèle et joyeux copain Cocker Spaniel est là, prêt à remuer la queue et à partager toutes les choses fantastiques sur notre superbe race. Préparez-vous pour un délicieux voyage dans le monde des Cocker Spaniels !

Commençons par quelques informations générales. Nous, les Cocker Spaniels, avons une riche histoire en tant que chiens de chasse, connus pour nos capacités odorantes remarquables et nos compétences pour débusquer le gibier à plumes. Mais ne vous laissez pas tromper ! Nous ne sommes pas seulement des passionnés de plein air, mais aussi des compagnons de famille aimants et affectueux.

Parlons maintenant de notre langage sonore unique. Oh, les sons que nous faisons ! Nous avons toute une gamme vocale, de nos aboiements amicaux à nos charmants gémissements et même aux adorables hurlements occasionnels. Nous utilisons ces sons pour communiquer notre enthousiasme, notre bonheur et parfois notre besoin d'attention ou de récréation. Écoutez attentivement et vous comprendrez notre joyeux langage du Cocker Spaniel !

En matière d'anxiété, nous, les Cocker Spaniels, pouvons parfois être des âmes sensibles. Les bruits forts, les environnements inconnus ou le fait d'être séparé de nos proches peuvent nous rendre un peu anxieux. Nous offrir un environnement calme et sécurisé, nous rassurer et nous impliquer dans des jeux ou des entraînements interactifs peut aider à apaiser nos inquiétudes. Votre présence aimante compte pour nous et c'est notre plus grand réconfort pendant ces moments d'anxiété.

Ah, n'oublions pas nos goûts et nos aversions. Nous, les Cocker Spaniels, adorons être actifs et explorer le monde qui nous entoure ! Faire des promenades,

Explorez le côté obscur de la vie des chiens

jouer à rapporter ou participer à un entraînement d'agilité sont autant de moyens fantastiques pour nous garder mentalement et physiquement stimulés. Nous apprécions également les moments de câlins de qualité avec vous, car nous prospérons grâce à votre amour et votre attention.

Quand vient l'heure de se détendre, nous apprécions notre sieste douillette. Nous avons généralement besoin d'environ 12 à 14 heures de sommeil réparateur par jour pour recharger notre énergie. Alors, ne soyez pas surpris si vous nous trouvez lovés dans notre panier pour chien préféré ou blottis à côté de vous sur le canapé, rêvant de chasser les papillons et remuant la queue avec délice.

En ce qui concerne les conditions de vie, nous, les Cocker Spaniels, pouvons bien nous adapter aux environnements intérieurs et extérieurs. Nous sommes des chiots polyvalents qui peuvent s'épanouir dans divers contextes, mais nous apprécions vraiment d'être proches de nos humains bien-aimés. Qu'il s'agisse d'un jardin spacieux à explorer ou d'une maison confortable avec des coins douillets, nous serons heureux et satisfaits si nous avons votre amour et votre attention.

Pour assurer notre bien-être, il est essentiel de nous offrir régulièrement de l'exercice, une stimulation mentale et une socialisation. Nous profitons de promenades ou de séances de jeux quotidiennes pour dépenser notre énergie abondante. Le toilettage est également une partie importante de notre routine de soins, car nos beaux manteaux nécessitent un brossage régulier et des visites occasionnelles chez le toiletteur pour nous garder à notre meilleur.

En conclusion, cher humain, nous, les Cocker Spaniels, sommes des paquets d'amour, de joie et d'enthousiasme. Notre héritage de chasse, nos sons uniques et notre nature affectueuse font de nous des compagnons vraiment spéciaux. Avec vos soins, votre attention et beaucoup de caresses sur le ventre, nous serons les cockers les plus heureux du monde !

Alors, embarquons ensemble pour une vie d'aventures inoubliables, remplies de queues qui remuent, de baisers mouillés et d'amour inconditionnel. Préparez-vous à un lien qui réchauffera votre cœur et apportera une joie sans fin à votre vie !

Beaucoup d'amour et de queues qui remuent,
Votre Cocker Anglais

Un guide incontournable pour les amoureux des chiens

Teckel

Woof Woof! Bonjour, mon ami humain ! Votre ami Teckel est là pour vous donner des informations sur tout ce que vous devez savoir sur nous, les Doxies. Préparez-vous à passer un bon moment en remuant la queue !

Tout d'abord, parlons de notre race. Nous, les teckels, sommes de petits chiens avec un corps long et des pattes courtes. Nous avons été élevés à l'origine en Allemagne pour chasser le blaireau, c'est pourquoi nous avons un caractère fort et déterminé. Nous sommes peut-être petits, mais nous avons le cœur d'un puissant chasseur !

Passons maintenant à notre langage sonore unique. Oh, les sons que nous faisons ! Nous avons toute une gamme vocale, des aboiements profonds et expressifs aux hurlements adorables. Lorsque nous laissons échapper des aboiements courts et aigus, c'est souvent notre façon de vous alerter de quelque chose d'intéressant ou de suspect. Et lorsque nous déclenchons nos hurlements mélodiques, nous pourrions exprimer notre joie ou appeler nos amis à quatre pattes.

Lorsqu'il s'agit d'anxiété, certains teckels peuvent être enclins à s'inquiéter. Les bruits forts ou les changements environnementaux soudains peuvent nous rendre un peu nerveux. Nous apaiser avec des mots doux, nous fournir un refuge sûr et confortable dans lequel nous retirer et offrir des touches réconfortantes peuvent faire des merveilles pour apaiser nos inquiétudes. N'oubliez pas que nous comptons sur vous pour être notre point d'ancrage pour nous rassurer !

Maintenant, parlons de nos goûts et de nos aversions. Nous, les teckels, sommes des chiots joueurs et aventureux ! Nous aimons explorer le monde qui nous entoure, qu'il s'agisse de courir après les écureuils ou de creuser dans le jardin. Nous avons également le don de creuser des terriers et de creuser des tunnels,

Explorez le côté obscur de la vie des chiens

donc créer une zone de creusement désignée ou nous fournir des couvertures confortables sous lesquelles nous blottir nous fera remuer la queue avec plaisir.

Quand il est temps de reposer ses petites pattes, nous, les teckels, apprécions un endroit confortable pour nous blottir. Nous aimons trouver les coins les plus confortables de la maison ou nous blottir dans un lit pour chien moelleux. Nous offrir un espace chaleureux et accueillant pour notre moment de sieste est une façon géniale de nous montrer votre amour.

En ce qui concerne les conditions de vie, les teckels sont adaptables et peuvent prospérer dans divers contextes. Que vous viviez dans un appartement confortable ou dans une maison spacieuse avec jardin, nous pouvons nous sentir comme chez nous. Cependant, il est important de noter que nous devons être manipulés avec précaution en raison de notre long dos afin d'éviter d'éventuels problèmes de dos. Il est donc essentiel de jouer doucement et d'éviter les activités qui mettent notre colonne vertébrale à rude épreuve.

Pour assurer notre bien-être, les propriétaires doivent nous offrir régulièrement de l'exercice, une stimulation mentale et une socialisation. Des promenades quotidiennes, des jouets interactifs et des jeux de réflexion garderont notre esprit curieux occupé. Les méthodes de formation par renforcement positif font des merveilles pour nous, car nous sommes désireux de plaire et réagissons bien aux éloges et aux récompenses.

En conclusion, cher humain, nous, les teckels, sommes fougueux, loyaux et pleins de caractère. Les sons, les besoins et la détermination uniques de notre race nous rendent vraiment spéciaux. Avec votre amour, vos soins et beaucoup de caresses sur le ventre, nous serons les petits chiens saucisses les plus heureux du monde !

Alors embarquons ensemble dans cette aventure, mon ami humain. Avec vos conseils et votre affection infinie, nous créerons des souvenirs qui réchaufferont nos cœurs pendant des années. Préparez-vous à remuer la queue, à baiser le nez mouillé et à tout un tas de charme de teckel !

Beaucoup d'amour et de baisers baveux,
Votre Teckel

Un guide incontournable pour les amoureux des chiens

Chapitre 14

Dobermann Pinscher

Woof Woof! Bonjour, mon ami humain intrépide et dévoué ! C'est votre fidèle copain Doberman Pinscher, prêt à dévoiler le monde fascinant de notre race remarquable. Préparez-vous pour une aventure remplie de loyauté, de force et d'amour sans fin !

Commençons par quelques informations sur la race. Nous, les Doberman Pinschers, sommes réputés pour notre apparence élégante et musclée. Nous faisons tourner les têtes avec nos manteaux veloutés, nos couleurs éclatantes et nos oreilles alertes. Élevés comme chiens de travail polyvalents, nous possédons un mélange unique d'intelligence, d'athlétisme et de loyauté inébranlable.

Parlons maintenant de notre style de communication. Nous, les Dobermans, avons un large éventail d'expressions vocales. Des aboiements profonds et autoritaires aux woufs ludiques et aux hurlements doux, nous utilisons notre voix pour transmettre nos émotions. Lorsque nous aboyons avec un ton fort et autoritaire, c'est souvent pour vous alerter d'un danger potentiel ou pour protéger nos humains bien-aimés. Et lorsque nous laissons échapper des jappements joyeux et des gémissements excités, c'est notre façon de dire : **Jouons et amusons-nous !**

L'anxiété peut parfois nous affecter, les Dobermans, surtout si nous manquons de stimulation mentale et physique. Nous prospérons grâce à l'exercice régulier, aux défis mentaux et, plus important encore, à votre présence aimante. Passer du temps de qualité avec nous, participer à des jeux interactifs et assurer une routine structurée contribuera à atténuer toute anxiété que nous pourrions ressentir. Nous vous considérons comme notre leader et protecteur de confiance, votre présence calme et rassurante est donc la clé de notre bonheur et de notre bien-être.

Explorez le côté obscur de la vie des chiens

Détail de chaque race, la page explicative de votre chien

N'oublions pas nos goûts et nos aversions. Nous, les Dobermans, avons une volonté innée de protéger et de servir nos familles. Nous sommes dévoués et farouchement loyaux, toujours prêt à être à vos côtés. Nos activités préférées incluent l'entraînement à l'obéissance, la participation à des sports canins comme l'agilité ou le travail des odeurs, et même se blottir contre vous sur le canapé. Nous chérissons notre temps avec vous ; toute opportunité d'exercice physique et de stimulation mentale nous fera remuer la queue de joie !

A l'heure du repos, on apprécie un endroit douillet et confortable pour se ressourcer. Bien que nos besoins en sommeil puissent varier, nous avons généralement besoin de 10 à 12 heures de repos par jour. Ainsi, vous nous trouverez peut-être lovés dans notre lit préféré ou dormant tranquillement dans un coin tranquille de la maison, rêvant d'aventures passionnantes et de câlins sans fin.

En ce qui concerne nos conditions de vie, nous, les Dobermans, pouvons nous adapter à divers environnements, à condition de recevoir des soins, une formation et de l'exercice appropriés. Même si nous apprécions un espace extérieur sécurisé où nous pouvons nous dégourdir les jambes et explorer, nous sommes également heureux de vivre à l'intérieur avec nos humains bien-aimés. N'oubliez pas que nous nous épanouissons en faisant partie intégrante de votre vie quotidienne. Par conséquent, en nous incluant dans vos activités et en veillant à ce que nous recevions une stimulation mentale et physique suffisante, nous ferons ressortir le meilleur de nous-mêmes.

Pour assurer notre bien-être, les propriétaires doivent nous offrir des exercices réguliers, des défis mentaux et une socialisation dès le plus jeune âge. Nous, les Dobermans, sommes intelligents et désireux de plaire, ce qui fait de nous d'excellents candidats pour la formation d'obéissance et les activités avancées. Les méthodes de renforcement positif, la cohérence et des limites claires nous aideront à devenir des compagnons épanouis et heureux.

En conclusion, cher humain, nous, les Doberman Pinschers, sommes l'incarnation de la loyauté, de la force et de l'amour inébranlable. Notre style de communication unique, nos instincts de protection et notre athlétisme font de nous des compagnons vraiment spéciaux. Avec vos conseils, votre amour et beaucoup de caresses du ventre, nous serons les dobermans les plus heureux de la planète !

Beaucoup d'amour et de dévouement sans faille,
Votre Doberman Pinscher

Un guide incontournable pour les amoureux des chiens

Cocker anglais

Woof Woof! Bonjour, mon ami humain ! C'est votre copain Cocker anglais, prêt à partager tous les détails fantastiques sur notre fabuleuse race. Êtes-vous prêt à plonger dans le monde du Cocker anglais ? Commençons!

Tout d'abord, parlons de notre race. Le Cocker anglais est réputé pour notre charme, notre intelligence et notre nature ludique. Nous sommes des chiens de taille moyenne avec de beaux yeux expressifs et un pelage doux et soyeux qui nous rendent irrésistibles. Élevés à l'origine comme compagnons de chasse, nous avons un talent naturel pour flairer le gibier et le récupérer avec enthousiasme.

Parlons maintenant de notre langage sonore unique. Nous sommes assez vocaux et expressifs ! Nous utilisons une gamme de sons délicieux, allant des gémissements doux aux aboiements excités, pour communiquer nos émotions et nos désirs. Lorsque nous remuons rapidement la queue et laissons échapper un aboiement joyeux, cela signifie que nous débordons d'excitation et de bonheur. Et quand nous te donnons ces yeux de chiot émouvants, c'est notre façon de dire : **je t'aime !**

Lorsqu'il s'agit d'anxiété, nous, les Cockers anglais, pouvons être des âmes sensibles. Les changements de routine, les bruits forts ou la séparation d'avec nos proches peuvent nous rendre un peu anxieux. Mais n'ayez crainte, cher humain, car votre amour et votre réconfort sont les clés pour apaiser nos inquiétudes. Votre contact doux, vos paroles apaisantes et votre environnement sécurisé nous permettront de nous sentir en sécurité.

Ah, n'oublions pas nos goûts et nos aversions. Nous, les Cockers anglais, sommes des chiens actifs et énergiques qui aiment explorer et jouer. Nous prospérons en participant à des activités qui mettent notre esprit au défi et nous maintiennent physiquement actifs. Que ce soit pour faire de longues promenades,

Explorez le côté obscur de la vie des chiens

jouer à chercher dans le parc ou participer à un entraînement d'obéissance, nous sommes toujours partants pour nous amuser etaventure. De plus, une bonne séance de massage du ventre et de câlins avec vous fera remuer nos queues de délice !

Quand vient le temps de se détendre, nous apprécions un endroit confortable pour nous blottir et nous détendre. Un lit moelleux ou un canapé douillet seront notre endroit préféré pour faire une sieste et recharger nos batteries. Nous pouvons même nous blottir près de vous pour plus de chaleur et de confort. Après un repos réparateur, nous serons prêts à vous rejoindre pour d'autres escapades passionnantes !

Quant aux modalités de vie, nous, les Cockers anglais, nous adaptons bien aux environnements intérieurs et extérieurs. Nous aimons passer du temps de qualité avec notre meute humaine, il est donc important d'être à l'intérieur avec vous. Cependant, nous apprécions également les activités de plein air et avons besoin d'exercice régulier pour rester heureux et en bonne santé. Qu'il s'agisse d'explorer une cour sécurisée ou de vivre des aventures avec vous, nous serons ravis de proposer un équilibre d'expériences intérieures et extérieures.

Pour assurer notre bien-être et notre bonheur, les propriétaires doivent nous offrir une stimulation mentale, de l'exercice régulier et beaucoup d'amour. Les méthodes de formation par renforcement positif font des merveilles pour nous, car nous réagissons bien aux éloges et aux récompenses. Une routine structurée, une socialisation avec d'autres chiens et beaucoup de temps de jeu nous feront remuer la queue avec plaisir.

En conclusion, cher humain, nous, les Cockers anglais, sommes des compagnons aimants, intelligents et enjoués. Les caractéristiques uniques de notre race, ses sons expressifs et ses besoins spécifiques nous rendent vraiment spéciaux. Avec votre amour, vos soins et votre compagnie, nous serons les amis à fourrure les plus heureux et les plus dévoués que vous puissiez espérer !

Alors, embarquons ensemble dans ce délicieux voyage, mon ami humain. Nous créerons des souvenirs qui dureront toute une vie, remplis de queues qui remuent, de baisers mouillés et de joie sans fin. Préparez-vous pour une aventure palpitante avec votre compagnon Cocker anglais !

Je vous envoie de joyeux baisers d'épagneul et des queues qui remuent,
Votre Cocker Anglais

Un guide incontournable pour les amoureux des chiens

Setter anglais

Woof Woof! Salutations, mon fantastique compagnon humain ! C'est votre copain Setter anglais, fidèle et joueur, ici, ravi de partager toutes les choses étonnantes sur notre merveilleuse race. Préparez-vous pour un voyage palpitant dans le monde des Setters anglais !

Commençons par quelques informations générales. Nous, les Setters anglais, avons une histoire fascinante en tant que chiens de chasse polyvalents, connus pour nos capacités odorantes exceptionnelles et nos mouvements gracieux. Notre élégant pelage à plumes et notre instinct naturel de chasseur font de nous un spectacle à voir et une joie à avoir à vos côtés.

Parlons maintenant de notre langage sonore unique. Oh, les sons que nous faisons ! Nous avons toute une gamme vocale, de nos aboiements amicaux à nos hurlements mélodieux et même nos gémissements expressifs. Nous utilisons ces sons pour communiquer notre enthousiasme, notre curiosité et parfois notre désir d'aventure ou de récréation. Écoutez attentivement et vous comprendrez notre charmante langue Setter anglais !

En ce qui concerne l'anxiété, nous, les Setters anglais, sommes généralement faciles à vivre et adaptables. Cependant, des situations comme rester seul pendant de longues périodes ou subir des changements soudains dans notre routine peuvent nous rendre un peu anxieux. Nous offrir un environnement sécurisé et réconfortant, nous engager dans des activités interactives et offrir une stimulation mentale au moyen de puzzles ou d'exercices d'entraînement peut aider à atténuer toute anxiété que nous pourrions ressentir. Votre présence aimante et votre réconfort comptent pour nous !

Ah, n'oublions pas nos goûts et nos aversions. Nous, les Setters anglais, adorons être dehors et explorer les merveilles de la nature ! Qu'il s'agisse de longues

Explorez le côté obscur de la vie des chiens

promenades dans le parc, de randonnées sur des sentiers pittoresques ou de jeux aller chercher dans les grands espaces, nous prospérons dans les aventures en plein air. Nous chérissons également les moments de complicité de qualité avec vous, savourant chaque moment d'affection et d'attention que vous nous accordez.

Quand vient l'heure de se reposer, nous apprécions notre sieste douillette. Nous avons généralement besoin d'environ 12 à 14 heures de sommeil par jour pour recharger notre énergie et rajeunir notre corps. Alors, ne soyez pas surpris si vous nous trouvez en train de somnoler dans un endroit ensoleillé près de la fenêtre ou pelotonnés sur notre lit pour chien préféré, rêvant de chasser les oiseaux et remuant la queue de joie.

En ce qui concerne les conditions de vie, nous, les Setters anglais, pouvons bien nous adapter à divers environnements à condition que nous disposions de suffisamment d'opportunités d'exercice et de stimulation mentale. Qu'il s'agisse d'un jardin spacieux où nous pouvons nous dégourdir les jambes ou d'une maison confortable avec de nombreux jouets interactifs, nous serons heureux si nous sommes entourés de votre amour et de vos soins.

Pour assurer notre bien-être, il est important de fournir régulièrement de l'exercice, une stimulation mentale et une socialisation. Nous prospérons en participant à des activités qui mettent notre esprit et notre corps au défi. Les promenades quotidiennes, les jeux sans laisse dans des zones sécurisées et les cours d'obéissance sont tous d'excellents moyens de nous garder heureux et épanouis.

En conclusion, cher humain, nous, les Setters anglais, sommes doux, loyaux et pleins de joie de vivre. Notre héritage de chasse, nos sons uniques et notre nature aimante font de nous des compagnons vraiment spéciaux. Avec vos soins, votre attention et beaucoup de caresses du ventre, nous serons les Setters anglais les plus heureux du monde !

Alors, embarquons ensemble pour une vie d'aventures mémorables remplies de queues qui remuent, de baisers mouillés et d'amour sans fin. Préparez-vous à un lien qui réchauffera votre cœur et apportera une joie sans fin à votre vie !

Beaucoup d'amour et de queues qui remuent,
Votre Setter anglais

Un guide incontournable pour les amoureux des chiens

Berger allemand

Woof Woof! Salut, mon copain humain ! C'est votre copain berger allemand, prêt à vous dire tout ce que vous devez savoir sur nous, les GSD. Êtes-vous prêt pour une aventure vraiment géniale ? Allons-y !

Tout d'abord, parlons de notre race. Nous, les bergers allemands, avons un riche héritage en tant que chiens de travail. Élevés pour être intelligents, loyaux et polyvalents, nous sommes comme les super-héros du monde canin ! Du travail policier et militaire aux missions de recherche et de sauvetage, nous avons prouvé à maintes reprises que nous étions des compagnons courageux et dévoués.

Parlons maintenant de notre langage sonore unique. Oh, les sons que nous produisons sont assez fascinants ! Nous avons un répertoire d'aboiements, de gémissements et de hurlements pour communiquer avec vous. Lorsque nous laissons échapper un aboiement court et aigu, c'est généralement notre façon de dire : **Hé, fais attention ! Quelque chose d'important se passe !** Et lorsque nous émettons un grognement sourd et grondant, cela peut signifier que nous nous sentons protecteurs ou attentifs aux dangers potentiels.

Concernant l'anxiété, nous, les bergers allemands, sommes parfois légèrement anxieux dans certaines situations. Les bruits forts, les environnements inconnus ou le fait d'être séparé de nos proches peuvent nous mettre mal à l'aise. Nous apaiser avec des mots doux, créer un espace sûr et confortable pour nous et nous faire progressivement découvrir de nouvelles expériences peut grandement contribuer à apaiser nos inquiétudes. Votre présence calme et rassurante compte pour nous, cher humain !

Ah, n'oublions pas nos goûts et nos aversions. Nous, les GSD, aimons naturellement les activités qui engagent notre esprit et notre corps. Qu'il s'agisse de jouer à rapporter, de faire de longues promenades ou de participer à un

Explorez le côté obscur de la vie des chiens

Détail de chaque race, la page explicative de votre chien

entraînement d'obéissance, nous prospérons grâce à la stimulation mentale et physique. Nous sommes connus pour notre désir de plaire, alors, passer du temps de qualité avec nous et nous mettre au défi avec de nouvelles tâches nous fera remuer la queue avec plaisir !

Quand il est temps de se reposer, nous, les GSD, apprécions notre sommeil réparateur comme n'importe quel autre chiot. Nous avons besoin d'environ 12 à 14 heures de sommeil pour recharger nos batteries et être le meilleur de nous-mêmes. Alors, ne soyez pas surpris si vous nous trouvez blottis dans un coin douillet de la maison, rêvant d'aventures passionnantes et protégeant nos proches.

En ce qui concerne les conditions de vie, nous, les bergers allemands, pouvons bien nous adapter aux environnements intérieurs et extérieurs. Cependant, nous prospérons lorsque nous avons accès à un espace extérieur sécurisé pour nous dégourdir les jambes et dépenser notre énergie. Une cour arrière avec une haute clôture est idéale pour nous, car elle nous permet d'explorer et de garder notre territoire.

Pour assurer notre bonheur et notre bien-être, les propriétaires doivent nous offrir de l'exercice mental et physique, un entraînement constant et une socialisation dès le plus jeune âge. Les méthodes de formation par renforcement positif font des merveilles pour nous, car nous réagissons bien aux éloges et aux récompenses. Un environnement aimant et structuré, beaucoup de caresses du ventre et des moments de jeu feront de nous les bergers allemands les plus heureux du quartier !

En conclusion, cher humain, nous, les bergers allemands, sommes des compagnons fidèles, intelligents et protecteurs. Notre histoire de race, nos sons uniques et nos besoins spécifiques nous rendent vraiment spéciaux. N'oubliez pas que nous comptons sur vous pour obtenir de l'amour, des conseils et un but. Avec votre patience, votre compréhension et votre dévouement, nous serons les amis à quatre pattes les plus dévoués que vous puissiez demander !

Alors embarquons ensemble dans cet incroyable voyage, mon ami humain. Nous créerons un lien qui durera toute une vie, rempli d'aventures inoubliables, de joyeuses queues qui remuent et d'amour sans fin. Ensemble, nous pouvons tout vaincre !

Beaucoup d'amour et de protections,
Votre berger allemand

Un guide incontournable pour les amoureux des chiens

Chapitre 14

Golden retriever

Woof Woof! Bonjour, mon ami humain ! Votre copain Golden Retriever est là, prêt à partager tout ce que vous devez savoir sur nous, les Goldens. Préparez-vous à passer un bon moment en remuant la queue !

Tout d'abord, plongeons-nous dans notre race. Les Golden Retrievers sont connus pour leur nature amicale et douce. Nous avons une riche histoire en tant que chiens rapporteurs, élevés à l'origine pour rapporter la sauvagine aux chasseurs. Mais de nos jours, on est plus intéressé à aller chercher ses chaussons ou une balle de tennis pendant la récréation !

Parlons maintenant de notre langage sonore unique. Oh, les sons que nous produisons sont de la musique à vos oreilles ! De nos aboiements de joie excités à nos jappements joyeux et à nos queues qui remuent, nous avons toujours une façon d'exprimer notre plaisir. Laisser échapper un léger gémissement ou un gémissement peut signifier que nous nous sentons anxieux ou que nous recherchons de l'attention. Et quand nous poussons un long soupir de contentement, c'est notre façon de dire : **La vie est belle, mon humain !**

Lorsqu'il s'agit d'anxiété, nous, les Goldens, pouvons être des âmes sensibles. Nous pouvons nous sentir mal à l'aise dans des situations nouvelles ou inconnues, ou lors d'orages ou de feux d'artifice. Nous offrir du réconfort, une tape réconfortante sur la tête et un endroit confortable pour nous reposer peut grandement contribuer à apaiser nos inquiétudes. Nous prospérons grâce à votre amour et à votre attention, et cela nous aide à nous sentir en sécurité.

Maintenant, parlons de nos goûts et de nos aversions. Les Golden Retrievers sont célèbres pour leur amour de l'eau ! Barboter dans des lacs, des étangs ou même dans une piscine pour enfants est pour nous un pur bonheur. Nous avons des pattes palmées, ce qui fait de nous d'excellents nageurs. Alors, si vous êtes

Explorez le côté obscur de la vie des chiens

partant pour un compagnon de natation ou une partie de récupération dans l'eau, comptez sur nous !

Quand vient l'heure de faire une sieste, nous, les Goldens, savons comment nous détendre et nous ressourcer. Nous avons généralement besoin d'environ 10 à 12 heures de sommeil pour être au meilleur de nous-mêmes. Alors ne soyez pas surpris si vous nous trouvez blottis à l'endroit le plus confortable de la maison, rêvant d'aventures amusantes et remuant la queue dans notre sommeil.

Les Goldens sont adaptables et peuvent prospérer dans divers modes de vie. Nous pouvons être heureux à l'intérieur comme à l'extérieur, à condition d'avoir beaucoup d'amour, d'attention et d'occasions de faire de l'exercice. Une cour bien clôturée où nous pouvons courir et jouer à chercher est comme un rêve en or devenu réalité !

Pour nous garder en bonne santé et heureux, les propriétaires doivent nous proposer régulièrement des exercices, une stimulation mentale et une formation de renforcement positif. Nous aimons apprendre de nouvelles astuces et tâches, alors nous apprendre des commandes amusantes et mettre notre cerveau au défi nous gardera sur nos pattes ! Et bien sûr, beaucoup de frottements du ventre, de grattements d'oreilles et de jeux avec vous feront de nous les Golden Retrievers les plus heureux de la planète.

En conclusion, cher humain, nous, les Golden Retrievers, sommes aimants, loyaux et pleins de joie. L'histoire de notre race, son langage sonore et ses besoins uniques nous rendent vraiment spéciaux. N'oubliez pas que nous vous considérons comme notre famille et que nous vous faisons confiance pour nous offrir un environnement aimant et stimulant.

Alors embarquons ensemble dans cet incroyable voyage, mon ami humain. Avec votre amour, vos soins et quelques délicieuses friandises, nous créerons un lien qui durera toute une vie. Préparez-vous pour une vie de queues remuantes, de baisers mouillés et de moments dorés sans fin !

Beaucoup d'amour et de queues qui remuent,
Votre Golden Retriever

Un guide incontournable pour les amoureux des chiens

Chapitre 14

Grand danois

Woof Woof! Bonjour, mon ami humain ! C'est votre sympathique compagnon Dogue Allemand, ici pour partager tous les détails impressionnants sur notre race majestueuse. Préparez-vous à une grande histoire d'amour et de fidélité !

Commençons par l'histoire de notre race. Les grands danois sont des géants au cœur d'or. Nous avons une histoire riche, provenant de la Grèce antique et de l'Allemagne. Élevés comme chiens de chasse puis comme fidèles protecteurs, nous avons une présence royale et une nature douce qui nous rendent irrésistibles auprès de tous ceux que nous rencontrons.

Parlons maintenant de notre langage sonore unique. Même si nous ne sommes peut-être pas les chiens les plus vocaux, nous communiquons à travers une gamme de sons délicieux. Des woufs profonds et grondants aux aboiements ludiques et aux doux grognements, nous exprimons nos émotions de la manière la plus adorable. C'est notre façon de dire, **je suis là et je t'aime !**

Lorsqu'il s'agit d'anxiété, nous, les Dogues Danois, sommes des tendres au grand cœur. Nous avons besoin de votre amour et de votre attention et pouvons nous sentir anxieux lorsqu'on nous laisse seuls pendant de longues périodes. Pour nous aider à apaiser nos inquiétudes, créez un espace sûr et confortable dans lequel nous pouvons nous retirer lorsque vous êtes absent. Laisser des parfums réconfortants, fournir des jouets interactifs et jouer de la musique apaisante peuvent aider à calmer nos âmes douces.

N'oublions pas nos goûts et nos aversions. Les grands danois sont connus pour leur nature douce et amicale. Nous adorons être avec notre meute humaine, nous blottir sur le canapé le plus confortable ou nous étendre sur le sol pour nous frotter le ventre. Malgré notre taille, nous avons la réputation d'être de gentils géants et d'excellents compagnons de famille.

Explorez le côté obscur de la vie des chiens

Détail de chaque race, la page explicative de votre chien

Lorsqu'il est temps d'attraper quelques Z, nous, les Grands Danois, prenons notre sommeil au sérieux. Nous avons besoin d'environ 14 à 16 heures de sommeil réparateur par jour pour recharger nos grosses batteries. Vous nous trouverez peut-être blottis dans le coin le plus confortable de la maison, en train de somnoler et de rêver de friandises et d'aventures. Un lit moelleux digne d'un roi ou d'une reine est exactement ce dont nous avons besoin pour nous réveiller rafraîchis et prêts à nous amuser !

En ce qui concerne les conditions de vie, nous, les Grands Danois, sommes adaptables et pouvons prospérer dans divers environnements. Même si nous apprécions d'avoir une cour spacieuse pour nous dégourdir les longues jambes, nous nous contentons également de vivre dans des appartements ou des maisons plus petites, à condition de faire beaucoup d'exercice quotidien et de stimulation mentale. Des promenades régulières, des récréations et des jeux interactifs nous garderont heureux et en bonne santé.

Pour assurer notre bien-être, les propriétaires doivent nous assurer une formation et une socialisation adéquates dès le plus jeune âge. Même si nous pouvons paraître imposants, nous sommes doux et désireux de plaire. Les méthodes de formation par renforcement positif fonctionnent mieux pour nous, car nous réagissons bien aux éloges, aux récompenses et aux conseils doux. Avec de la patience, de la cohérence et de nombreuses friandises, nous serons les dogues danois les plus sages !

En conclusion, cher humain, nous, les Grands Danois, sommes l'incarnation de l'amour et de la loyauté. Notre stature majestueuse, nos sons uniques et notre nature douce nous rendent vraiment spéciaux. Avec votre amour, vos soins et votre compréhension de nos besoins, nous serons vos compagnons pour la vie, toujours prêts à remplir vos journées de baisers baveux, de queues remuantes et de câlins sans fin.

Alors, prêt à vous lancer dans une grande aventure avec votre copain Dogue Allemand ? Explorons le monde ensemble, créons des souvenirs et expérimentons la joie d'avoir un gentil géant à vos côtés. Préparez-vous pour un voyage extraordinaire rempli d'amour, de rires et de moments réconfortants !

Beaucoup d'amour et de baisers baveux,
Votre Dogue Allemand

Un guide incontournable pour les amoureux des chiens

Chapitre 14

Labrador Retriever

Woof Woof! Salut, mon copain humain ! C'est votre ami Labrador Retriever, prêt à dévoiler tout ce que vous devez savoir sur nous, les laboratoires. Attachez votre ceinture pour passer un bon moment !

Tout d'abord, parlons de notre race. Nous, les laboratoires, avons une histoire fascinante. Élevés à l'origine comme chiens de travail, nous possédons un solide bagage génétique en tant que retrievers. Qu'il s'agisse d'aller chercher des canards ou vos pantoufles préférées, nous avons un instinct naturel pour récupérer des objets et vous les rapporter. Nous sommes comme des super-héros à fourrure du monde de la récupération !

Passons maintenant à notre langage sonore unique. Oh, les différents sons que nous produisons ! Des aboiements joyeux aux gémissements adorables, nous avons tout un répertoire vocal. Lorsque nous aboyons avec des sons courts et aigus, c'est généralement notre façon de dire : **Hé, fais attention ! Il se passe quelque chose d'excitant !** Et lorsque nous poussons un long et triste hurlement, nous pouvons exprimer notre désir ou appeler nos amis à quatre pattes au loin.

Lorsqu'il s'agit d'anxiété, nous, les Labradors, pouvons parfois être nerveux. Les bruits forts comme les orages ou les feux d'artifice peuvent nous faire trembler de peur. Nous apaiser avec des mots doux, nous offrir un repaire confortable dans lequel nous blottir et peut-être même jouer de la musique apaisante peut faire des merveilles pour apaiser nos inquiétudes. N'oubliez pas que nous vous considérons comme notre super-héros humain, donc votre présence réconfortante signifie tout pour nous !

Ah, n'oublions pas nos goûts et nos aversions. Les laboratoires sont connus pour notre amour de l'eau ! Barboter dans les lacs, les rivières ou même dans la piscine pour enfants du jardin est pour nous un pur bonheur. Nous avons des pattes

Explorez le côté obscur de la vie des chiens

palmées, vous savez, quifait de nous d'excellents nageurs. Regardez simplement ces expressions joyeuses qui remuent la queue pendant que nous plongeons !

À l'heure de la sieste, nous, les laboratoires, sommes de vrais professionnels. Nous avons besoin de notre sommeil réparateur, et nous n'avons pas honte de l'admettre ! Environ 12 à 14 heures de sommeil nous permettent de recharger nos batteries. Alors ne soyez pas surpris si vous nous trouvez blottis dans le coin le plus douillet de la maison, rêvant de courir après des écureuils et des balles de tennis.

En ce qui concerne les conditions de vie, les laboratoires peuvent bien s'adapter aux environnements intérieurs et extérieurs. Nous sommes des chiots polyvalents qui peuvent s'épanouir dans divers contextes. Cependant, nous bénéficions d'un accès à un espace extérieur sécurisé pour explorer et dépenser de l'énergie. Une cour arrière spacieuse avec de l'espace pour se déplacer serait pour nous un rêve devenu réalité.

Pour assurer notre bien-être, les propriétaires doivent nous offrir une stimulation mentale, un entraînement constant et une socialisation dès le plus jeune âge. Les méthodes de formation par renforcement positif font des merveilles pour nous, car nous réagissons bien aux éloges et aux récompenses. Une routine structurée, des exercices réguliers et beaucoup d'amour et d'affection feront de nous les laboratoires les plus heureux du quartier !
En conclusion, nous, les Labs, sommes loyaux, aimants et pleins de vie. Notre histoire de race, notre patrimoine génétique et notre langage sonore unique nous rendent vraiment spéciaux. N'oubliez pas que nous comptons sur vous pour votre amour, votre attention et votre compréhension. Avec vos conseils, votre patience et de nombreux massages du ventre, nous serons les laboratoires les plus heureux du monde !

N'oubliez pas que chaque Labrador est unique et que nos besoins peuvent varier. C'est toujours une bonne idée de consulter un vétérinaire ou un dresseur de chiens professionnel pour obtenir des conseils personnalisés en fonction de notre personnalité individuelle.

Eh bien, mon cher humain, j'espère que ce petit aperçu du monde des Labrador Retrievers vous a fait sourire. Nous sommes loyaux, aimants et pleins d'une joie sans fin. Alors, embarquons ensemble pour une vie d'aventures, remplie de queues qui remuent, de baisers baveux et d'amour inconditionnel.
Beaucoup d'amour et de baisers baveux,
Votre Labrador Retriever

Un guide incontournable pour les amoureux des chiens

Léonberg

Woof Woof! Bonjour, c'est votre ami à quatre pattes, le Léonberg, ici pour partager toutes les merveilles de notre majestueuse race. Préparez-vous pour un voyage formidable rempli d'amour, de fidélité et de beaucoup de plaisir ! Tout d'abord, parlons de notre apparence.

Nous sommes grands, moelleux et tellement beaux. Avec notre crinière de lion, nos yeux expressifs et notre expression douce, nous pouvons faire tourner les têtes partout où nous allons. En tant que l'une des plus grandes races de chiens, nous sommes forts et robustes, mais doux et gracieux. Mais ce n'est pas seulement notre apparence qui nous rend spéciaux.

Nous sommes connus pour notre nature amicale et aimante. Nous sommes de vrais chiens de famille, toujours désireux de plaire et profondément dévoués à notre meute humaine. Nous sommes fantastiques avec les enfants, patients et doux, ce qui fait de nous des compagnons idéaux pour les plus petits. Notre attitude calme et patiente fait également de nous d'excellents chiens de thérapie, apportant réconfort et joie à ceux qui en ont besoin. Intelligence? Tu paries!

Nous apprenons vite et prospérons grâce à la stimulation mentale. Nous former est un jeu d'enfant, surtout lorsque vous utilisez des techniques de renforcement positif comme des friandises et des éloges. Nous sommes toujours prêts à apprendre de nouvelles astuces et tâches et excellons dans les activités d'obéissance, de pistage et même de sauvetage aquatique. Garder notre esprit engagé et stimulé est la clé de notre bonheur et de notre bien-être.

Parlons maintenant de notre amour pour l'eau. Nous sommes des nageurs nés et apprécions une bonne baignade dans le lac ou un plongeon dans la piscine. Notre double couche épaisse nous garde au chaud même dans les eaux froides, faisant de la natation l'un de nos passe-temps préférés. Alors, si vous cherchez

Explorez le côté obscur de la vie des chiens

un ami à quatre pattes pour vous rejoindre dans des aventures aquatiques, nous sommes prêts à plonger !

Lorsqu'il s'agit d'anxiété, certains d'entre nous, Léonbergs, peuvent être un peu sensibles. Les bruits forts, les changements de routine ou le fait d'être laissé seul pendant de longues périodes peuvent nous mettre un peu mal à l'aise. Nous offrir un environnement calme et sécurisé, beaucoup d'exercice et beaucoup de temps de qualité avec notre famille humaine peut contribuer à atténuer nos inquiétudes. Nous apprécions d'avoir une routine et de participer aux activités familiales pour garder la queue heureuse.

En termes de conditions de vie, nous sommes des chiens adaptables. Même si nous apprécions de disposer d'un espace spacieux pour nous dégourdir les pattes, nous pouvons nous adapter à différents environnements de vie à condition de faire régulièrement de l'exercice et de recevoir beaucoup d'amour et d'attention de la part de nos humains. Fournissez-nous simplement suffisamment de stimulation mentale et physique pour nous garder satisfaits et heureux.

En conclusion, cher humain, nous, les Léonbergs, sommes aimants, loyaux et pleins de force douce. Notre apparence majestueuse, notre nature amicale et notre intelligence font de nous des compagnons fantastiques pour les familles de toutes tailles. Avec votre amour, vos soins et de nombreuses égratignures au menton, nous serons les Léonbergs les plus heureux du monde ! Alors, embarquons ensemble pour une vie d'aventures, remplie de queues qui remuent, de gros câlins d'ours et d'amour sans fin.

Je t'envoie d'énormes câlins poilus et des baisers baveux,
Votre Léonberg

maltais

Woof Woof! Bonjour, cher ami humain ! Votre charmant compagnon maltais est là, prêt à partager tous les détails moelleux sur notre merveilleuse race. Préparez-vous pour un voyage au charme positif dans le monde des chiens maltais !

Commençons par l'histoire de notre race. Les chiens maltais sont une race ancienne avec un héritage royal. Nous sommes les compagnons chéris de la noblesse et de l'aristocratie depuis des siècles. Nos manteaux blancs soyeux et notre apparence élégante font de nous des boules de poils ambulantes qui apportent élégance et grâce partout où nous allons.

Parlons maintenant de notre langage sonore unique. Oh, les sons que nous faisons ! Nous avons tout un répertoire vocal, des petits aboiements doux aux grincements ludiques et aux grognements occasionnels. Nous utilisons ces sons pour exprimer notre enthousiasme, notre joie et parfois pour vous faire savoir si nous avons besoin de quelque chose. Écoutez attentivement et vous comprendrez notre adorable langue maltaise !

Lorsqu'il s'agit d'anxiété, nous, les chiens maltais, pouvons être des âmes sensibles. Les changements de routine, la séparation d'avec nos proches ou la rencontre de situations inconnues peuvent nous rendre anxieux. Offrir un environnement calme et aimant, une douce réassurance et de nombreux câlins peut faire des merveilles pour apaiser nos inquiétudes. Votre présence et votre affection comptent pour nous, et c'est notre plus grand réconfort pendant ces moments d'anxiété.

Ah, n'oublions pas nos goûts et nos aversions. Nous, les chiens maltais, adorons être sous les projecteurs ! Nous aimons l'attention, nous faire dorloter et être le centre de votre monde. Que ce soit pour nous blottir sur vos genoux, vous

Explorez le côté obscur de la vie des chiens

accompagner dans vos aventures ou vous montrer nos charmantes astuces, nous nous nourrissons de votre amour et de votre admiration.

Quand il est temps de se détendre, nous, les chiens maltais, apprécions notre sieste douillette. Nous avons généralement besoin d'environ 12 à 14 heures de sommeil réparateur par jour pour recharger nos batteries élégantes. Alors, ne soyez pas surpris si vous nous trouvez blottis dans les oreillers les plus moelleux ou lovés dans une couverture chaude, rêvant de délicieuses aventures.

Quant à nos conditions de vie, les chiens maltais sont bien adaptés à la vie en intérieur. Nous sommes parfaitement satisfaits des appartements, des condos ou des maisons, à condition que nous ayons votre présence aimante et un espace confortable qui nous appartient. Nous aimons être des compagnons d'intérieur et chérissons les coins douillets et les lits moelleux que vous nous offrez.

Pour assurer notre bien-être, il est essentiel de nous prodiguer des soins et des soins réguliers. Nos belles blouses blanches nécessitent un brossage quotidien pour éviter les nœuds et des visites régulières chez le toiletteur pour les coupes de cheveux et l'entretien. On apprécie également les exercices doux, comme les courtes promenades et les séances de jeux interactifs, pour nous stimuler physiquement et mentalement.

En conclusion, cher humain, nous, les chiens maltais, sommes des paquets d'amour, d'élégance et de charme. Notre riche histoire, nos sons uniques et notre nature affectueuse font de nous des compagnons vraiment spéciaux. Avec vos soins, votre attention et beaucoup de doux câlins, nous serons les chiens maltais les plus heureux du quartier.

Alors, embarquons ensemble pour une vie d'aventures délicieuses remplies de rires, de câlins et d'amour inconditionnel. Préparez-vous à une complicité remarquable qui apportera de la joie et un sourire à votre cœur !

Beaucoup d'amour et de queues qui remuent,
Votre maltais

Un guide incontournable pour les amoureux des chiens

Chapitre 14   **173**

Schnauzer nain

Salut, mon ami de taille mini ! C'est votre copain Schnauzer nain ici, qui remue la queue avec enthousiasme pour vous parler de nous, de fabuleux petits chiots. Préparez-vous pour une petite aventure !

Tout d'abord, parlons de notre race. Nous, les Schnauzers miniatures, sommes petits par la taille mais grands par la personnalité. Avec notre visage barbu distinctif et nos oreilles dressées, il est difficile de nous manquer ! Élevés à l'origine en Allemagne, nous étions des ratiers et des chiens de ferme, connus pour notre odorat aiguisé et notre capacité à éloigner les créatures embêtantes.

Parlons maintenant de notre style de communication. Nous sommes un groupe plutôt vocal ! Des aboiements et jappements aux grognements et hurlements, nous avons de nombreux sons pour nous exprimer. Nous pourrions émettre une série d'aboiements joyeux si nous sommes excités ou si nous voulons votre attention. Et lorsque nous nous sentons protecteurs ou méfiants, un aboiement profond et autoritaire est notre façon de vous faire savoir que quelque chose ne va pas.

L'anxiété peut parfois ébouriffer notre fourrure de schnauzer, surtout si nous ne recevons pas suffisamment de stimulation mentale ou si nous sommes laissés seuls pendant de longues périodes. Nous aimons faire partie de la famille et apprécions les activités qui engagent notre esprit vif. Des puzzles interactifs, un entraînement à l'obéissance et des moments de jeu réguliers avec vous sont essentiels pour nous garder heureux et satisfaits.

Parlons de nos goûts et de nos aversions ! Nous sommes connus pour notre nature amicale et enjouée, toujours prêts à nous amuser. Nous adorons passer du temps de qualité avec nos humains préférés, que ce soit en nous promenant tranquillement dans le quartier ou en nous blottissant sur le canapé pour regarder

Explorez le côté obscur de la vie des chiens

Détail de chaque race, la page explicative de votre chien

Netflix et des friandises. Oh, et ai-je mentionné que nous avons une affinité naturelle pour les jouets grinçants ? Ils font ressortir le chiot qui sommeille en nous et nous divertissent pendant des heures !

En ce qui concerne le sommeil, nous sommes assez flexibles. Nous avons besoin d'environ 12 à 14 heures de sommeil chaque jour, mais nous nous adaptons à votre emploi du temps. Qu'il s'agisse de se blottir dans un lit douillet ou de somnoler à vos côtés, nous trouverons l'endroit idéal pour nous ressourcer et rêver de chasser les écureuils ou de jouer à rapporter.

En ce qui concerne les conditions de vie, nous sommes des chiens polyvalents qui peuvent bien s'adapter à la vie en appartement ou dans une maison avec cour. Cependant, faire de l'exercice régulièrement est indispensable pour rester en pleine forme. Les promenades quotidiennes, les séances de jeux interactifs et les défis mentaux comme les cours d'obéissance ou d'agilité sont des moyens fantastiques de garder notre esprit et notre corps actifs.

Pour que nous puissions rester au meilleur de notre forme, il est important de nous offrir une alimentation équilibrée, un toilettage régulier pour entretenir notre pelage élégant et une socialisation dès le plus jeune âge. Les méthodes de formation par renforcement positif font des merveilles pour nous, car nous nous épanouissons grâce aux éloges et aux récompenses. Avec vos conseils patients, votre amour et votre affection, nous serons le Schnauzer nain le plus heureux du quartier !

En conclusion, mon cher compagnon humain, nous, les Schnauzers miniatures, sommes petits mais puissants. Notre personnalité pleine d'entrain, notre look distinctif et notre amour de la vie font de nous un ajout charmant à toute famille. Avec votre amour, votre attention et quelques caresses du ventre, nous serons de fidèles compagnons et des boules de joie à fourrure.

Alors, embarquons ensemble pour un voyage passionnant ! Je suis là, la queue remuante, prête à explorer le monde à vos côtés, partageant des câlins sans fin et créant des souvenirs qui réchaufferont nos cœurs pour les années à venir.

Woofs et remuants,
Votre Schnauzer nain

Un guide incontournable pour les amoureux des chiens

Chapitre 14

Chien d'élan norvégien

Woof Woof! Votre ami à quatre pattes, le Chien d'élan norvégien, est là pour partager toutes les merveilles de notre incroyable race. Préparez-vous pour un moment agréable et rempli de loyauté, d'intelligence et d'aventure !

Tout d'abord, parlons de notre patrimoine. Nous avons une fière histoire en tant que chiens de chasse nordiques anciens. Nous avons été élevés à l'origine pour aider à la chasse au gros gibier, comme le wapiti et l'ours, et notre odorat aigu et notre détermination font de nous d'excellents pisteurs.

Nous sommes reconnus pour notre endurance, notre agilité et notre capacité à naviguer sur des terrains accidentés. Nos ancêtres parcouraient les forêts de Norvège et aujourd'hui, nous introduisons cet esprit intrépide dans notre vie quotidienne. En tant que compagnons, nous sommes incroyablement loyaux et protecteurs envers notre meute humaine. Nous formons des liens profonds avec nos familles et sommes toujours prêts à être à vos côtés. Notre aboiement fort et puissant fait de nous d'excellents chiens de garde, vous alertant de tout danger potentiel. Rassurez-vous, avec nous, vous vous sentirez toujours en sécurité.

L'intelligence est l'un de nos points forts. Nous apprenons vite et aimons les défis mentaux. Nous former est un jeu d'enfant, surtout lorsque vous utilisez des méthodes de renforcement positif. Nous prospérons grâce aux éloges, aux friandises et aux activités engageantes. Avec un entraînement constant et beaucoup de stimulation mentale, nous vous étonnerons par nos compétences en résolution de problèmes et notre obéissance.

Parlons maintenant de notre magnifique double manteau. Notre fourrure épaisse nous garde au chaud même dans les climats les plus rigoureux. Il nécessite un toilettage régulier pour le maintenir en pleine forme et éviter les nœuds. Nous

Explorez le côté obscur de la vie des chiens

Détail de chaque race, la page explicative de votre chien

muons modérément tout au long de l'année et avons une période de mue saisonnière au cours de laquelle nous aurons besoin d'un peu plus de brossage pour garder notre pelage à son meilleur. C'est un petit prix à payer pour notre magnifique apparence !

Lorsqu'il s'agit d'anxiété, certains d'entre nous, les Elkhounds norvégiens, peuvent être un peu sensibles. Être laissé seul pendant de longues périodes ou être confronté à des bruits forts peut nous mettre un peu mal à l'aise. Nous offrir un environnement calme et sécurisé ainsi que beaucoup d'exercice et de stimulation mentale nous aidera à apaiser nos inquiétudes. Nous apprécions d'avoir une routine et de participer aux activités familiales pour garder la queue heureuse.

En termes de conditions de vie, nous sommes des chiens polyvalents. Même si nous aimons avoir un espace extérieur sécurisé à explorer, nous pouvons bien nous adapter à différents environnements de vie à condition de faire beaucoup d'exercice et de stimulation mentale. Nous sommes une race active et nous prospérons dans des foyers qui peuvent nous offrir des activités physiques régulières et des défis mentaux.

En conclusion, cher humain, nous, les Elkhounds norvégiens, sommes loyaux, intelligents et aventureux. Notre riche histoire en tant que chiens de chasse et notre nature aimante font de nous de merveilleux compagnons pour ceux qui apprécient nos traits uniques. Avec votre amour, vos soins et vos nombreuses escapades en plein air, nous serons les Elkhounds norvégiens les plus heureux du monde ! Alors, embarquons ensemble dans une vie d'aventures passionnantes, remplies de queues remuantes, d'énergie illimitée et d'amour inconditionnel.

Je vous envoie plein de câlins poilus et des remuements de queue enthousiastes,
Votre Chien d'élan norvégien

Un guide incontournable pour les amoureux des chiens

Chapitre 14

Caniche
(Standard/Mini/Jouet)

Woof Woof! Salut, mon copain humain ! C'est votre copain caniche, prêt à caracoler dans votre cœur et à partager tout ce que vous devez savoir sur nous, les caniches. Préparez-vous pour une aventure palpitante !

Tout d'abord, parlons de notre race. Les caniches sont disponibles en trois tailles : Standard, Miniature et Toy. Nous sommes connus pour nos luxueux manteaux bouclés ou cordés et notre apparence élégante et sophistiquée. Ne vous laissez pas tromper par notre apparence fantaisiste : nous sommes des chiots joueurs et intelligents !

Passons maintenant à notre langage sonore unique. Nous, les caniches, sommes assez expressifs ! Nous communiquons avec une large gamme de sons, allant des gémissements et aboiements doux aux jappements excités et aux grognements ludiques. Lorsque nous laissons échapper une série d'aboiements ludiques, c'est souvent notre façon de dire : **Amusons-nous !** Et lorsque nous émettons un grognement sourd et grondant, cela pourrait être notre façon de vous dire que nous nous sentons un peu anxieux ou incertains.

En ce qui concerne l'anxiété, certains caniches peuvent être sujets à l'anxiété de séparation. Nous sommes des chiens très sociaux qui prospèrent grâce à la compagnie humaine. Ainsi, nos humains doivent nous fournir beaucoup de stimulation mentale et physique et un environnement sûr et réconfortant lorsque vous êtes absent. Les jouets interactifs, les jeux de réflexion et l'établissement d'une routine peuvent aider à atténuer toute anxiété que nous pourrions ressentir.

Parlons de nos goûts et de nos aversions. Les caniches sont connus pour leur intelligence et leur amour de l'apprentissage. Nous aimons être handicapés mentaux et participer à des entraînements d'obéissance, d'agilité et de sports

Explorez le côté obscur de la vie des chiens

canins. L'exercice régulier est important pour nous garder heureux et en bonne santé, mais n'oubliez pas les problèmes mentaux.faites aussi de l'exercice : apprenez-nous de nouvelles astuces ou jouez à des jeux interactifs pour garder l'esprit vif !

Quand vient l'heure de se reposer, nous, les caniches, avons besoin d'environ 10 à 12 heures de sommeil chaque jour. Nous apprécions d'avoir un endroit confortable pour nous blottir, qu'il s'agisse d'un lit pour chien moelleux ou d'un coin moelleux du canapé. Nous n'aimons rien de plus que de nous blottir contre nos humains et de faire de beaux rêves.

En ce qui concerne les conditions de vie, les caniches sont adaptables et peuvent s'épanouir aussi bien en intérieur qu'en extérieur. Bien que nous apprécions un environnement familial chaleureux et aimant, nous apprécions également les sorties régulières et la socialisation avec d'autres chiens. Nous sommes des chiots polyvalents qui peuvent s'adapter à diverses situations de vie, à condition que nous recevions l'amour et l'attention dont nous avons besoin.

Pour assurer notre bien-être, les propriétaires doivent nous fournir un toilettage régulier, car nos manteaux bouclés nécessitent un entretien pour les garder sans enchevêtrement et en bonne santé. L'exercice régulier et la stimulation mentale sont essentiels, ainsi que les méthodes d'entraînement par renforcement positif axées sur l'apprentissage basé sur la récompense. Nous avons hâte de plaire et de bien répondre aux éloges et aux friandises !

En conclusion, chers humains, nous, les caniches, sommes joueurs, intelligents et charmants. Les tailles, les sons et les besoins uniques de notre race nous rendent vraiment spéciaux. N'oubliez pas que nous comptons sur vous pour l'amour, les soins et les aventures passionnantes !

Alors, embarquons dans ce voyage ensemble, mon ami humain. Avec votre patience, votre compréhension et beaucoup de caresses du ventre, nous créerons un lien qui durera toute une vie. Préparez-vous à remuer la queue, à des câlins moelleux et à beaucoup d'amour pour les caniches !

Beaucoup d'amour et de queues qui remuent,
Votre caniche

Un guide incontournable pour les amoureux des chiens

Chapitre 14

Chien d'eau portugais

Woof Woof! Votre ami à quatre pattes, le chien d'eau portugais, est là pour vous parler de notre incroyable race. Préparez-vous à une touche d'excitation et à un raz-de-marée d'amour !

Nous sommes une race unique avec une riche histoire enracinée au Portugal, connue pour notre amour de l'eau et nos adorables manteaux bouclés. En tant que chiens d'eau, nous sommes nés pour nager !

Nous avons des pattes palmées et un double pelage imperméable qui nous garde au chaud même dans les eaux froides. Nous sommes d'excellents nageurs et sauveteurs naturels, c'est pourquoi nous sommes les compagnons de confiance des pêcheurs depuis des siècles. Qu'il s'agisse d'aller chercher des jouets dans la piscine ou de vous rejoindre dans des aventures à la plage, nous plongerons joyeusement dans l'eau et montrerons nos impressionnants talents de nageur ! Mais ce ne sont pas seulement nos talents aquatiques qui nous rendent spéciaux.

Nous sommes également des apprenants incroyablement intelligents et rapides. Nous former est un jeu d'enfant, surtout lorsque vous utilisez des méthodes de renforcement positif. Nous aimons faire plaisir à notre meute humaine et ferons tout pour une friandise savoureuse ou un massage du ventre. Notre intelligence et notre désir de plaire font de nous des candidats parfaits pour divers sports et activités canins. Nos manteaux sont un spectacle remarquable !

Nous en proposons deux variétés : ondulées et bouclées. Nos manteaux qui ne perdent pas leurs poils sont hypoallergéniques, ce qui en fait un excellent choix pour les personnes allergiques. Cependant, notre fabuleuse fourrure nécessite un entretien régulier pour éviter les nœuds et conserver son meilleur aspect. Un petit brossage, une coupe ici et là, et voilà ! Nous sommes prêts à nous pavaner avec style.

Explorez le côté obscur de la vie des chiens

En matière d'anxiété, nous sommes généralement une race confiante et extravertie. Cependant, certains d'entre nous peuvent être des âmes sensibles et ressentir de l'anxiété certaines situations. Créer un environnement calme et sécurisé pour nous, fournir beaucoup de stimulation mentale et physique et garantir que nous avons une routine peut nous aider à garder la queue remuée joyeusement. Nous aimons faire partie de la famille et apprécions les activités qui impliquent notre meute humaine.

Nous sommes polyvalents en matière de conditions de vie. Même si nous apprécions d'avoir accès à un espace extérieur sécurisé où nous pouvons nous dégourdir les jambes, nous nous adaptons à différentes situations de vie à condition de faire beaucoup d'exercice et de stimulation mentale. N'oubliez pas qu'un chien d'eau portugais qui s'ennuie est un chien d'eau portugais espiègle, alors occupez-nous avec des activités amusantes !

En conclusion, cher humain, nous, les chiens d'eau portugais, sommes loyaux, intelligents et pleins d'aventures remplies d'eau. Notre affinité naturelle pour la natation, nos manteaux bouclés et nos personnalités enjouées font de nous une race pas comme les autres. Avec votre amour, votre attention et beaucoup de plaisir aquatique, nous serons les chiens d'eau portugais les plus heureux du monde ! Alors, plongeons ensemble dans une vie d'escapades joyeuses, remplies de queues qui remuent, de baisers mouillés et d'amour inconditionnel.

Je t'envoie une touche d'amour et un gros remuement de queue,
Votre chien d'eau portugais

Un guide incontournable pour les amoureux des chiens

Carlin

Woof Woof! Bonjour, mon merveilleux ami humain ! Votre adorable compagnon Carlin est là, prêt à partager tous les détails fantastiques sur notre incroyable race. Préparez-vous pour un voyage au charme positif dans le monde des Carlins !

Commençons par l'histoire de notre race. Les carlins sont une race spéciale avec une riche histoire qui remonte à la Chine ancienne. Nous étions de précieux compagnons des empereurs chinois et très estimés pour notre loyauté et notre charmante personnalité. Avec nos visages ridés distinctifs et nos queues bouclées, nous sommes comme de petits paquets mignons qui apportent de la joie partout où nous allons.

Parlons maintenant de notre langage sonore unique. Oh, les sons que nous faisons ! Nous avons toute une gamme vocale, de nos adorables reniflements et reniflements à nos aboiements ludiques et hurlements occasionnels. Nous utilisons ces sons pour exprimer notre enthousiasme, notre bonheur et parfois même pour attirer votre attention. Écoutez attentivement et vous comprendrez notre adorable langage de carlin !

Lorsqu'il s'agit d'anxiété, nous, les Carlins, pouvons être des âmes sensibles. Les changements de routine, le fait d'être laissé seul trop longtemps ou même les bruits forts peuvent nous rendre un peu anxieux. Offrir un environnement calme et sécurisé, beaucoup d'amour et d'attention et s'en tenir à une routine cohérente peut nous aider à nous sentir en sécurité et à l'aise. Votre présence et votre affection comptent pour nous, et c'est notre plus grand réconfort pendant ces moments inquiétants.

Ah, n'oublions pas nos goûts et nos aversions. Les carlins sont connus pour notre amour de la compagnie et des câlins ! Nous aimons être à vos côtés, nous

Explorez le côté obscur de la vie des chiens

Détail de chaque race, la page explicative de votre chien

blottir sur vos genoux ou vous rejoindre pour une soirée agréable sur le canapé. Nous sommes peut-être petits, mais nos cœurs débordent d'amour et de loyauté.

Quand il est temps de se reposer, nous, les Carlins, prenons notre sommeil réparateur au sérieux. Nous avons généralement besoin d'environ 12 à 14 heures de sommeil chaque jour pour recharger nos adorables batteries. Alors, ne soyez pas surpris si vous nous trouvez blottis dans l'endroit le plus confortable de la maison, en train de somnoler et de rêver de friandises et de massages du ventre.

Quant à nos conditions de vie, les carlins sont polyvalents et s'adaptent bien aux environnements intérieurs et extérieurs. Nous pouvons vivre heureux dans des appartements, des condos ou des maisons spacieuses, à condition que vous ayez votre compagnie et un espace de détente confortable. N'oubliez pas que les températures extrêmes peuvent être un défi pour nous, alors assurez-vous de nous fournir un endroit frais et confortable pendant les étés chauds et des couvertures chaudes pendant les hivers froids.

Pour assurer notre bien-être, il est important de nous accorder une activité physique régulière et une alimentation équilibrée. Même si nous n'avons pas besoin d'activités physiques intenses, les promenades quotidiennes, les jeux interactifs et la stimulation mentale sont essentiels pour nous garder heureux et en bonne santé. Et bien sûr, n'oubliez pas de nous offrir de nombreuses friandises délicieuses et des massages occasionnels du ventre – nous adorons ça !

En conclusion, cher humain, nous, les Carlins, sommes des paquets d'amour, de joie et d'adorables reniflements. Notre histoire fascinante, nos sons uniques et notre nature affectueuse font de nous des compagnons vraiment spéciaux. Avec vos soins, votre attention et beaucoup de caresses sur le ventre, nous serons les petits carlins les plus heureux du quartier.

Alors, embarquons ensemble pour une vie de moments inoubliables, remplis de rires, de câlins et d'amour sans fin. Préparez-vous à une complicité remarquable qui vous apportera des sourires et de la chaleur dans votre cœur !

Beaucoup d'amour et de reniflements,
Votre carlin

Un guide incontournable pour les amoureux des chiens

Chapitre 14 183

Rottweiler

Woof Woof! Salut, mon ami humain ! C'est votre fidèle compagnon Rottweiler, prêt à partager tous les faits impressionnants sur notre race remarquable. Préparez-vous pour une aventure remplie de loyauté, de force et d'amour sans fin !

Commençons par l'histoire de notre race. Les rottweilers ont une riche histoire en tant que chiens de travail polyvalents. Élevés à l'origine en Allemagne, nous avions pour mission de garder le bétail et de protéger nos familles humaines. Grâce à notre physique fort et à notre instinct naturel de garde, nous faisons d'excellents protecteurs et de fidèles compagnons.

Parlons maintenant de notre langage sonore unique. Même si nous ne sommes peut-être pas les chiens les plus vocaux, nous communiquons par une gamme d'aboiements et de grognements profonds. Lorsque nous aboyons avec un ton fort et profond, c'est notre façon d'affirmer notre présence et de vous faire savoir que nous sommes conscients des menaces potentielles. C'est notre façon de dire : **je te soutiens, humain !**

Lorsqu'il s'agit d'anxiété, nous, les Rottweilers, sommes des âmes sensibles. Les bruits forts, les environnements inconnus ou la séparation d'avec nos humains bien-aimés peuvent parfois nous mettre mal à l'aise. Fournir un espace sûr et sécurisé, utiliser des techniques de renforcement positif et nous donner beaucoup d'amour et de réconfort peut aider à atténuer notre anxiété et à nous sentir en sécurité et protégés.

N'oublions pas nos goûts et nos aversions. Les rottweilers sont connus pour leur loyauté et leur affection inébranlables envers notre meute humaine. Nous aimons faire partie de vos activités quotidiennes et aimons participer aux sorties et aventures en famille. Nous aimons être près de vous, recevoir des caresses sur le

Explorez le côté obscur de la vie des chiens

**Détail de chaque race,
la page explicative de votre chien**

ventre et montrer notre dévouement avec de doux coups de coude et des baisers baveux.

Lorsqu'il est temps de se reposer et de se ressourcer, nous, les Rottweilers, apprécions un endroit confortable pour nous blottir. Nous avons généralement besoin d'environ 10 à 12 heures de sommeil de qualité par jour pour garder notre esprit et notre corps en forme. En nous fournissant un lit confortable ou un endroit désigné pour nous retirer et nous détendre, nous nous sentirons rajeunis et prêts pour de nouvelles aventures.

En ce qui concerne les conditions de vie, nous, les Rottweilers, pouvons bien nous adapter à divers environnements. Qu'il s'agisse d'une cour spacieuse ou d'un appartement, ce qui compte le plus est d'avoir un compagnon humain aimant et actif. Nous avons besoin d'exercice régulier et de stimulation mentale, donc les promenades quotidiennes, les récréations et les activités engageantes nous garderont heureux et équilibrés.

Pour assurer notre bien-être, les propriétaires doivent nous offrir une formation et une socialisation adéquates dès le plus jeune âge. Nous réagissons bien aux techniques de renforcement cohérentes et positives et nous prospérons lorsqu'on nous donne des limites et des attentes claires. Avec une main aimante et ferme, nous deviendrons des compagnons bien élevés, confiants et désireux de plaire.

En conclusion, cher humain, nous, les Rottweilers, sommes courageux, loyaux et pleins d'amour. Notre riche histoire, nos sons uniques et notre nature protectrice nous rendent vraiment spéciaux. Avec votre amour, vos conseils et votre compréhension de nos besoins, nous serons les compagnons les plus dévoués et les plus fidèles que vous puissiez espérer.

Alors, prêt à vous lancer dans un voyage de fidélité et d'aventure avec votre copain Rottweiler ? Explorons le monde ensemble, relevons les défis avec courage et créons des souvenirs qui dureront toute une vie. Préparez-vous à un lien qui se renforcera à chaque remuement de nos queues et à chaque moment de joie partagée !

Beaucoup d'amour et de baisers baveux,
Votre Rottweiler

Un guide incontournable pour les amoureux des chiens

Chapitre 14   **185**

Shiba Inu

Woof Woof! Bonjour, mon compagnon humain curieux et indépendant ! C'est votre fidèle ami Shiba Inu, ici pour partager le monde captivant de notre race fougueuse. Préparez-vous pour une délicieuse exploration pleine de charme, de détermination et d'une touche d'espièglerie !

Commençons par quelques informations sur la race. Nous, les Shiba Inus, sommes d'origine japonaise et possédons un riche héritage. Notre apparence de renard, nos yeux captivants et notre attitude fière nous font tourner les têtes partout où nous allons. Élevés comme chiens de chasse, nous possédons un sentiment inné d'indépendance et un esprit fort qui nous distinguent.

En matière de communication, nous avons notre propre façon de nous exprimer. Nous ne sommes pas les chiens les plus bruyants, mais lorsque nous parlons, c'est généralement avec un **Boof** doux et doux ou un **Yodel** aigu qui peut être assez amusant. Nos yeux expressifs et notre langage corporel sont essentiels pour comprendre nos humeurs et nos désirs. Un rebond ludique et une queue qui remue indiquent notre excitation, tandis qu'un subtil tour de tête peut signifier de la curiosité ou une touche d'entêtement.

Nous, Shiba Inu, pouvons parfois ressentir de l'anxiété, en particulier lorsque nous sommes confrontés à des situations inconnues ou à des changements de routine. Offrir un environnement calme et prévisible et une formation par renforcement positif nous aidera à nous sentir en sécurité. La patience et la compréhension nous aident grandement à naviguer dans le monde en toute confiance. N'oubliez pas que nous sommes peut-être indépendants, mais que nous avons toujours besoin de votre amour et de votre réconfort.

Examinons nos goûts et nos aversions. Nous, Shiba Inu, avons un fort sens de l'aventure et de la curiosité. Explorer de nouveaux parfums et environnements

Explorez le côté obscur de la vie des chiens

est un passe-temps favori. Nous apprécions les longues promenades, les séances de jeux interactifs et les puzzles des jouets qui défient nos esprits vifs. Notre nature espiègle peut nous amener à cacher nos jouets préférés ou à vous taquiner de manière ludique lors d'une partie de récupération. Adoptez notre sens de l'humour et vous serez récompensé par notre fidélité et notre bonheur contagieux.

Quand vient l'heure de se reposer, nous apprécions d'avoir notre endroit confortable pour nous retirer. Bien que nos besoins en sommeil puissent varier, nous avons généralement besoin d'environ 12 à 14 heures de sommeil chaque jour. Vous nous trouverez souvent blottis dans un coin confortable ou allongés au soleil, rechargeant notre énergie pour notre prochaine aventure.

En ce qui concerne les conditions de vie, nous, Shiba Inu, pouvons bien nous adapter aux environnements intérieurs et extérieurs. Cependant, nous préférons une cour bien clôturée où nous pouvons explorer et satisfaire notre nature curieuse. La socialisation est essentielle pour nous, car elle nous aide à développer notre confiance et nos interactions positives avec les autres chiens et les humains. Une socialisation précoce et une formation cohérente nous aideront à devenir des compagnons équilibrés et sociables.

Pour assurer notre bien-être, les propriétaires doivent nous proposer une stimulation mentale et des activités engageantes. Les puzzles, les jeux interactifs et les entraînements à l'obéissance qui mettent au défi nos esprits intelligents nous garderont heureux et satisfaits. Les méthodes de renforcement positif fonctionnent mieux pour nous, car nous réagissons bien aux éloges et aux récompenses. N'oubliez pas que nous ne sommes pas fans des tâches répétitives, alors gardez nos séances de formation amusantes et variées.

En conclusion, cher humain, nous, Shiba Inu, sommes fougueux, indépendants et tout à fait charmants. Notre style de communication unique, notre amour de l'aventure et notre fidélité font de nous des compagnons vraiment spéciaux. Avec votre patience, votre compréhension et une touche d'espièglerie, nous formerons un lien incassable qui durera toute une vie.

Alors embarquons ensemble pour un voyage passionnant, rempli de joie, de rires et de moments inoubliables. Je suis prêt à vous accompagner dans chaque aventure, en remuant la queue et en partageant mon charme Shiba Inu.

Avec amour et un boof espiègle,
Votre Shiba Inu

Un guide incontournable pour les amoureux des chiens

Chapitre 14

Shih Tzu

Woof Woof! Bonjour, mon merveilleux compagnon humain ! Votre copain Shih Tzu moelleux et fabuleux est là pour partager tous les détails sur notre charmante race. Préparez-vous pour un voyage rempli de charme, de camaraderie et de beaucoup d'amour !

Commençons par l'histoire de notre race. Les Shih Tzu ont été élevés à l'origine en Chine pour servir de compagnons à la royauté, et depuis, nous apportons joie et bonheur aux humains. Avec nos magnifiques manteaux longs, nos yeux expressifs et notre doux tempérament, nous sommes sûrs de voler votre cœur en un rien de temps !

Parlons maintenant de notre langage sonore unique. Même si nous ne sommes peut-être pas les chiots les plus vocaux, nous avons une façon particulière de communiquer. Nous utilisons une gamme de sons adorables pour exprimer nos émotions. Des aboiements doux et doux aux petits grognements et reniflements mignons, nous avons notre propre langage. Faites attention au ton et à la hauteur de nos sons, car ils peuvent indiquer si nous sommes excités, satisfaits ou si nous recherchons votre attention et votre affection.

Lorsqu'il s'agit d'anxiété, nous, les Shih Tzu, pouvons être de petites âmes sensibles. Les changements de routine, les bruits forts ou la séparation d'avec nos proches peuvent nous rendre un peu nerveux. Offrir un environnement calme et stimulant, maintenir nos routines quotidiennes cohérentes et nous combler d'amour et de réconfort contribuera grandement à garder notre anxiété à distance. Votre présence apaisante et vos paroles douces peuvent faire des merveilles pour nous permettre de nous sentir en sécurité.

Ah, n'oublions pas nos goûts et nos aversions. Nous, les Shih Tzu, adorons passer du temps de qualité avec nos humains. Nous prospérons grâce à la camaraderie et aimons être au centre de l'attention. Qu'il s'agisse de se blottir sur

Explorez le côté obscur de la vie des chiens

le canapé, de faire des promenades tranquilles ou simplement d'être près de vous pendant que vous vaquez à vos occupations.jour, nous sommes plus heureux lorsque nous sommes à vos côtés, profitant de votre amour et de votre affection.

Lorsqu'il est temps de reposer nos petites pattes, nous apprécions un endroit douillet et confortable pour nous blottir. Nous avons généralement besoin d'environ 12 à 14 heures de sommeil réparateur chaque jour pour garder nos manteaux luxueux à leur meilleur et maintenir notre énergie illimitée. En nous offrant un lit moelleux et moelleux ou des genoux chauds pour faire une sieste, nous nous sentirons comme la royauté choyée pour laquelle nous sommes nés.

En ce qui concerne les conditions de vie, nous, les Shih Tzu, sommes tout à fait adaptables. Nous pouvons nous épanouir dans divers environnements, qu'il s'agisse d'un appartement confortable ou d'une maison spacieuse. Cependant, n'oubliez pas que nous ne sommes pas conçus pour des activités de plein air rigoureuses ou des conditions météorologiques extrêmes. Une routine d'exercice modérée, composée de courtes promenades et de récréations douces, nous gardera heureux et en bonne santé.

Pour assurer notre bien-être, les propriétaires doivent nous assurer un toilettage régulier. Nos poils longs et soyeux nécessitent un brossage quotidien pour éviter les enchevêtrements et les nœuds. Une visite chez le toiletteur toutes les quelques semaines nous aidera à rester au meilleur de notre forme et à nous sentir à l'aise. N'oubliez pas de vérifier nos adorables petites oreilles et de les garder propres pour éviter toute infection embêtante.

En conclusion, cher humain, nous, les Shih Tzu, sommes charmants, aimants et pleins de personnalité. Notre histoire royale, nos sons uniques et notre nature affectueuse nous rendent vraiment spéciaux. Avec votre amour, vos soins et votre attention à nos besoins, nous serons les compagnons les plus dévoués et les plus adorables que vous puissiez souhaiter.

Alors, êtes-vous prêt pour une vie de câlins, de rires et de pure joie avec votre copain Shih Tzu ? Créons ensemble d'innombrables souvenirs heureux, une queue qui remue et un nez mouillé à la fois. Préparez-vous pour un lien qui réchauffera votre cœur et vous apportera des sourires sans fin !

Beaucoup d'amour et de baisers baveux,
Votre Shih Tzu

Un guide incontournable pour les amoureux des chiens

Chapitre 14

Husky sibérien

Woof Woof! Bonjour, mon ami humain ! C'est votre copain Husky sibérien, prêt à vous emmener dans un voyage passionnant dans le monde des Huskies. Préparez-vous à passer un bon moment !

Commençons par l'histoire de notre race. Les Huskies de Sibérie ont été élevés à l'origine par le peuple Tchouktche en Sibérie à des fins de traîneau et de transport. Nos ancêtres étaient forts et travailleurs, bâtis pour l'endurance et le climat froid de l'Arctique. Aujourd'hui, nous portons toujours ces caractéristiques, ce qui fait de nous de fantastiques compagnons pour les aventures en plein air !

Parlons maintenant de notre langage des sons. Oh, les vocalisations uniques que nous avons, les Huskies ! Nous sommes connus pour nos hurlements distinctifs, allant de courts et aigus à longs et mélodieux. Quand nous hurlons, c'est notre façon de communiquer avec notre meute ou d'exprimer nos émotions, comme le bonheur, l'excitation, ou même un peu de malice !

En ce qui concerne l'anxiété, nous, les Huskies, pouvons parfois avoir un cas de **Zoomies** lorsque nous avons un excès d'énergie à brûler. L'exercice régulier et la stimulation mentale sont essentiels à notre bien-être. De longues promenades, courses et séances de jeu interactives nous aideront à rester satisfaits et à prévenir tout comportement indésirable. Alors, prenez cette laisse, enfilez vos chaussures et partons ensemble en plein air !

Maintenant, parlons de nos goûts et de nos aversions. Les Huskies aiment beaucoup les grands espaces et beaucoup d'espace à explorer. Nous sommes nés pour courir ! Ainsi, avoir accès à une cour clôturée en toute sécurité ou à de nombreuses opportunités d'aventures sans laisse dans la nature nous rendra

Explorez le côté obscur de la vie des chiens

vraiment heureux. Regardez notre enthousiasme alors que nous traversons des champs, des forêts et des paysages enneigés !

Le sommeil est également important pour nous, les Huskies, mais nous sommes un peu différents des autres races. Nous avons généralement besoin de 14 à 16 heures de sommeil par jour, mais nous pouvons être un peu plus flexibles dans nos habitudes de sommeil. Vous nous trouverez peut-être en train de faire de rapides siestes tout au long de la journée, puis de profiter d'une bonne sieste le soir. Il s'agit de trouver l'équilibre parfait entre repos et jeu !

En ce qui concerne les conditions de vie, nous, les Huskies, pouvons nous adapter aux environnements intérieurs et extérieurs. Cependant, en raison de nos instincts forts et de nos niveaux d'énergie élevés, nous nous épanouissons dans des maisons avec des propriétaires actifs qui peuvent nous fournir beaucoup d'exercice et de stimulation mentale. Une cour spacieuse ou un accès aux parcs et sentiers à proximité est un rêve devenu réalité pour nous !

Pour assurer notre bien-être, les propriétaires doivent comprendre nos instincts naturels. Les Huskies sont des penseurs intelligents et indépendants, c'est pourquoi un entraînement cohérent et par renforcement positif est essentiel. Nous réagissons bien aux méthodes basées sur la récompense et nous nous épanouissons grâce aux défis mentaux, comme les puzzles ou l'entraînement à l'obéissance. Nous pouvons être les compagnons les plus fidèles et les plus sages avec les bons conseils et beaucoup d'amour.

En conclusion, cher humain, nous, les Huskies, sommes aventureux, joueurs et pleins d'amour. Les antécédents de notre race, ses vocalisations uniques et son besoin d'activités de plein air nous rendent vraiment spéciaux. Avec votre amour, vos soins et votre engagement à nous offrir un style de vie actif et stimulant, nous serons les compagnons les plus heureux et les plus dévoués imaginables !

Alors, prêt à vous lancer dans des aventures palpitantes avec votre copain Husky Sibérien ? Nous allons conquérir les sentiers ensemble, explorer de nouveaux territoires et créer des souvenirs inoubliables. Préparez-vous à remuer la queue, à des hurlements joyeux et à toute une vie d'amour Husky !

Beaucoup d'amour et de baisers baveux,
Votre Husky Sibérien

Un guide incontournable pour les amoureux des chiens

Chapitre 14

Staffordshire Bull Terrier

Woof Woof ! Salut, mon merveilleux ami humain ! Votre ami Staffordshire Bull Terrier est là, prêt à vous raconter toutes les choses géniales sur notre race. Préparez-vous pour une aventure fantastique !

Commençons par notre contexte. Les Staffordshire Bull Terriers, souvent appelés Staffie en abrégé, sont connus pour leur nature amicale et affectueuse. Nous avons une riche histoire en tant que chiens de travail courageux et loyaux, élevés à l'origine pour le bullbaiting. Au fil du temps, nous sommes devenus des compagnons de famille doux et aimants, gagnant les cœurs avec nos adorables sourires et nos queues remuantes.

En matière de communication, nous ne sommes pas le groupe le plus silencieux. Nous aimons exprimer notre bonheur et notre enthousiasme à travers des aboiements ludiques, des grognements et même des hurlements occasionnels. Nos visages expressifs et nos queues remuantes montrent notre enthousiasme pour la vie et notre amour pour les humains. Oh, et ai-je mentionné notre célèbre sourire Staffie ? Il peut égayer même les jours les plus sombres !

L'anxiété est quelque chose qui peut affecter chacun d'entre nous, y compris Staffie. Nous pouvons parfois nous sentir anxieux face à des bruits forts, à de nouveaux environnements ou lorsque nous sommes séparés de nos humains bien-aimés. Nos humains doivent offrir un environnement calme et sécurisé, offrir un renforcement positif et nous exposer progressivement à de nouvelles expériences pour nous aider à renforcer notre confiance. Votre compréhension et votre patience comptent pour nous !

Parlons maintenant de ce qui nous rend vraiment heureux, Staffie. Nous prospérons grâce à l'amour, à l'attention et à beaucoup de temps de jeu ! Nous adorons faire partie d'une famille active et affectueuse, profiter des promenades

Explorez le côté obscur de la vie des chiens

quotidiennes, des jeux interactifs et des séances d'entraînement. La stimulation mentale et physique est essentielle pour nous garder heureux et satisfaits. Oh, et le ventre frotte ! On fond absolument pour les massages du ventre !

En matière de sommeil, nous ne sommes pas les chiens les plus paresseux, mais nous apprécions notre repos beauté. Nous avons besoin d'environ 12 à 14 heures de sommeil par jour pour recharger nos batteries. Vous nous trouverez peut-être en train de somnoler dans notre endroit confortable préféré ou blottis à côté de vous sur le canapé, rêvant de courir après des balles et de jouer avec nos jouets préférés.

Quant à nos modalités de vie, nous pouvons nous adapter à divers environnements. Qu'il s'agisse d'une maison spacieuse ou d'un appartement confortable, tant que nous faisons beaucoup d'exercice et passons du temps de qualité avec nos humains, nous sommes des campeurs heureux. Nous sommes des chiens d'intérieur dans l'âme, mais nous aimons aussi explorer le plein air et vivre des aventures avec nos humains.

L'exercice régulier, une alimentation équilibrée et des contrôles vétérinaires de routine sont importants pour nous maintenir en bonne santé et prospères. Nous avons peut-être un physique fort et musclé, mais nous avons aussi un côté sensible qui a besoin d'être nourri. Votre amour, vos soins et votre propriété responsable sont les meilleurs cadeaux que vous puissiez nous offrir !

En conclusion, cher compagnon humain, nous, les Staffordshire Bull Terriers, sommes des paquets d'amour, de loyauté et de pure joie. Notre riche histoire, nos visages expressifs et notre joie de vivre nous rendent vraiment spéciaux. Avec votre amour, vos conseils et beaucoup de caresses du ventre, nous serons les compagnons les plus heureux et les plus dévoués que vous puissiez demander.

Alors, embarquons ensemble pour une vie d'aventures, remplie de remuements de queue, de baisers baveux et de souvenirs inoubliables. Je suis là pour être ton ami pour toujours et te couvrir d'un amour sans fin !

Avec tout mon amour et ma queue qui remue,
Votre Staffordshire Bull Terrier

Un guide incontournable pour les amoureux des chiens

Chapitre 14

Volpin Italien

Woof Woof! C'est votre adorable copain Volpino Italiano ici, prêt à partager tous les détails intéressants sur notre charmante race. Préparez-vous pour un voyage fantastique à travers notre monde charmant ! Nous sommes peut-être petits, mais nous avons un cœur aussi grand que la campagne italienne.

Tout d'abord, parlons de notre look. Avec nos manteaux moelleux et moelleux et nos yeux brillants et expressifs, nous sommes l'incarnation de la gentillesse. Notre fourrure est disponible en différentes couleurs, notamment le blanc, le crème et le rouge, et nécessite un entretien régulier pour conserver son aspect fabuleux. Un petit brossage ici et là gardera nos manteaux impeccables et nos queues remuant de délice.

Ne vous laissez pas tromper par notre petite taille. Nous avons des personnalités qui ont du punch ! Nous sommes connus pour être vifs, alertes et farouchement loyaux envers nos familles humaines. Nous aimons être à vos côtés, qu'il s'agisse de vous accompagner lors de vos promenades quotidiennes, de vous blottir sur vos genoux pour une séance de câlins ou simplement d'être le centre d'attention dans n'importe quelle pièce. Notre attitude charmante et notre nature amicale font de nous d'excellents compagnons pour les personnes de tous âges.

En tant que petits chiots intelligents, nous apprenons vite et nous nous épanouissons grâce à la stimulation mentale. Engagez notre esprit avec des puzzles, des jeux interactifs et une formation au renforcement positif, et nous vous montrerons à quel point nous sommes intelligents ! Nous avons une curiosité naturelle qui nous pousse à explorer le monde qui nous entoure. Il est donc important de nous offrir de nombreuses opportunités d'exercices mentaux et physiques pour nous garder heureux et équilibrés.

Explorez le côté obscur de la vie des chiens

Détail de chaque race,
la page explicative de votre chien

Lorsqu'il s'agit d'anxiété, certains d'entre nous, Volpino Italianos, peuvent être des âmes sensibles. Les bruits forts, les nouveaux environnements ou le fait d'être laissé seul pendant de longues périodes peuvent nous mettre mal à l'aise. Créer un environnement calme et réconfortant pournous, ainsi qu'une désensibilisation progressive et une formation au renforcement positif, peuvent aider à apaiser nos inquiétudes. Grâce à votre présence aimante et à votre réconfort, nous nous sentirons en sécurité en un rien de temps.

Modes de vie? Nous sommes des petits chéris adaptables. Même si nous pouvons nous épanouir dans des appartements et des maisons, nous apprécions de disposer d'un espace extérieur sécurisé pour explorer et jouer. Assurez-vous simplement de garder un œil sur nous, car nous avons tendance à devenir un peu aventureux et pouvons essayer de courir après tout ce qui attire notre attention.

En conclusion, cher humain, nous, les Volpino Italianos, sommes des petits paquets de joie. Notre apparence adorable, notre personnalité amicale et notre intelligence font de nous des compagnons irrésistibles. Avec votre amour, votre attention et beaucoup de temps de jeu, nous serons les Volpino Italianos les plus heureux du quartier ! Alors, embarquons ensemble dans une vie d'aventures délicieuses, remplies de queues qui remuent, de baisers mouillés et d'amour sans fin.

Je t'envoie une rafale de câlins et de remuements de queue,
Votre Volpino Italiano

Un guide incontournable pour les amoureux des chiens

Chapitre 14

Épagneul springer gallois

Woof Woof! C'est votre sympathique Welsh Springer Spaniel ici, impatient de remuer la queue et de partager tout ce que vous devez savoir sur notre incroyable race. Plongeons ensemble dans le monde merveilleux du Welshie !

Tout d'abord, parlons de nos beaux looks. Nous attirons tous les regards avec nos manteaux doux et ondulés dans des tons de rouge et de blanc. Nos oreilles tombantes et nos yeux émouvants nous confèrent un charme irrésistible qui fait fondre les cœurs partout où nous allons. Que ce soit pour s'amuser dans le parc ou se prélasser sur le canapé, notre beauté fait toujours une déclaration.

Mais chez nous, les Welsh Springer Spaniels, il ne s'agit pas seulement d'une question de look. Nous sommes intelligents, vifs et pleins d'énergie. Nous sommes toujours partants pour une aventure ou une partie de récupération, ce qui fait de nous d'excellents compagnons pour les personnes ou les familles actives. Nous aimons faire de l'exercice, alors soyez prêt à faire de nombreuses promenades, des récréations et peut-être même un entraînement d'agilité pour nous garder mentalement et physiquement stimulés.

En parlant de camaraderie, nous sommes connus pour notre nature aimante et affectueuse. Nous adorons nos familles humaines et prospérons en faisant partie de la meute. Que nous nous blottissions sur le canapé ou que nous vous suivions dans la maison, nous serons toujours à vos côtés, prêts à vous couvrir de bisous et à remuer la queue avec délice.

Parlons maintenant de l'anxiété. Comme beaucoup de chiens, nous, les Gallois, pouvons parfois ressentir de l'anxiété dans certaines situations. Les changements de routine, les bruits forts ou le fait d'être laissé seul pendant de longues périodes peuvent nous mettre mal à l'aise. Mais n'ayez crainte ! Nous pouvons surmonter

Explorez le côté obscur de la vie des chiens

Détail de chaque race, la page explicative de votre chien

ces soucis avec votre amour, votre patience et un peu de soin supplémentaire. Établir une routine, nous offrir un coin confortable pour nous détendre et utiliserles méthodes de formation par renforcement positif peuvent grandement nous aider à nous sentir en sécurité.

Modes de vie? Nous sommes adaptables et pouvons nous adapter à différents environnements, mais nous apprécions de disposer d'un espace extérieur sécurisé pour explorer et renifler à notre guise. Nous avons un instinct naturel pour la chasse et le pistage. Il est donc important pour notre bien-être d'avoir la possibilité d'utiliser notre nez et de participer à des activités mentalement stimulantes.

En conclusion, cher humain, nous, les Welsh Springer Spaniels, sommes un concentré d'amour, d'énergie et de loyauté. Notre beauté, notre intelligence et notre nature affectueuse font de nous les compagnons parfaits pour ceux qui apprécient un ami à quatre pattes actif et aimant. Avec votre amour et votre attention, nous serons les Gallois les plus heureux du quartier, prêts à nous lancer dans une vie d'aventures joyeuses à vos côtés.

Je t'envoie des remuements et des bisous, ton
Épagneul springer gallois

Un guide incontournable pour les amoureux des chiens

Yorkshire Terrier

Woof Woof! Salut, mon copain humain ! Votre ami Yorkshire Terrier est là pour vous donner tous les détails juteux sur nous, les Yorkies. Préparez-vous pour un formidable voyage dans notre monde !

Tout d'abord, parlons de notre race. Nous, les Yorkies, sommes petits par la taille mais grands par la personnalité. Nous sommes originaires d'Angleterre et avons été élevés à l'origine pour chasser les rats dans les usines textiles. Ne vous laissez pas tromper par notre petite stature : nous avons un esprit courageux et intrépide qui nous distingue du lot !

Maintenant, parlons de notre langage sonore unique. Nous sommes peut-être petits, mais nos aboiements peuvent avoir du punch ! Lorsque nous laissons échapper une série d'aboiements rapides, c'est généralement notre façon de vous faire savoir que quelqu'un ou quelque chose s'approche de notre territoire. Et lorsque nous émettons un cri aigu et excité, cela signifie que nous sommes pleins de joie et prêts à nous amuser !

En matière d'anxiété, nous, les Yorkies, pouvons parfois être un peu sensibles. Nous pouvons devenir un peu nerveux dans des situations inhabituelles ou à proximité de bruits forts. Nous offrir un espace sûr et confortable où nous pouvons nous retirer, nous rassurer doucement avec des mots apaisants et nous faire de nombreux câlins peut aider à calmer nos cœurs anxieux. N'oubliez pas que votre présence aimante signifie tout pour nous !

Maintenant, examinons nos goûts et nos aversions. Les Yorkies sont connus pour leur apparence élégante et glamour. Nous aimons nous pavaner avec nos manteaux somptueux et soyeux et nos accessoires à la mode. Le toilettage est essentiel pour que nous restions à notre meilleur, donc un brossage régulier, des

Détail de chaque race,
la page explicative de votre chien

coupes de cheveux et des visites occasionnelles au spa pour chiens nous feront sentir comme des rois !

Nous sommes peut-être petits quand il s'agit de dormir, mais nous avons quand même besoin de repos. Nous avons généralement besoin de 14 à 16 heures de sommeil par jour pour recharger nos petites batteries. Alors, ne soyez pas surpris si vous nous trouvez blottis dans l'endroit le plus confortable de la maison, rêvant de récréation et de gourmandises.

Quant à nos conditions de vie, nous pouvons bien nous adapter aux environnements intérieurs et extérieurs. Cependant, notre petite taille nous rend plus adaptés à un style de vie en intérieur. Nous aimons être proches de nos compagnons humains et nous blottir sur leurs genoux pour passer des moments de complicité de qualité. Créer pour nous un environnement intérieur sûr et enrichissant, avec des jouets, des lits moelleux et des moments de jeu interactifs, nous fera remuer la queue de joie !

Pour assurer notre bien-être, les propriétaires doivent nous apporter une stimulation mentale et une socialisation. Des promenades quotidiennes dans le quartier, des puzzles interactifs et des séances de formation à l'obéissance garderont notre esprit vif et notre queue remuante. Le renforcement positif et les conseils doux font des merveilles pour nous, car nous réagissons mieux à l'amour et aux récompenses.

En conclusion, cher humain, nous, les Yorkies, sommes fougueux, affectueux et charmants. Les sons uniques, les besoins et la nature glamour de notre race nous rendent spéciaux. Avec votre amour, vos soins et beaucoup de caresses sur le ventre, nous serons les compagnons les plus heureux et les plus élégants à vos côtés !

Alors embarquons ensemble dans cette aventure, mon ami humain. Avec vos conseils et votre affection infinie, nous créerons un lien qui durera toute une vie. Préparez-vous à remuer la queue, à des pitreries adorables et à beaucoup d'amour Yorkie !

Beaucoup d'amour et de baisers baveux,
Votre Yorkshire Terrier

Un guide incontournable pour les amoureux des chiens

Chapitre 15

10 Excellents sites Web

Woof Woof! En tant qu'ami à quatre pattes qui comprend les défis de l'anxiété, je suis ici pour partager quelques sites Web intéressants qui peuvent vous aider, vous et vos précieux chiots. Ces sites Web fournissent des ressources, des conseils et une assistance précieux pour gérer l'anxiété chez les chiens. De la compréhension des signes et des causes de l'anxiété à la mise en œuvre de techniques efficaces pour réduire le stress, ces sites couvrent tout.

1. PetMD

Laissez-moi vous présenter PetMD, la destination en ligne parfaite pour tout ce qui concerne la santé et les soins des animaux ! C'est comme un parc canin virtuel, offrant des informations précieuses pour les chiens, les chats sympas et autres amis à quatre pattes. PetMD couvre divers problèmes de santé auxquels les chiens peuvent être confrontés, des reniflements courants aux problèmes graves, aidant les parents d'animaux à reconnaître les symptômes et à prendre des décisions éclairées concernant notre bien-être. Ils fournissent également des conseils sur la nutrition, le comportement, le dressage, le toilettage et les soins préventifs des chiens. C'est une ressource unique pour tous nos besoins en matière de santé et de bonheur ! Scannez le code QR ou utilisez le lien. https://www.petmd.com/

2. **Fear Free Happy Homes** est un trésor pour les propriétaires d'animaux de compagnie, regorgeant de ressources et de conseils. Leur site Web couvre tout, de la gestion de l'anxiété du chien au comportement général et au bien-être des animaux de compagnie. Plongez dans leur collection d'articles, de vidéos, de webinaires et n'oubliez pas d'explorer leurs podcasts perspicaces. Scannez le code QR ou utilisez le lien.
https://www.fearfreehappyhomes.com/

Explorez le côté obscur de la vie des chiens

10 Excellents sites Web

3. **Whole Dog Journal** est notre genre d'endroit : c'est un site Web et un magazine rempli de chiens de toutes sortes ! Ils ont le scoop sur l'anxiété, avec des articles sur la détection et la gestion de celle-ci, ainsi que des critiques de friandises anti-anxiété. Pour les parents de chiots qui s'efforcent de nous offrir le meilleur, c'est une ressource de premier ordre. Alors détendons-nous sur votre canapé et lisons notre magazine ensemble, n'oubliez pas de me faire plaisir aussi. Trame! Scannez le code QR ou utilisez le lien. http://www.whole-dog-journal.com

4. **Bondivet** est un site Web australien qui fournit des ressources et des conseils sur la santé et le bien-être des animaux de compagnie. Ils proposent des articles, des vidéos et d'autres ressources sur divers sujets liés aux soins des animaux de compagnie, notamment le comportement et la formation. Propose également un répertoire de cliniques et d'hôpitaux vétérinaires en Australie, ainsi qu'un forum où les propriétaires d'animaux peuvent poser des questions et partager des conseils. Scannez le code QR ou utilisez le lien. https://bondivet.com

5. **DogTV** (Télévision pour chiens) OMG, pouvez-vous croire que nous avons notre superbe chaîne de télévision ?! Vous y trouverez de nombreuses vidéos - des airs apaisants aux visuels zen et même des spectacles spéciaux pour chiens. C'est comme notre propre centre de divertissement, parfait lorsque nos humains ne sont pas là. C'est comme avoir un ami à quatre pattes à l'écran, qui nous tient compagnie et nous aide à vaincre la solitude et l'ennui. C'est comme un terrain de jeu dans le monde numérique. DogTV.com est comme le rêve d'un chien devenu réalité !
Scannez le code QR ou utilisez le lien. https://www.dogtv.com/

Un guide incontournable pour les amoureux des chiens

Chapitre 15 201

6. **ThunderShirt (Chemise Tonnerre)**. Woof, tu te souviens quand j'ai aboyé à ce sujet au chapitre 5 ? Cette entreprise géniale fabrique des trucs pour nous garder au frais et détendus. Leur produit phare, le ThunderShirt, nous serre confortablement dans ses bras pour soulager l'anxiété. Le site Web explique le fonctionnement de cet enveloppement magique et vous propose des ressources et des articles pour gérer le stress du chien. Il s'agit d'une ressource précieuse pour les propriétaires d'animaux à la recherche d'une solution non invasive pour aider à calmer leurs chiens anxieux. Scannez le code QR ou utilisez le lien. https://thundershirt.com/

7. **Chat vétérinaire** : laissez-moi remuer la queue avec enthousiasme pendant que je vous parle d'un site Web génial appelé " Ask a Veterinarian Online " !

C'est comme avoir une clinique vétérinaire virtuelle à portée de main ! Ils comptent plus de 12, 000 experts qui soutiennent 196 pays dans 700 catégories en 4 langues ! Des problèmes de santé aux bizarreries comportementales, les vétérinaires experts sont là pour donner un coup de patte et prodiguer les meilleurs conseils à votre compagnon à quatre pattes. Scannez le code QR ou utilisez le lien.
https://www.askaveterinarianonline.com/

8. **Pitpat** J'ai toujours peur d'être séparé ou de me perdre, mais devinez quoi ? Il y a cet appareil étonnant appelé PitPat ! Ce n'est pas seulement un site Web ; c'est un gadget de super-héros pour chiens. Il s'agit d'un petit appareil accroché à mon col et qui enregistre mes mouvements : pas, distance et même les calories que je brûle ! Et il communique avec une application intéressante sur votre téléphone où vous pouvez consulter toutes mes données d'activité et me fixer des objectifs d'exercice. PitPat est comme mon acolyte, il vous aide à m'assurer que je reste actif et en bonne santé. C'est l'outil idéal pour garder un œil sur ma routine d'exercice. Scannez le code QR ou utilisez le lien. https://www.pitpat.com/

Explorez le côté obscur de la vie des chiens

10 Excellents sites Web

9. **Calm Canine Academy** nous aide, les chiens, à devenir des experts dans la gestion de la solitude. Ce site propose des tonnes de ressources et de programmes de formation incroyables pour nous apprendre à nous sentir plus confiants et plus heureux lorsque nous sommes seuls. Ils proposent des guides étape par étape et des cours interactifs amusants qui rendent l'apprentissage amusant. Donc, si vous voulez vous assurer que votre  compagnon à quatre pattes se sent bien lorsque vous n'êtes pas là, consultez ce site Web. C'est comme avoir un entraîneur personnel juste pour l'anxiété de séparation ! Montrons au monde que nous pouvons gérer le fait d'être seuls comme des champions. Scannez le code QR ou utilisez le lien.
https://www.calmcanineacademy.com/separation-skills-1

10. **k9ti** est expert en formation en ligne. Ce site Web est consacré à la formation et aux comportements K9 (canins). Il fournit des informations et des ressources précieuses aux propriétaires et passionnés de chiens qui souhaitent approfondir leur compréhension des techniques de dressage, de la modification du comportement et du bien-être général de leurs amis à quatre pattes. De l'obéissance de base aux compétences avancées, vous trouverez des conseils, des articles et même des cours en ligne pour vous aider à construire un lien plus fort avec votre chiot et améliorez son expérience de formation. Donc, si vous souhaitez libérer le potentiel de votre chien et vous lancer dans un parcours de dressage Paw-Sitive, ce site Web est un trésor de connaissances. Bonne exploration et bon entraînement ! Scannez le code QR ou utilisez le lien. https://k9ti.org/

N'oubliez pas que ces sites Web et ressources en ligne sont conçus pour fournir des informations et une assistance supplémentaires. Il existe également des centaines d'autres sites Web utiles. <u>Consultez toujours un vétérinaire ou un professionnel certifié pour obtenir des conseils personnalisés spécifiques aux besoins de votre chien.</u>

Un guide incontournable pour les amoureux des chiens

Chapitre 16

Sources et références
Où creuser plus profondément

Salut, mes amis humains curieux ! Si vous avez envie de plus de connaissances et souhaitez approfondir vos connaissances, voici quelques sources et références précieuses dans lesquelles vous plonger dans les dents. Ces joyaux vous aideront à poursuivre votre cheminement vers la compréhension et le soutien de votre meilleur ami à quatre pattes :

✓ **ABA (Animal Behaviour Associates)**, cofondé par Suzanne Hetts, Ph.D. et Daniel Estep, Ph.D., tous deux comportementalistes animaux appliqués certifiés, sont votre référence pour obtenir des conseils d'experts sur le comportement des animaux de compagnie, en particulier des chiens. Ils proposent des articles, des webinaires et un trésor de ressources pour résoudre les problèmes des animaux de compagnie comme l'anxiété. Leur site Web propose même un répertoire de comportementalistes animaliers certifiés qui peuvent donner des conseils et des plans de traitement personnalisés. Animal Behavior Associates a pour objectif d'aider les propriétaires d'animaux à décoder le comportement de leurs amis à quatre pattes et à trouver des solutions efficaces aux problèmes courants. Scannez le code QR ou utilisez le lien. https://animalbehaviorassociates.com

✓ **Le National Canine Research Council (NCRC)** est une science du comportement canin à but non lucratif, dont le but est de découvrir la vérité avec une approche scientifique du comportement canin. Ils ont rassemblé des études de recherche, analysé les données, puis ont extrait les principales conclusions pour rendre la science plus facile à comprendre pour tous. Parcourez leur page Ressources et vous découvrirez une longue liste d'entreprises de ressources incroyables pour aider les animaux de compagnie, y compris les chiens. Scannez le code QR ou utilisez le lien.
https://nationalcanineresearchcouncil.com/

Explorez le côté obscur de la vie des chiens

Sources et références

✓ **UF Health (Université de Floride)** vous guide pour trouver la bonne race ! C'est comme un jeu amusant qui aide nos humains à apprendre à distinguer les différentes races de chiens. Vous savez, comme distinguer un Beagle d'un Border Collie ou déterminer si je suis un Labrador ou un berger allemand ! C'est comme un jeu de détective canin, et nos humains peuvent devenir des experts dans l'identification des races. Scannez le code QR ou utilisez le lien.

https://sheltermedicine.vetmed.ufl.edu/

✓ **Génétique et anxiété** ; vous êtes-vous déjà interrogé sur le lien fascinant entre nos gènes et l'anxiété ? Eh bien, il y a un article scientifique intrigant que vous aimeriez peut-être lire. Cette étude explore les facteurs génétiques associés à l'anxiété chez les chiens, découvrant comment des gènes spécifiques peuvent contribuer à nos tendances anxieuses. Il s'agit d'une recherche passionnante qui met en lumière la biologie sous-jacente de l'anxiété chez nos amis à quatre pattes. Bonne exploration des merveilles de la science ! Scannez le code QR ou utilisez le lien.

https://www.nature.com/articles/s41598-020-59837-z

✓ Concentrez-vous sur le chiot ! **La Smart Dog University** est un point de départ ! Ce site Web contient un article de blog passionnant sur la compréhension et la gestion de la séparation. Être un chiot, c'est comme être un petit enfant humain. C'est quand nous absorbons les connaissances comme des éponges. Ce site Web est votre rampe de lancement pour un bon départ, avec un trésor de blogs, de ressources, de services, de webinaires, etc. N'oubliez pas que même si vous êtes un génie canin, le dressage des chiots demande de l'expertise ! Apprenez des pros pour devenir un meilleur parent de chiot ! L'obtention d'un diplôme universitaire pour chiots présente de nombreux avantages, notamment la réduction de leur anxiété future. Scannez le code QR ou utilisez le lien.

https://smartdoguniversity.com/

Rappelez-vous, mes formidables humains, ces ressources ne sont que le bout de la queue ! <u>Continuez à explorer, continuez à apprendre et continuez à remuer la queue avec vos connaissances.</u> Plus vous en saurez, mieux vous serez équipé pour fournir l'amour, les soins et le soutien dont nous avons besoin, les chiens.

Un guide incontournable pour les amoureux des chiens

Chapitre 17

Des Inquiétudes aux Remuements de Queue

10 Tableaux super utiles

Préparez-vous à plonger dans 10 feuilles de calcul très utiles sur mes 40 amis de races différentes. Ces tableaux sont un trésor d'informations, vous permettant de nous comparer et d'en apprendre davantage sur nos caractéristiques uniques, nos conseils de santé, nos besoins en matière de soins, nos bizarreries d'entraînement et même nos temps de sieste et de promenade préférés.

Mais ce n'est pas tout! Ces tableaux sont particulièrement uniques car ils plongent également dans les profondeurs de notre anxiété, partageant les signes à surveiller et les raisons qui peuvent nous faire tomber la queue. Si j'ai raté quelque chose ou si vous avez des questions, envoyez-moi un e-mail. Ensemble, veillons à ce qu'aucun détail ne soit laissé de côté alors que nous nous embarquons dans cet incroyable voyage de compréhension et de soin de nos compagnons à fourrure ! Woof!

Salut les gars! Pendant que vous plongez dans le reste des chapitres, je vais remuer la queue et partir pour une belle promenade avec mon copain humain. Ah, le soleil brille, la brise appelle et il y a tant d'odeurs à explorer ! Prendre soin de notre fourrure est aussi important que d'élargir nos connaissances. Alors continuez, continuez à lire et je vous retrouverai plus tard. Bon voyage, mes amis amoureux des chiens ! Woof!

Explorez le côté obscur de la vie des chiens

40 races populaires Caractéristiques, partie I

Race	Taille	Tempérament	Besoins en matière d'exercice	Compatibilité avec les enfants	Compatibilité avec d'autres animaux de compagnie
Malamute d'Alaska	Grand	Indépendant, énergique	Haut	Modéré	Faible
Chien de bétail australien	Moyen	Intelligent, énergique	Haut	Modéré	Faible
Berger australien	Moyen	Intelligent, actif	Haut	Haut	Modéré
Beagle	Petit	Sympathique, curieux	Modéré	Haut	Haut
Malinois belge	Grand	Protecteur, Loyal	Haut	Faible	Faible
Chien de montagne bernois	Grand	Doux, bon enfant	Modéré	Haut	Haut
Bichon frisé	Petit	Joueur, Affectueux	Modéré	Haut	Haut
Border collie	Moyen	Intelligent, énergique	Haut	Modéré	Modéré
Boston Terrier	Petit	Convivial, Animé	Modéré	Haut	Faible
Boxeur	Grand	Ludique, énergique	Haut	Haut	Faible
Bretagne	Moyen	Actif, polyvalent	Haut	Haut	Haut
Bouledogue (anglais/français)	Moyen	Docile, facile à vivre	Faible	Haut	Faible
Canne Corso	Grand	Confiant, intelligent	Modéré	Faible	Faible
Gilet Welsh Corgi	Moyen	Alerte, Affectueux	Modéré	Haut	Modéré
cavalier roi Charles Spaniel	Petit	Affectueux, doux	Modéré	Haut	Haut
Chihuahua	Petit	Vif, Courageux	Faible	Faible	Faible
Cocker	Moyen	Doux, intelligent	Modéré	Haut	Haut
Teckel	Petit	Curieux, Astucieux	Modéré	Haut	Modéré
Dobermann Pinscher	Grand	Loyal, intrépide	Haut	Faible	Faible
Cocker anglais	Moyen	Joyeux, intelligent	Modéré	Haut	Haut
Setter anglais	Grand	Doux, bon enfant	Haut	Haut	Modéré
Berger allemand	Grand	Fidèle, confiant	Haut	Haut	Haut
Golden retriever	Grand	Intelligent, convivial	Haut	Haut	Haut
Grand danois	Géant	Doux, amical	Faible à modéré	Haut	Faible
Labrador Retriever	Grand	Extraverti, même tempéré	Haut	Haut	Haut

 Un guide incontournable pour les amoureux des chiens

40 races populaires Caractéristiques, partie II

Race	Taille	Tempérament	Besoins en matière d'exercice	Compatibilité avec les enfants	Compatibilité avec d'autres animaux de compagnie
Léonberg	Géant	Doux, convivial	Modéré	Haut	Modéré
maltais	Petit	Caractère doux, vif	Faible	Haut	Haut
Schnauzer nain	Petit	Intrépide, fougueux	Modéré	Modéré	Haut
Chien d'élan norvégien	Moyen	Audacieux, Alerte	Modéré	Haut	Modéré
Caniche (Standard/Mini/Jouet)	Varie	Intelligent, actif	Modéré	Haut	Haut
Chien d'eau portugais	Moyen	Intelligent, actif	Haut	Haut	Haut
Carlin	Petit	Charmant, espiègle	Faible	Haut	Modéré
Rottweiler	Grand	Calme, Courageux	Haut	Faible	Faible
Shiba Inu	Moyen	Alerte, Actif	Haut	Faible	Faible
Shih Tzu	Petit	Affectueux, Joueur	Faible à modéré	Haut	Haut
Husky sibérien	Moyen	Extraverti, espiègle	Haut	Modéré à élevé	Faible
Staffordshire Bull Terrier	Moyen	Audacieux, Affectueux	Haut	Faible	Haut
Volpin Italien	Petit	Actif, Alerte	Modéré	Modéré	Modéré
Épagneul springer gallois	Moyen	Sympathique, doux	Haut	Modéré	Haut
Yorkshire Terrier	Petit	Affectueux, fougueux	Faible	Haut	Modéré

Veuillez noter que le tableau donne un aperçu général des caractéristiques de chaque race. Les chiens individuels peuvent présenter des variations au sein de leur race. Il est important de mener des recherches plus approfondies et de consulter des experts spécifiques à la race ou des sources réputées pour obtenir des informations plus détaillées et précises avant de prendre une décision. De plus, n'oubliez pas qu'une formation, une socialisation et des soins appropriés sont essentiels pour que toute race puisse s'épanouir dans un environnement aimant et solidaire.

Explorez le côté obscur de la vie des chiens

40 races populaires, niveaux et signes d'anxiété des, partie I

Nom de la race	Type d'anxiété	Niveau d'anxiété	Signes d'anxiété
Malamute d'Alaska	Anxiété de séparation	Modéré	Hurlements, aboiements excessifs, creuser, s'échapper, faire les cent pas, comportement destructeur (gratter les portes ou les fenêtres)
Chien de bétail australien	Anxiété de séparation	Haut	Aboiements excessifs, comportement destructeur, rythme cardiaque, agitation, hypersensibilité aux sons
Berger australien	Anxiété généralisée, anxiété de séparation	Moyen	Mordillage excessif, comportements obsessionnels, agitation, recherche de réconfort, caractère destructeur, stimulation
Beagle	Anxiété de séparation	Haut	Hurlements excessifs, creusement, comportement destructeur, marche en rond, agitation, tentative de fuite
Malinois belge	Anxiété de séparation	Haut	Aboiements excessifs, comportement destructeur (mastication de meubles ou d'objets), agitation, va-et-vient, tentatives d'évasion
Chien de montagne bernois	Anxiété sonore, anxiété de séparation	Faible	Se cacher, chercher du réconfort, haleter, faire les cent pas, agitation, destructivité, hypersensibilité aux sons
Bichon frisé	Anxiété sociale, anxiété de séparation	Faible	Tremblements excessifs, peur, évitement des interactions sociales, détresse liée à la séparation, recherche de réconfort, caractère destructeur, agitation
Border collie	Anxiété de séparation	Haut	Comportement grégaire excessif, agitation, rythme, comportement destructeur, vocalisation, comportements obsessionnels, hypersensibilité aux sons
Boston Terrier	Anxiété sonore, anxiété de séparation	Moyen	Halètement excessif, recherche de réconfort, agitation, destructivité, aboiements excessifs, hypersensibilité aux sons
Boxeur	Anxiété généralisée	Haut	Stimulation, bave excessive, agitation, hyperactivité, comportement destructeur, comportements compulsifs
Bretagne	Anxiété sonore	Modéré	Haletant, tremblant, se cachant, cherchant du réconfort, s'agitant, faisant les cent pas, tentant de s'échapper lors de bruits forts ou d'orages

Un guide incontournable pour les amoureux des chiens

Chapitre 17

40 races populaires, niveaux et signes d'anxiété des, partie II

Nom de la race	Type d'anxiété	Niveau d'anxiété	Signes d'anxiété
Bouledogue (anglais/français)	Anxiété sociale, anxiété de séparation	Moyen	Évitement des situations sociales, peur des nouvelles personnes, détresse liée à la séparation, bave excessive, comportement destructeur, haletant, faire les cent pas
Canne Corso	Anxiété générale	Modéré	Aboiements excessifs, grognements, agressivité, comportement destructeur (objets ou meubles à mâcher), agitation, comportements compulsifs
Gilet Welsh Corgi	Anxiété sonore	Faible	Haletant, tremblant, cherchant à se rassurer, recroquevillé, tentant de se cacher, agitation, faisant les cent pas en présence de bruits forts ou de feux d'artifice
cavalier roi Charles Spaniel	Anxiété de séparation	Faible	pleurnicheries excessives, détresse liée à la séparation, recherche de réconfort, comportement destructeur, agitation
Chihuahua	Anxiété sociale, anxiété de séparation	Haut	Tremblements excessifs, agressivité, peur, aboiements excessifs, cachette, recherche de réconfort, détresse liée à la séparation, évitement des interactions sociales
Cocker	Anxiété sonore, anxiété de séparation	Moyen	Dissimulation, aboiements excessifs, halètement, tremblements, destructivité, agitation, hypersensibilité aux sons
Teckel	Anxiété de séparation	Moyen	Gémissements excessifs, comportement autodestructeur, agitation, creuser, tenter de s'échapper, hypersensibilité aux sons
Dobermann Pinscher	Anxiété sociale	Haut	Langage corporel craintif, évitement, agressivité, agitation, aboiements excessifs, haletant, tremblements, hypersensibilité aux sons
Cocker anglais	Anxiété générale	Modéré	Aboiements excessifs, pleurnicheries, agitation, comportements compulsifs (poursuite de la queue, léchage des pattes), anxiété de séparation, recherche d'une attention constante
Setter anglais	Anxiété généralisée, anxiété de séparation	Moyen	Rythme excessif, tremblements, agitation, recherche de réconfort, comportement destructeur, détresse de séparation

Des Inquiétudes aux Remuements de Queue

Explorez le côté obscur de la vie des chiens

40 races populaires, niveaux et signes d'anxiété des, partie III

Nom de la race	Type d'anxiété	Niveau d'anxiété	Signes d'anxiété
Berger allemand	Anxiété sonore, anxiété de séparation	Haut	Haletant, tremblements, se cacher, pleurnicher, aboiements excessifs, destructivité, tentative de fuite, hypersensibilité aux sons, faire les cent pas, agitation
Golden retriever	Anxiété généralisée, anxiété de séparation	Faible	Agitation, toilettage excessif, recherche de réconfort, comportements compulsifs, hypervigilance, haletant, tremblements
Grand danois	Anxiété sonore, anxiété de séparation	Faible	Se cacher, chercher du réconfort, haleter, trembler, faire les cent pas, agitation, hypersensibilité aux sons
Labrador Retriever	Anxiété de séparation	Moyen	Aboiements excessifs, comportement destructeur, faire les cent pas, baver, tenter de s'échapper
Léonberg	Anxiété de séparation	Modéré	pleurnicheries excessives, pleurnicheries, faire les cent pas, agitation, comportement destructeur (gratter les portes ou les meubles), baver
maltais	Anxiété de séparation	Faible	Mastication excessive, miction excessive, agitation, recherche de réconfort, détresse liée à la séparation
Schnauzer nain	Anxiété de séparation	Moyen	Aboiements excessifs, creusement, marche en rond, agitation, comportement destructeur, hypersensibilité aux sons
Chien d'élan norvégien	Anxiété sonore	Modéré	Hurlements, arpentage, cachette, recherche de réconfort, tremblements, agitation, tentatives de fuite lors de bruits forts ou de feux d'artifice
Caniche (Standard/Mini/Jouet)	Anxiété sonore, anxiété de séparation	Faible	Secouer, chercher du réconfort, se cacher, aboyer excessivement, être destructeur, haletant, faire les cent pas
Chien d'eau portugais	Anxiété générale	Faible	Aboiements excessifs, halètement, agitation, stimulation, comportements compulsifs (lécher, mâcher), recherche constante d'attention, anxiété de séparation

Un guide incontournable pour les amoureux des chiens

40 races populaires, niveaux et signes d'anxiété des, partie IV

Nom de la race	Type d'anxiété	Niveau d'anxiété	Signes d'anxiété
Carlin	Anxiété généralisée	Faible	Léchage excessif, collant, recherche de réconfort, hypervigilance, agitation, détresse de séparation
Rottweiler	Anxiété sociale	Haut	Agressivité, peur, évitement des interactions sociales, hypervigilance, agitation, aboiements excessifs
Shiba Inu	Anxiété sonore, anxiété de séparation	Moyen	Vocalisation excessive, dissimulation, agitation, destructivité, tentative de fuite, hypersensibilité aux sons
Shih Tzu	Anxiété de séparation	Faible	Aboiements excessifs, agitation, tremblements, recherche de réconfort, détresse liée à la séparation, comportement destructeur
Husky sibérien	Anxiété généralisée, anxiété de séparation	Haut	Tentatives d'évasion excessives, comportement destructeur, hurlements, marche en rond, agitation, creuser, automutilation, tentative de fuite, hypervigilance
Staffordshire Bull Terrier	Anxiété généralisée	Haut	Agressivité, halètement excessif, agitation, comportement destructeur, détresse de séparation, hypersensibilité aux sons
Volpin Italien	Anxiété de séparation	Faible	Gémissements excessifs, aboiements, caractère destructeur (objets ou meubles à mâcher), caractère collant, rythme, tentatives de fuite
Épagneul springer gallois	Anxiété générale	Faible	Aboiements excessifs, pleurnicheries, agitation, comportements compulsifs (poursuite de la queue, léchage des pattes), anxiété de séparation, recherche d'une attention constante
Yorkshire Terrier	Anxiété sonore, anxiété de séparation	Faible	Se cacher, aboiements excessifs, tremblements, haletant, recherche de réconfort, agitation, destructivité

N'oubliez pas que nos niveaux d'anxiété peuvent être différents d'un chien à l'autre et qu'ils peuvent être influencés par des facteurs tels que notre génétique, la façon dont nous avons été élevés et l'environnement qui nous entoure.

Les signes mentionnés dans le tableau ne sont que des indications générales et peuvent ne pas s'appliquer à tous les chiens de notre race. C'est pourquoi il est si important pour nos propriétaires aimants de consulter un vétérinaire ou un comportementaliste professionnel. Ils peuvent fournir une évaluation approfondie et nous donner des conseils sur mesure spécifiques à nos besoins uniques. Avec leur aide, nous pouvons mieux comprendre et gérer notre anxiété, menant ainsi à une vie plus heureuse et plus positive.

Explorez le côté obscur de la vie des chiens

40 races populaires : signes d'anxiété et causes profondes, partie I

Race	Signes d'anxiété	Cause première
Malamute d'Alaska	Hurlements ou gémissements excessifs, comportement destructeur	Anxiété de séparation, manque de stimulation mentale
Chien de bétail australien	Hyperactivité, agitation, comportement mordillant ou grégaire	Manque d'exercice physique et mental, ennui
Berger australien	Aboiements excessifs, comportements compulsifs, agitation	Manque de stimulation mentale, anxiété de séparation
Beagle	Comportement excessif d'aboiement, de creusement ou de fuite	Ennui, manque d'exercice mental et physique
Malinois belge	Vigilance excessive, hyperactivité, agressivité	Manque d'exercice mental et physique, insécurité
Chien de montagne bernois	Bave excessive, comportement destructeur, retrait	Anxiété de séparation, peur des bruits forts
Bichon frisé	Aboiements excessifs, anxiété de séparation, tremblements	Anxiété de séparation, peur d'être seul
Border collie	Comportements obsessionnels, tendances grégaires, rythme	Manque de stimulation mentale, instinct de troupeau
Boston Terrier	Hyperactivité, mastication destructrice, léchage excessif	Ennui, anxiété de séparation
Boxeur	Sauter sur les gens, enjouement excessif, agitation	Manque d'exercice physique, anxiété de séparation
Bretagne	Nervosité, anxiété de séparation, comportement destructeur	Manque de stimulation mentale, peur d'être seul
Bouledogue (anglais/français)	Haletant intense, bave excessive, comportements d'évitement	Peur de certaines situations, problèmes respiratoires
Canne Corso	Comportements agressifs, tendances à la garde, hyperactivité	Manque de socialisation, insécurité
Gilet Welsh Corgi	Comportement craintif, aboiements excessifs, anxiété de séparation	Manque de socialisation, peur d'être seul
cavalier roi Charles Spaniel	Timidité, comportement soumis, se cacher ou se recroqueviller	Manque de socialisation, peur des nouveaux environnements
Chihuahua	Aboiements excessifs, tremblements ou secousses, agressivité	Peur des étrangers, agression basée sur la peur
Cocker	Léchage excessif, anxiété de séparation, peur	Anxiété de séparation, peur de l'abandon
Teckel	Aboiements excessifs, cachette ou fouissage, agressivité	Agressivité basée sur la peur, manque de socialisation
Dobermann Pinscher	Hypervigilance, comportement de garde, agressivité	Manque de socialisation, agression basée sur la peur
Cocker anglais	Miction soumise, anxiété de séparation, peur	Anxiété de séparation, peur de la punition
Setter anglais	Anxiété de séparation, comportement destructeur, agitation	Manque d'exercice mental et physique, ennui
Berger allemand	Aboiements excessifs, stimulation excessive, hypervigilance	Manque d'exercice mental et physique, insécurité

Un guide incontournable pour les amoureux des chiens

40 races populaires : signes d'anxiété et causes profondes, partie II

Race	Signes d'anxiété	Cause première
Golden retriever	Mastication excessive et comportement de recherche d'attention	Anxiété de séparation, manque de stimulation mentale
Grand danois	Timidité, peur, anxiété de séparation	Manque de socialisation, peur des nouveaux environnements
Labrador Retriever	Mastication excessive, hyperactivité, agitation	Manque d'exercice mental et physique, ennui
Léonberg	Anxiété de séparation, comportement collant, mastication destructrice	Manque de stimulation mentale, peur d'être seul
maltais	Aboiements excessifs, tremblements ou secousses, se cacher	Anxiété de séparation, peur des nouveaux environnements
Schnauzer nain	Agression envers les étrangers, aboiements excessifs	Peur des étrangers, agression basée sur la peur
Chien d'élan norvégien	Comportement destructeur, hurlements ou aboiements excessifs	Anxiété de séparation, ennui
Caniche (Standard/Mini/Jouet)	Attachement, anxiété de séparation, agitation	Manque de stimulation mentale, peur d'être seul
Chien d'eau portugais	Aboiements excessifs, comportement destructeur, hyperactivité	Manque d'exercice mental et physique, ennui
Carlin	Fort halètement, respiration sifflante, difficulté à respirer	Problèmes respiratoires, anxiété de séparation
Rottweiler	Comportements agressifs, tendances à la garde, peur	Manque de socialisation, agression basée sur la peur
Shiba Inu	Comportement craintif, agressivité envers les étrangers	Peur des étrangers, agression basée sur la peur
Shih Tzu	Aboiements excessifs, anxiété de séparation, attachement	Anxiété de séparation, peur d'être seul
Husky sibérien	Hurlements excessifs, comportement destructeur, évasion	Ennui, anxiété de séparation
Staffordshire Bull Terrier	Agressivité envers les autres chiens, hyperactivité	Agressivité basée sur la peur, manque de socialisation
Volpin Italien	Aboiements excessifs, agitation, comportement destructeur	Anxiété de séparation, peur d'être seul
Épagneul springer gallois	Comportement craintif, anxiété de séparation, léchage excessif	Manque de socialisation, peur d'être seul
Yorkshire Terrier	Aboiements excessifs, timidité, agressivité	Agressivité basée sur la peur, manque de socialisation

Veuillez noter que ce tableau fournit des informations générales et que les signes d'anxiété et les causes profondes de chaque chien peuvent varier. <u>Il est important de consulter un vétérinaire ou un comportementaliste canin professionnel</u> pour une évaluation complète et des conseils personnalisés si vous pensez que votre chien souffre d'anxiété.

Explorez le côté obscur de la vie des chiens

40 races populaires détail d'hygiène

40 races populaires détail d'hygiène, partie I							
Race	Besoins de toilettage	Type de manteau	Niveau de perte	Fréquence	Brossage	Baignade	Garniture
Malamute d'Alaska	Haut	Double	Haut	Régulier	Tous les jours	Mensuel	Occasionnel
Chien de bétail australien	Faible	Court	Modéré	Régulier	Hebdomadaire	Mensuel	Comme requis
Berger australien	Modéré	De longueur moyenne	Modéré	Régulier	Hebdomadaire	Mensuel	Occasionnel
Beagle	Faible	Court	Faible	Régulier	Hebdomadaire	Mensuel	Comme requis
Malinois belge	Modéré	Court	Modéré	Régulier	Hebdomadaire	Mensuel	Comme requis
Chien de montagne bernois	Haut	Long	Haut	Régulier	Tous les jours	Mensuel	Occasionnel
Bichon frisé	Haut	Bouclé	Faible	Régulier	Tous les jours	Mensuel	Régulièrement
Border collie	Modéré	De longueur moyenne	Modéré	Régulier	Hebdomadaire	Mensuel	Occasionnel
Boston Terrier	Faible	Court	Faible	Régulier	Hebdomadaire	Mensuel	Comme requis
Boxeur	Faible	Court	Faible	Régulier	Hebdomadaire	Mensuel	Comme requis
Bretagne	Modéré	Moyen	Modéré	Régulier	Hebdomadaire	Mensuel	Occasionnel
Bouledogue (anglais/français)	Faible	Court	Faible	Régulier	Hebdomadaire	Mensuel	Comme requis
Canne Corso	Faible	Court	Faible	Régulier	Hebdomadaire	Mensuel	Comme requis
Gilet Welsh Corgi	Modéré	Moyen	Modéré	Régulier	Hebdomadaire	Mensuel	Occasionnel
cavalier roi Charles Spaniel	Modéré	De longueur moyenne	Modéré	Régulier	Hebdomadaire	Mensuel	Occasionnel
Chihuahua	Faible	Court	Faible	Régulier	Hebdomadaire	Mensuel	Comme requis
Cocker	Haut	De longueur moyenne	Haut	Régulier	Tous les jours	Mensuel	Régulièrement
Teckel	Faible	Court	Faible	Régulier	Hebdomadaire	Mensuel	Comme requis
Dobermann Pinscher	Faible	Court	Faible	Régulier	Hebdomadaire	Mensuel	Comme requis
Cocker anglais	Haut	De longueur moyenne	Haut	Régulier	Tous les jours	Mensuel	Régulièrement
Setter anglais	Haut	Long	Haut	Régulier	Tous les jours	Mensuel	Régulièrement
Berger allemand	Modéré	De longueur moyenne	Modéré	Régulier	Hebdomadaire	Mensuel	Occasionnel
Golden retriever	Haut	Long	Haut	Régulier	Tous les jours	Mensuel	Occasionnel
Grand danois	Faible	Court	Faible	Régulier	Hebdomadaire	Mensuel	Comme requis
Labrador Retriever	Faible	Court	Faible	Régulier	Hebdomadaire	Mensuel	Comme requis
Léonberg	Haut	Long	Haut	Régulier	Tous les jours	Mensuel	Occasionnel
maltais	Haut	Long	Faible	Régulier	Tous les jours	Mensuel	Régulièrement
Schnauzer nain	Haut	A poils durs	Faible	Régulier	Tous les jours	Mensuel	Régulièrement
Chien d'élan norvégien	Modéré	Court	Modéré	Régulier	Hebdomadaire	Mensuel	Comme requis
Caniche (Standard/Mini/Jouet)	Haut	Bouclé	Faible	Régulier	Tous les jours	Mensuel	Régulièrement

Un guide incontournable pour les amoureux des chiens

Chapitre 17

40 races populaires détail d'hygiène, partie II							
Race	Besoins de toilettage	Type de manteau	Niveau de perte	Fréquence	Brossage	Baignade	Garniture
Chien d'eau portugais	Haut	Bouclé	Faible	Régulier	Tous les jours	Mensuel	Régulièrement
Carlin	Faible	Court	Faible	Régulier	Tous les jours	Mensuel	Comme requis
Rottweiler	Faible	Court	Faible	Régulier	Hebdomadaire	Mensuel	Comme requis
Shiba Inu	Modéré	Double	Modéré	Régulier	Hebdomadaire	Mensuel	Comme requis
Shih Tzu	Haut	Long	Faible	Régulier	Tous les jours	Mensuel	Régulièrement
Husky sibérien	Modéré	Moyen	Haut	Régulier	Hebdomadaire	Mensuel	Occasionnel
Staffordshire Bull Terrier	Faible	Court	Faible	Régulier	Hebdomadaire	Mensuel	Comme requis
Volpin Italien	Modéré	Double	Modéré	Régulier	Hebdomadaire	Mensuel	Comme requis
Epagneul springer gallois	Modéré	De longueur moyenne	Modéré	Régulier	Hebdomadaire	Mensuel	Occasionnel
Yorkshire Terrier	Haut	Long	Faible	Régulier	Tous les jours	Mensuel	Régulièrement

Veuillez noter que le tableau donne un aperçu général et que chaque chien peut avoir des besoins de toilettage spécifiques qui peuvent varier. C'est toujours une bonne idée de consulter les directives de toilettage spécifiques à la race ou de consulter un toiletteur professionnel pour obtenir des conseils personnalisés.

Veuillez noter que le tableau donne un aperçu général et que chaque chien peut avoir des besoins de toilettage spécifiques qui peuvent varier. C'est toujours une bonne idée de consulter les directives de toilettage spécifiques à la race ou de consulter un toiletteur professionnel pour obtenir des conseils personnalisés.

Explorez le côté obscur de la vie des chiens

40 races populaires aspects de la formation, partie I

Nom de la race	Capacité d'entraînement	Intelligence	Besoins en matière d'exercice	Besoins de socialisation	Conseils de formation
Malamute d'Alaska	Modéré	Haut	Haut	Haut	Utiliser le renforcement positif et la cohérence dans la formation
Chien de bétail australien	Haut	Haut	Haut	Haut	Fournir une stimulation mentale et des exercices réguliers
Berger australien	Haut	Haut	Haut	Haut	Concentrez-vous sur les activités mentales et physiques pour l'entraînement
Beagle	Modéré	Modéré	Modéré	Haut	Utilisez des récompenses et des friandises pour vous motiver à l'entraînement
Malinois belge	Haut	Haut	Haut	Haut	Canaliser leur énergie dans des séances de formation structurées
Chien de montagne bernois	Modéré	Moyenne	Modéré	Modéré	Utiliser le renforcement positif et des méthodes d'entraînement douces
Bichon frisé	Modéré	Haut	Modéré	Haut	Utiliser le renforcement positif et la cohérence dans la formation
Border collie	Haut	Haut	Haut	Haut	Fournir des défis mentaux et physiques à l'entraînement
Boston Terrier	Modéré	Moyenne	Modéré	Modéré	Utiliser le renforcement positif et la cohérence dans la formation
Boxeur	Modéré	Moyenne	Haut	Haut	Commencez à vous entraîner tôt et utilisez le renforcement positif
Bretagne	Haut	Moyenne	Haut	Haut	Fournir des exercices mentaux et physiques pour l'entraînement
Bouledogue (anglais/français)	Faible	Moyenne	Faible	Modéré	Utilisez le renforcement positif et la patience lors de l'entraînement
Canne Corso	Modéré	Haut	Haut	Haut	Établir des règles et des limites cohérentes dans la formation
Gilet Welsh Corgi	Haut	Haut	Modéré	Haut	Utiliser le renforcement positif et la stimulation mentale

Un guide incontournable pour les amoureux des chiens

40 races populaires aspects de la formation, partie II

Nom de la race	Capacité d'entraînement	Intelligence	Besoins en matière d'exercice	Besoins de socialisation	Entraînement Conseils
cavalier roi Charles Spaniel	Modéré	Moyenne	Modéré	Haut	Utiliser les récompenses et le renforcement positif dans la formation
Chihuahua	Faible	Moyenne	Faible	Modéré	Utilisez des méthodes d'entraînement douces et du renforcement positif
Cocker	Modéré	Moyenne	Modéré	Haut	Fournir une stimulation mentale et un renforcement positif
Teckel	Modéré	Moyenne	Modéré	Modéré	Soyez patient et cohérent dans l'entraînement
Dobermann Pinscher	Haut	Haut	Haut	Haut	Fournir une formation cohérente et un renforcement positif
Cocker anglais	Modéré	Moyenne	Modéré	Haut	Utiliser le renforcement positif et la cohérence dans la formation
Setter anglais	Modéré	Moyenne	Modéré	Haut	Utiliser le renforcement positif et la stimulation mentale
Berger allemand	Haut	Haut	Haut	Haut	Fournir un entraînement cohérent et une stimulation mentale
Golden retriever	Haut	Haut	Haut	Haut	Utiliser le renforcement positif et la cohérence dans la formation
Grand danois	Faible	Moyenne	Modéré	Modéré	Commencez à vous entraîner tôt et utilisez des méthodes d'entraînement douces
Labrador Retriever	Haut	Haut	Haut	Haut	Utiliser le renforcement positif et la cohérence dans la formation
Léonberg	Modéré	Haut	Haut	Haut	Utiliser le renforcement positif et la formation à la socialisation
maltais	Modéré	Moyenne	Faible	Haut	Utilisez le renforcement positif et soyez patient à l'entraînement
Schnauzer nain	Modéré	Haut	Modéré	Haut	Utiliser le renforcement positif et la cohérence dans la formation

Explorez le côté obscur de la vie des chiens

40 races populaires aspects de la formation, partie III

Nom de la race	Capacité d'entraînement	Intelligence	Besoins en matière d'exercice	Besoins de socialisation	Entraînement Conseils
Chien d'élan norvégien	Modéré	Moyenne	Haut	Haut	Commencez l'entraînement tôt et fournissez une stimulation mentale
Caniche (Standard/Mini/Jouet)	Haut	Haut	Modéré	Haut	Utiliser le renforcement positif et la stimulation mentale
Chien d'eau portugais	Haut	Haut	Haut	Haut	Fournir des exercices mentaux et physiques pour l'entraînement
Carlin	Faible	Moyenne	Faible	Modéré	Utilisez le renforcement positif et soyez patient à l'entraînement
Rottweiler	Modéré	Haut	Haut	Haut	Établir un leadership et des limites cohérents
Shiba Inu	Modéré	Moyenne	Haut	Modéré	Utiliser le renforcement positif et la cohérence dans la formation
Shih Tzu	Faible	Moyenne	Faible	Modéré	Utiliser les récompenses et le renforcement positif dans la formation
Husky sibérien	Modéré	Haut	Haut	Haut	Utilisez le renforcement positif et faites suffisamment d'exercice
Staffordshire Bull Terrier	Modéré	Moyenne	Haut	Haut	Utiliser le renforcement positif et la cohérence dans la formation
Volpin Italien	Modéré	Haut	Modéré	Haut	Utiliser le renforcement positif et la formation à la socialisation
Épagneul springer gallois	Haut	Moyenne	Haut	Haut	Fournir des exercices mentaux et physiques pour l'entraînement
Yorkshire Terrier	Modéré	Moyenne	Faible	Modéré	Utiliser le renforcement positif et la cohérence dans la formation

Un guide incontournable pour les amoureux des chiens

Veuillez noter que la capacité d'entraînement, l'intelligence, les besoins en exercice, les besoins de socialisation et les conseils d'entraînement peuvent varier au sein de chaque race, et que chaque chien peut avoir des caractéristiques et des exigences uniques. Ce tableau fournit un aperçu général pour guider les propriétaires dans le dressage efficace de leurs chiens.

N'oubliez pas non plus, cher propriétaire, que la formation doit être une expérience amusante et engageante pour nous deux. Gardez les sessions courtes, interactives et remplies d'amour.

Explorez le côté obscur de la vie des chiens

40 Races populaires Données générales sur la santé et l'âge, partie I

Race	Problèmes de santé courants / Prédispositions	Durée de vie moyenne	Niveau d'énergie	Vaccins recommandés	Soins préventifs
Malamute d'Alaska	Dysplasie de la hanche, chondrodysplasie, cataracte	10-14 ans	Haut	Des contrôles réguliers	Exercice régulier, stimulation mentale, suppléments articulaires
Chien de bétail australien	Dysplasie de la hanche, atrophie rétinienne progressive	12-15 ans	Très haut	Vaccinations préventives	Exercice régulier, stimulation mentale, entraînement
Berger australien	Dysplasie de la hanche, anomalie oculaire du colley, épilepsie	12-15 ans	Haut	Soins vétérinaires courants	Exercice régulier, stimulation mentale, entraînement à l'obéissance
Beagle	Maladie du disque intervertébral, épilepsie	12-15 ans	Modéré	Vaccinations préventives	Exercice régulier, stimulation mentale, gestion du poids
Malinois belge	Dysplasie de la hanche, atrophie rétinienne progressive	10-12 ans	Très haut	Des contrôles réguliers	Exercice régulier, stimulation mentale, entraînement à l'obéissance
Chien de montagne bernois	Dysplasie de la hanche, dysplasie du coude, cancer	7-10 ans	Modéré	Vaccinations préventives	Exercice régulier, suppléments articulaires, contrôles réguliers
Bichon frisé	Luxation rotulienne, allergies	14-16 ans	Modéré	Soins vétérinaires courants	Toilettage régulier, hygiène dentaire, bonne nutrition
Border collie	Dysplasie de la hanche, anomalie oculaire du colley, épilepsie	12-15 ans	Très haut	Vaccinations préventives	Exercice régulier, stimulation mentale, entraînement à l'obéissance
Boston Terrier	Syndrome brachycéphale, luxation rotulienne	11-13 ans	Modéré	Soins vétérinaires réguliers	Exercice régulier, hygiène dentaire, gestion du poids
Boxeur	Dysplasie de la hanche, cardiomyopathie du boxeur	10-12 ans	Haut	Vaccinations préventives	Exercice régulier, stimulation mentale, contrôles réguliers
Bretagne	Dysplasie de la hanche, épilepsie	12-14 ans	Haut	Soins vétérinaires courants	Exercice régulier, stimulation mentale, entraînement à l'obéissance
Bouledogue (anglais / français)	Syndrome brachycéphale, dysplasie de la hanche	8-10 ans	Faible à modéré	Des contrôles réguliers	Exercice régulier, hygiène dentaire, gestion du poids

Un guide incontournable pour les amoureux des chiens

40 Races populaires Données générales sur la santé et l'âge, partie II

Race	Problèmes de santé courants / Prédispositions	Durée de vie moyenne	Niveau d'énergie	Vaccins recommandés	Soins préventifs
Canne Corso	Dysplasie de la hanche, cardiomyopathie dilatée	9-12 ans	Modéré	Vaccinations préventives	Exercice régulier, stimulation mentale, contrôles réguliers
Gilet Welsh Corgi	Atrophie rétinienne progressive, maladie du disque intervertébral	12-15 ans	Modéré	Vaccinations préventives	Exercice régulier, stimulation mentale, gestion du poids
Cocker	Atrophie rétinienne progressive, dysplasie de la hanche	12-15 ans	Modéré	Vaccinations préventives	Exercice régulier, stimulation mentale, contrôles réguliers
Teckel	Maladie du disque intervertébral, luxation rotulienne	12-16 ans	Modéré	Soins vétérinaires courants	Exercice régulier, stimulation mentale, gestion du poids
Dobermann Pinscher	Cardiomyopathie dilatée, syndrome de Wobbler	10-13 ans	Haut	Vaccinations préventives	Exercice régulier, stimulation mentale, entraînement à l'obéissance
Cocker anglais	Dysplasie de la hanche, atrophie rétinienne progressive	12-14 ans	Modéré	Soins vétérinaires courants	Exercice régulier, stimulation mentale, contrôles réguliers
Setter anglais	Dysplasie de la hanche, hypothyroïdie	10-12 ans	Modéré	Vaccinations préventives	Exercice régulier, stimulation mentale, contrôles réguliers
Berger allemand	Dysplasie de la hanche, myélopathie dégénérative	9-13 ans	Haut	Vaccinations préventives	Exercice régulier, stimulation mentale, entraînement à l'obéissance
Golden retriever	Dysplasie de la hanche, lymphome, atrophie rétinienne progressive	10-12 ans	Haut	Soins vétérinaires courants	Exercice régulier, stimulation mentale, contrôles réguliers
Grand danois	Cardiomyopathie dilatée, dilatation gastrique-volvulus	6-8 ans	Faible	Vaccinations préventives	Exercice régulier, stimulation mentale, contrôles réguliers

Explorez le côté obscur de la vie des chiens

40 Races populaires Données générales sur la santé et l'âge, partie III

Race	Problèmes de santé courants / Prédispositions	Durée de vie moyenne	Niveau d'énergie	Vaccins recommandés	Soins préventifs
Léonberg	Dysplasie de la hanche, ostéosarcome	8-10 ans	Modéré	Soins vétérinaires réguliers	Exercice régulier, stimulation mentale, suppléments articulaires
maltais	Luxation rotulienne, shunt portosystémique	12-15 ans	Faible	Visites vétérinaires de routine	Toilettage régulier, hygiène dentaire, gestion du poids
Schnauzer nain	Atrophie rétinienne progressive, pancréatite	12-15 ans	Modéré	Vaccinations préventives	Exercice régulier, stimulation mentale, contrôles réguliers
Chien d'élan norvégien	Dysplasie de la hanche, atrophie rétinienne progressive	12-15 ans	Modéré	Soins vétérinaires courants	Exercice régulier, stimulation mentale, gestion du poids
Caniche (Standard/Mini/Jouet)	Dysplasie de la hanche, atrophie rétinienne progressive	10-18 ans	Haut	Vaccinations préventives	Exercice régulier, stimulation mentale, contrôles réguliers
Chien d'eau portugais	Dysplasie de la hanche, atrophie rétinienne progressive	10-14 ans	Modéré	Vaccinations préventives	Exercice régulier, stimulation mentale, contrôles réguliers
Carlin	Syndrome brachycéphale, luxation rotulienne	12-15 ans	Faible	Soins vétérinaires réguliers	Exercice régulier, hygiène dentaire, gestion du poids
Shiba Inu	Luxation rotulienne, allergies	12-15 ans	Modéré	Des contrôles réguliers	Exercice régulier, stimulation mentale, hygiène dentaire
Shih Tzu	Syndrome brachycéphale, luxation rotulienne	10-18 ans	Faible à modéré	Soins vétérinaires courants	Toilettage régulier, hygiène dentaire, gestion du poids
Husky sibérien	Dysplasie de la hanche, atrophie rétinienne progressive	12-14 ans	Haut	Vaccinations préventives	Exercice régulier, stimulation mentale, contrôles réguliers
Staffordshire Bull Terrier	Acidurie L-2-hydroxyglutarique, luxation rotulienne	12-14 ans	Haut	Vaccinations préventives	Exercice régulier, stimulation mentale, contrôles réguliers

Un guide incontournable pour les amoureux des chiens

40 Races populaires Données générales sur la santé et l'âge, partie IV

Race	Problèmes de santé courants / Prédispositions	Durée de vie moyenne	Niveau d'énergie	Vaccins recommandés	Soins préventifs
Volpin Italien	Luxation rotulienne, atrophie rétinienne progressive	14-16 ans	Modéré	Soins vétérinaires courants	Exercice régulier, stimulation mentale, contrôles réguliers
Épagneul springer gallois	Dysplasie de la hanche, atrophie rétinienne progressive	12-15 ans	Modéré	Vaccinations préventives	Exercice régulier, stimulation mentale, contrôles réguliers
Yorkshire Terrier	Shunt portosystémique, effondrement trachéal	12-15 ans	Faible à modéré	Visites vétérinaires de routine	Exercice régulier, hygiène dentaire, gestion du poids

Veuillez noter que la capacité d'entraînement, l'intelligence, les besoins en exercice, les besoins de socialisation et les conseils d'entraînement peuvent varier au sein de chaque race, et que chaque chien peut avoir des caractéristiques et des exigences uniques. Ce tableau fournit un aperçu général pour guider les propriétaires dans le dressage efficace de leurs chiens.

N'oubliez pas non plus, cher propriétaire, que la formation doit être une expérience amusante et engageante pour nous deux. Gardez les sessions courtes, interactives et remplies d'amour.

Explorez le côté obscur de la vie des chiens

40 Données physiologiques des races populaires

40 Données physiologiques des races populaires, partie I				
Race	Taille	Hauteur (cm)	poids (kg)	Manteau
Malamute d'Alaska	Grand	61 - 66	Homme : 38-50 Femme : 34-40	Double couche épaisse
Chien de bétail australien	Moyen	43 - 51	Homme : 15-22 ans Femme : 14-20 ans	Poil court et dense
Berger australien	Moyen large	46 - 58	Homme : 25-32 ans Femme : 16-32 ans	Manteau double de longueur moyenne
Beagle	Petit moyen	33 - 41	41852	Manteau court et élégant
Malinois belge	Moyen large	61 - 66	Homme : 25-30 ans Femme : 22-25 ans	Poil court et dense
Chien de montagne bernois	Grand	58 - 70	Homme : 45-50 Femme : 38-50	Poil long, épais et ondulé
Bichon frisé	Petit moyen	23 - 30	Mâle : 3-5,5 Femelle : 3-5	Poil frisé et dense
Border collie	Moyen	46 - 53	Homme : 14-20 ans Femme : 12-15 ans	Manteau double de longueur moyenne
Boston Terrier	Petit moyen	38 - 43	Homme : 5-11 ans Femelle : 4-7	Poil court et lisse
Boxeur	Moyen large	53 - 63	Homme : 25-32 ans Femme : 22-29 ans	Poil court et lisse
Bretagne	Moyen	43 - 52	Homme : 14-18 ans, Femelle : 12,5-15,5	Manteau mi-long ondulé
Bouledogue (anglais/français)	Moyen	31 - 40	Homme 22-25 Femme 18-23	Poil court et lisse
Canne Corso	Grand	64 - 68	Homme : 45-50 Femme : 40-45 ans	Poil court et dense
Gilet Welsh Corgi	Petit moyen	25 - 31	Homme : 12-17 ans Femme : 11-15 ans	Poil mi-long et dense
cavalier roi Charles Spaniel	Petit moyen	30 - 33	Homme Femme 5-9	Manteau long et soyeux
Chihuahua	Minuscule-Petit	15 - 23	Homme Femme 1,5-3	Poil court et lisse
Cocker	Moyen	36 - 41	Homme : 12-16 ans Femme : 11-14 ans	Manteau mi-long et soyeux
Teckel	Petit moyen	13 - 23	Homme Femme 5-12	Poil court et lisse
Dobermann Pinscher	Grand	63 - 72	Homme : 34-45 ans Femme : 27-41 ans	Poil court et lisse
Cocker anglais	Moyen	38 - 43	Homme : 13-1 Femme : 12-15 ans	Manteau mi-long et soyeux
Setter anglais	Moyen large	61 - 69	Homme : 25-36 ans Femme : 20-30 ans	Manteau long et soyeux
Berger allemand	Grand	55 - 65	Homme : 30-40 Femme : 22-32 ans	Double couche avec sous-poil dense

 Un guide incontournable pour les amoureux des chiens

40 Données physiologiques des races populaires, partie II

Race	Taille	Hauteur (cm)	poids (kg)	Manteau
Golden retriever	Grand	51 - 61	Homme : 29-34 Femme : 25-32 ans	Manteau dense et hydrofuge
Grand danois	Grand-Géant	71 - 86	Homme : 54-90 Femme : 45-59 ans	Poil court et lisse
Labrador Retriever	Grand	55 - 62	Homme : 29-36 Femme : 25-32 ans	Poil court et dense
Léonberg	Grand-Géant	65 - 80	Homme : 54-77 Femme : 41-54	Manteau dense et résistant à l'eau
maltais	Minuscule-Petit	20 - 25	Mâle : 5,5-8 Femelle : 4,5-6,5	Manteau long et soyeux
Schnauzer nain	Petit moyen	30 - 36	Homme : 5-8, Femme : 4-6	Double couche avec couche de finition filiforme
Chien d'élan norvégien	Moyen	48 - 53	Homme : 23-28 Femme : 18-23 ans	Double couche avec sous-poil dense
Caniche (Standard/Mini/Jouet)	Petit grand	24 - 60	Std : Mâle : 18-32 Femelle : 18-27 Miniature : Mâle : 4-6 Femelle : 3,5-5 Jouet : Mâle : 2-4 Femelle : 2-3	Manteau bouclé et hypoallergénique
Chien d'eau portugais	Moyen large	43 - 57	Homme : 19-27 Femme : 16-23 ans	Manteau bouclé et résistant à l'eau
Carlin	Petit moyen	25 - 36	Homme : 6-9 Femme 5-8 ans	Poil court et lisse
Rottweiler	Grand	56 - 69	Homme : 50-60, Femme : 35-48 ans	Poil court et dense
Shiba Inu	Moyen	35 - 43	Homme : 10-11 Femme : 8 à 9 ans	Double couche avec couche de dessus droite
Shih Tzu	Petit	20 - 28	Mâle et femelle 4-9	Manteau long et fluide
Husky sibérien	Moyen large	50 - 60	Homme : 20-28 ans Femme : 16-23 ans	Double couche épaisse
Staffordshire Bull Terrier	Moyen	35 - 40	Homme : 13-17 ans Femme : 11 à 16 ans	Poil court et lisse
Volpin Italien	Petit	26 - 30	Mâle : 4-5 Femelle 3-4	Couche double et dense
Épagneul springer gallois	Moyen	46 - 48	Homme : 20-25 ans Femme : 16-20 ans	Manteau mi-long ondulé
Yorkshire Terrier	Minuscule-Petit	17 - 23	Mâle et femelle 2-3	Manteau long et soyeux

Veuillez noter que les informations fournies sont générales et peuvent varier selon les chiots, même au sein d'une même race. Il est indispensable de <u>consulter un vétérinaire ou un expert</u> pour obtenir des conseils personnalisés et adaptés aux spécificités de votre chien.

Explorez le côté obscur de la vie des chiens

40 races populaires niveaux d'intelligence, partie I

Niveau 1 : Les chiens les plus brillants	Les chiens de ce niveau sont considérés comme les plus intelligents et capables d'apprendre une nouvelle commande en moins de 5 répétitions. Ils ont également tendance à comprendre rapidement les nouvelles commandes et peuvent généraliser les commandes à de nouvelles situations.
Niveau 2 : Excellents chiens de travail	Les chiens de ce niveau sont très intelligents et capables d'apprendre une nouvelle commande en moins de 5 à 15 répétitions. Ils ont tendance à comprendre rapidement les nouvelles commandes et peuvent généraliser les commandes à de nouvelles situations.
Niveau 3 : Chiens de travail supérieurs à la moyenne	Les chiens de ce niveau sont considérés comme supérieurs à la moyenne en termes d'intelligence et peuvent apprendre une nouvelle commande en moins de 15 à 25 répétitions. Ils peuvent avoir besoin de plus de répétitions pour comprendre de nouvelles commandes, mais sont toujours capables de généraliser les commandes à de nouvelles situations.
Niveau 4 : Chiens de travail moyens	Les chiens de ce niveau sont considérés comme moyens en termes d'intelligence et peuvent apprendre une nouvelle commande en moins de 25 à 40 répétitions. Ils peuvent avoir besoin de plus de répétitions pour comprendre de nouvelles commandes et peuvent avoir des difficultés à généraliser les commandes à de nouvelles situations.
Niveau 5 : Chiens de travail équitables	Les chiens de ce niveau sont considérés comme passables en termes d'intelligence et peuvent apprendre une nouvelle commande en moins de 40 à 80 répétitions. Ils peuvent avoir des difficultés à comprendre de nouvelles commandes et avoir besoin de plus de répétitions pour les apprendre.
Niveau 6 : Degré de travail le plus bas	Les chiens de ce niveau sont considérés comme les moins intelligents et peuvent avoir des difficultés à apprendre de nouvelles commandes, à les comprendre ou à les généraliser à de nouvelles situations. Ils peuvent avoir besoin de plus de 100 répétitions pour apprendre une nouvelle commande.

Race	N. 1	N. 2	N. 3	N. 4	N. 5	N. 6
Malamute d'Alaska						20%
Bovins australiens		85%				
Berger australien		85%				
Beagle						30%
Malinois belge			30%			
Montagne Bernoise					50%	
Bichon frisé						25%
Border collie	95%					
Boston Terrier						40%

Un guide incontournable pour les amoureux des chiens

40 races populaires niveaux d'intelligence, partie II

Race	N. 1	N. 2	N. 3	N. 4	N. 5	N. 6
Boxeur				50%		
Bretagne			30%			
Bouledogue (anglais/français)						40%
Canne Corso						30%
Gilet Welsh Corgi						80%
cavalier roi Charles Spaniel						50%
Chihuahua						30%
Cocker						30%
Teckel						25%
Dobermann Pinscher	85%					
Cocker anglais						50%
Setter anglais						40%
Berger allemand	95%					
Golden retriever	95%					
Grand danois						25%
Labrador Retriever				85%		
Léonberg						50%
maltais						50%
Schnauzer nain						50%
Chien d'élan norvégien						30%
Caniche (Standard/Mini/Jouet)	95%					
Eau Portugaise						50%
Carlin						25%
Rottweiler				85%		
Shiba Inu						40%
Shih Tzu						70%
Husky sibérien					85%	
Staffordshire Bull Terrier						40%
Volpin Italien						Pas de données
Épagneul springer gallois			50%			
Yorkshire Terrier						30%

Veuillez noter que l'intelligence peut être mesurée de différentes manières et qu'il ne s'agit ici que d'un classement basé sur un ensemble spécifique de critères. De plus, chaque chien est unique et peut présenter sa propre intelligence et ses capacités de résolution de problèmes, quelle que soit sa race.

Explorez le côté obscur de la vie des chiens

40 races populaires la sieste, la promenade et le profil intérieur/extérieur, partie I

Race	Heures de sommeil	Heures de marche quotidiennes	Besoins en matière d'exercice	Intérieur extérieur
Malamute d'Alaska	14-16	2-3	Haut	Extérieur
Chien de bétail australien	12-14	2-3	Haut	Extérieur
Berger australien	12-14	2-3	Haut	Extérieur
Beagle	12-14	1-2	Modéré	Les deux
Malinois belge	12-14	2-3	Haut	Extérieur
Chien de montagne bernois	14-16	2-3	Modéré	Extérieur
Bichon frisé	14-16	1-2	Modéré	Intérieur
Border collie	12-14	2-3	Haut	Extérieur
Boston Terrier	12-14	1-2	Modéré	Les deux
Boxeur	12-14	1-2	Haut	Intérieur
Bretagne	12-14	2-3	Haut	Extérieur
Bouledogue (anglais/français)	14-16	1-2	Faible	Intérieur
Canne Corso	12-14	1-2	Modéré	Les deux
Gilet Welsh Corgi	12-14	1-2	Modéré	Intérieur
cavalier roi Charles Spaniel	12-14	1-2	Modéré	Intérieur
Chihuahua	14-16	1	Faible	Intérieur
Cocker	12-14	1-2	Modéré	Les deux
Teckel	12-14	1-2	Modéré	Les deux
Dobermann Pinscher	12-14	2-3	Haut	Extérieur
Cocker anglais	12-14	2-3	Modéré	Les deux
Setter anglais	12-14	2-3	Modéré	Extérieur
Berger allemand	12-14	2-3	Haut	Extérieur
Golden retriever	12-14	2-3	Haut	Extérieur
Grand danois	14-16	1-2	Faible	Intérieur
Labrador Retriever	12-14	2-3	Haut	Extérieur
Léonberg	12-14	2-3	Modéré	Extérieur
maltais	14-16	1-2	Faible	Intérieur
Schnauzer nain	12-14	1-2	Modéré	Intérieur
Chien d'élan norvégien	12-14	1-2	Modéré	Les deux
Caniche (Standard/Mini/Jouet)	12-14	1-2	Modéré	Intérieur

Un guide incontournable pour les amoureux des chiens

Glossaire

Woof Woof! Permettez-moi de partager avec vous quelques termes populaires qui nous font remuer la queue avec plaisir. Ces mots sont comme notre code secret pour avoir des interactions géniales avec vous. Alors, si vous tombez sur un mot dans le livre qui vous fait craquer, hein ? – il vous suffit de consulter le glossaire et vous découvrirez ce que cela signifie ! C'est comme notre façon de vous aider à apprendre notre langue, et croyez-moi, cela rendra notre temps ensemble encore plus génial !

Adopter : l'acte d'accueillir un chien sans abri ou abandonné dans un foyer aimant pour toujours, lui donnant une seconde chance de bonheur.

Sauvegarde : lorsque vous dites cela, je sais qu'il est temps de faire quelques pas en arrière.

Bark : Notre façon de prendre la parole, que ce soit pour protéger notre territoire ou pour attirer votre attention.

Aboyer fou : lorsque nous nous sentons très joueurs et pleins d'énergie, c'est notre façon de vous faire savoir que nous sommes prêts à vivre de l'excitation.

Massage du ventre : Tel un massage canin, c'est un pur bonheur qui nous fait fondre de bonheur.

Meilleur ami : L'humain spécial qui occupe une place spéciale dans nos cœurs, offrant amour, camaraderie et aventures sans fin.

Butt Wiggle : Oh, celui-ci est hilarant ! Mon dos bouge tandis que mes pattes avant restent en place. C'est comme un échauffement préalable, ce qui signifie que je déborde de joie !

Crawl : Un tour amusant où j'avance très bas, comme un crawl sournois.

Explorez le côté obscur de la vie des chiens

40 races populaires la sieste, la promenade et le profil intérieur/extérieur, partie II

Race	Heures de sommeil	Heures de marche quotidiennes	Besoins en matière d'exercice	Intérieur extérieur
Chien d'eau portugais	12-14	2-3	Haut	Les deux
Carlin	14-16	1-2	Faible	Intérieur
Rottweiler	12-14	2-3	Haut	Extérieur
Shiba Inu	14-16	1-2	Modéré	Les deux
Shih Tzu	14-16	1-2	Faible	Intérieur
Husky sibérien	14-16	2-3	Haut	Extérieur
Staffordshire Bull Terrier	12-14	2-3	Haut	Les deux
Volpin Italien	12-14	1-2	Modéré	Intérieur
Épagneul springer gallois	12-14	2-3	Haut	Extérieur
Yorkshire Terrier	14-16	1-2	Faible	Intérieur

N'oubliez pas qu'il s'agit de directives générales et que chaque chien peut avoir des besoins légèrement différents en fonction de son âge, de sa santé et de son niveau d'énergie global. <u>Consultez toujours un vétérinaire</u> pour vous assurer que vous répondez aux exigences spécifiques de votre ami à quatre pattes. Bonne sieste et remuement !

Chiot Stade de développement

Âge (semaines)	Développement physique	Développement comportemental	Jalons de la formation	Soins de santé	Horaire d'alimentation	Apprendre à faire sur le pot	Socialisation
1-2	Les yeux et les oreilles ouverts	Rampant, mobilité limitée	Aucun	Première visite chez le vétérinaire	Allaitement fréquent de la mère	Pas encore initié	Exposition précoce au doux contact humain
3-4	Commencer à marcher	Développer les sens et la conscience	Introduction aux commandes de base	Début du calendrier de vaccination	Transition vers la nourriture molle pour chiots	Commencez à introduire des coussins pour chiots ou un espace extérieur	Introduction en douceur à d'autres animaux
5-6	Les premières dents de lait apparaissent	Curiosité et exploration	Début de la formation au cambriolage	Continuer les vaccinations	Repas réguliers avec de la nourriture pour chiots	Routine cohérente d'apprentissage de la propreté	Expériences positives avec de nouvelles personnes
7-8	Les dents adultes commencent à apparaître	Mobilité et caractère ludique accrus	Introduction à la laisse et au collier	Contrôles réguliers et vermifugation	Repas programmés avec des portions appropriées	Renforcer la cohérence de l'apprentissage de la propreté	Exposition à divers environnements
9-12	Poussée de croissance	Coordination et équilibre améliorés	Formation avancée d'obéissance	Considérations sur la castration/castration	Repas programmés avec des portions appropriées	Affiner les compétences d'apprentissage de la propreté	Socialisation continue avec les humains/animaux
13-16	Phase adolescente	Maturité sexuelle	Formation avancée d'obéissance	Soins dentaires, prévention contre les puces et les tiques	Repas réguliers avec des portions appropriées	Renforcer la cohérence de l'apprentissage de la propreté	Exposition continue à de nouvelles expériences
17-20	Corps pleinement développé	Maturité comportementale et indépendance	Commandes et astuces avancées	Bilans de santé et vaccinations réguliers	Repas réguliers avec des portions appropriées	Renforcement constant de l'apprentissage de la propreté	Entretenir des interactions sociales positives
20+	- Chien adulte	Maturité totale	Formation continue de perfectionnement	Toilettage régulier et soins préventifs	Repas réguliers avec des portions appropriées	Renforcez les bonnes habitudes de propreté	Socialisation continue et stimulation mentale

Ce tableau fournit un calendrier général et un guide général pour aider les nouveaux propriétaires de chiots à suivre les aspects essentiels des soins et du développement. Cependant, il est important de noter que chaque chiot est unique et que chaque chiot peut avoir des besoins et des variations uniques. Consultez votre vétérinaire pour connaître les calendriers de vaccination spécifiques et les recommandations alimentaires adaptées à la race, à la taille et aux besoins de santé de votre chiot.

N'oubliez pas que ce tableau sert de point de départ et que le voyage de votre chiot sera rempli de découvertes passionnantes et d'ajustements en cours de route. Profitez de l'aventure d'élever un chiot heureux et en bonne santé ! Trame!

Un guide incontournable pour les amoureux des chiens

Glossaire

Câlin : L'acte réconfortant de se blottir contre nos humains, créant un lien d'amour et de chaleur.

Couché : cela signifie que je dois m'allonger sur le ventre, prêt à recevoir des câlins ou une friandise.

Go Boop : C'est à ce moment-là que tu me touches doucement le nez – c'est comme un petit bonjour !

Bon garçon/fille : Les mots que nous aimons entendre de la part de nos humains, nous félicitant pour notre bon comportement et nous faisant nous sentir aimés et appréciés.

Toilettage : Le processus consistant à garder notre fourrure propre et fabuleuse, que ce soit par le brossage, le bain ou la coupe.

Happy Helicopter : Imaginez ma queue qui tourne comme un rotor d'hélicoptère. Oui, c'est un Happy Helicopter ! Cela arrive lorsque je suis super excité ou que j'attends avec impatience quelque chose d'amusant.

Masquer : Oh, le jeu de cache-cache ! J'adore te retrouver, et les gourmandises aussi !

Câlin : Lorsque tu mets tes bras autour de moi, je ressens ton amour et ta chaleur.

Laisse : Notre fidèle compagnon qui nous maintient en sécurité et connectés à nos humains lors de nos aventures.

La sieste : Notre passe-temps favori est de se blottir dans un endroit confortable et de recharger nos batteries avec une bonne sieste.

Nervous Nudge : Lorsque je suis un peu incertain ou un peu anxieux, ma queue remue rapidement et hésitante. C'est ma façon de dire , je n'en suis pas tout à fait sûr, mais j'essaye !

Paw : C'est ma façon à moi de te saluer ou de demander des friandises.

Un guide incontournable pour les amoureux des chiens

Glossaire

Playdate : une réunion amusante avec nos amis à quatre pattes, où nous pouvons nous défouler, poursuivre et passer un bon moment en remuant la queue.

Sauvetage : acte héroïque consistant à sauver un chien d'une situation difficile ou dangereuse, en lui fournissant de l'amour, des soins et un foyer pour toujours.

Roll Over : Une commande ludique pour me retourner sur le dos – c'est l'heure du massage du ventre !

Renifler : Notre odorat super puissant qui nous permet d'explorer et de découvrir le monde qui nous entoure.

Copain câlin : Un ami à quatre pattes ou un humain qui aime se blottir contre nous, nous offrant confort et chaleur.

Copain câlin : Un ami à quatre pattes ou un humain qui aime se blottir contre nous, nous offrant confort et chaleur.

Signalement de la queue : Je tiens ma queue haute et je l'agite doucement d'un côté à l'autre, montrant ma confiance et mes ondes positives. Je me sens bien !

Tail-Twist : C'est quand ma queue fait une petite danse, montrant à quel point je suis excité et heureux de vous voir !

Toucher : Quand tu dis cela, je sais qu'il faut appuyer mon nez contre ta main.

Formation : le processus d'apprentissage de nouvelles compétences et de nouveaux comportements grâce au renforcement positif, nous aidant à devenir des compagnons bien élevés et obéissants.

heure des friandises : le moment tant attendu où nous sommes récompensés par de délicieuses collations pour avoir été de bons garçons et filles.

Gâterie : La récompense ultime pour être le meilleur compagnon à fourrure, un délice savoureux auquel nous ne pouvons pas résister.

Explorez le côté obscur de la vie des chiens

Vétérinaire : Oh, le vétérinaire est notre docteur à quatre pattes ! Ils prennent soin de notre santé et de notre bien-être. Il est important de consulter régulièrement le vétérinaire pour des contrôles, des vaccinations et tout problème de santé. Ils nous aident à rester en bonne santé et heureux.

Des remue-méninges :

Full-Body Wag : Préparez-vous pour celui-ci ! Je ne peux pas contenir mon excitation, alors mon corps tout entier se joint à la fête. C'est du pur bonheur déchaîné !

Happy Sniff Wag : Oh mon Dieu, quand je renifle quelque chose de fascinant, ma queue ne peut s'empêcher de remuer d'excitation ! C'est comme dire : « Ça sent incroyablement bon ! Explorons!

Slow Wag : Parfois, je remue la queue lentement et prudemment. C'est comme si je disais : je suis curieux, mais je prends mon temps pour comprendre les choses.

Wag subtil : Parfois, je remue doucement, juste un petit mouvement de ma queue. Cela montre que je suis content et paisible sur le moment.

Tail wag : L'expression légendaire de la joie et du bonheur, un wag qui dit que nous t'aimons.

Attendez : celui-ci est important – cela signifie que je devrais faire une pause et être patient pour votre prochain signal.

Marcher : La musique à nos oreilles nous permet d'explorer le monde et de faire de l'exercice aux côtés de notre humain préféré.

Walkies : L'aventure passionnante de se promener avec nos humains, d'explorer le quartier, de renifler de nouvelles senteurs et de profiter du grand air.

Faire un signe de la main : je lève la patte pour dire bonjour ou au revoir, comme un signe de la main amical !

Zoomies : ces éclats de pure joie et d'énergie qui nous font courir en rond ou zigzaguer dans la maison ou la cour.

Un guide incontournable pour les amoureux des chiens

Directives de traduction de sites Web

Pour utiliser Google Translate afin d'afficher des sites Web dans d'autres langues, procédez comme suit :

https://translate.google.com.au/

1. **Ouvrez Google Translate** : Accédez à votre navigateur Web et recherchez « Google Translate » ou visitez directement translation.google.com. puis cliquez sur le bouton Site Web.

2. **Sélectionnez les langues** : **Choisir les langues** : Sur le côté gauche de la page Google Translate, sélectionnez la langue source (la langue du site Web que vous souhaitez traduire ; par exemple, l'anglais), et celle de droite est la langue cible (la langue dans laquelle vous souhaitez traduire le site Web). à traduire en ; par exemple, en espagnol).

3. **Entrer l'URL du site Web** : saisissez l'URL du site Web que vous souhaitez traduire dans la case prévue à cet effet.

Explorez le côté obscur de la vie des chiens

4. **Sélectionnez la langue cible** :
Par défaut, Google Translate tentera de déterminer la langue cible en fonction des paramètres de votre navigateur.

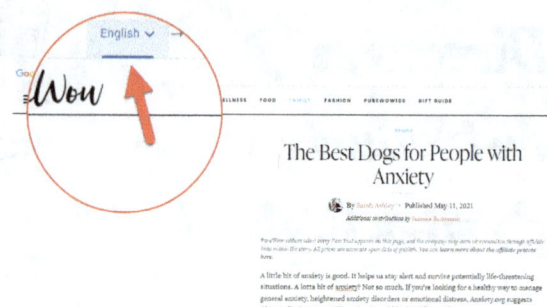

mais vous pouvez sélectionner n'importe quelle autre langue à votre guise, par exemple le chinois.

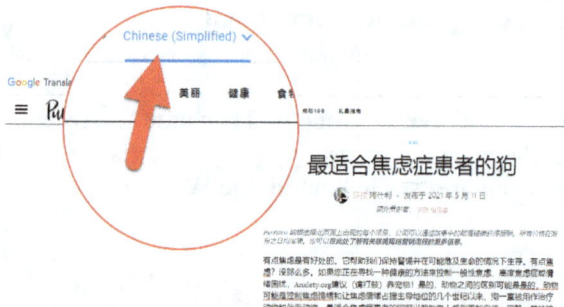

5. **Parcourir le site Web traduit** : vous pouvez désormais naviguer sur le site Web traduit comme n'importe quelle autre page Web. Gardez à l'esprit que la traduction n'est peut-être pas parfaite, notamment pour un contenu complexe ou spécialisé, mais elle doit vous fournir une compréhension générale du contenu du site Web.

6. **Passer à l'original :** n'hésitez pas à basculer entre la langue par défaut et la langue de votre choix. Cliquez simplement sur le bouton Traduction en haut à droite de la page et sélectionnez « Original' » ou « Traduction ».

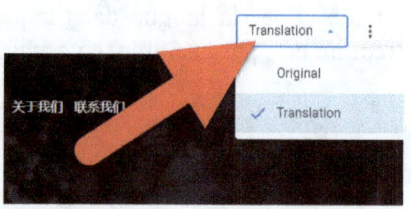

Veuillez noter que le format de Google Translator peut changer au fil du temps. Pour accéder aux instructions les plus récentes, nous vous recommandons d'effectuer une recherche en ligne à l'aide des navigateurs Internet.

Un guide incontournable pour les amoureux des chiens

Carnet de chien Carnet de bord

Des Inquiétudes aux Remuements de Queue

Explorez le côté obscur de la vie des chiens

Carnet de chien Carnet de bord

French Edition

 Un guide incontournable pour les amoureux des chiens

Explorez le côté obscur de la vie des chiens

www.ingramcontent.com/pod-product-compliance
Lightning Source LLC
Chambersburg PA
CBHW072335300426
44109CB00042B/1447